U0680289

中国作家协会重点作品扶持项目

生命叙事与时代印记

——新中国15位劳动模范口述

姚力 等◇著

人民出版社

目　录

序幕：劳模口述与国家记忆 /001

一、留住鲜活易逝的生命故事 002

二、在个体生命叙事中感知国家大历史 005

三、呼唤"山野妙龄女郎" 009

背景：中国共产党的劳模表彰与时代印记 /013

一、中央苏区的劳动竞赛与边区政府的劳动英雄 014

二、新中国十五次劳模表彰大会的频率与规模 017

三、劳模表彰活动的四次高潮及其社会效应 020

人物：对白与独白 /025

一、郑忠文："我就爱为人民服务" 026

二、沈延刚：玻璃炉窑设备专家、厂际攻关能手 046

三、郑明久：人送外号"小转轴"的实干家 063

四、李成坤："党的恩情永远报不完" 074

五、杨玉兰：郝建秀式的纺织女工 088

六、关敬安：甘做厂子的"老黄牛" 106

七、石尚文："我一上机床就像上了战场" 123

八、张玉仁："我要沿着共产党这条红线走到底"..................137

九、刘亮卿："保卫工厂，工厂就是家"..................160

十、杨玉环：从童养媳到劳动模范..................165

十一、王淑清：不让须眉的"铁姑娘"..................181

十二、肖淑菊：温暖城市街区的环卫工..................201

十三、李希东：劳模师傅带出的"革新迷"..................220

十四、李培金：埋头压铸工岗位不动摇..................230

十五、刘贵良：从青年点长到"电焊大王"..................235

余音：与爱党的情怀同行 /253

序幕：劳模口述与国家记忆

2008年《老照片》第57辑刊登了我采访、整理的一篇口述史，题为《从童养媳到劳模》。故事的讲述者杨玉环是一位普普通通的退休工人，但她起伏曲折的人生经历，连同她超强的记忆力和语言表现力，使我在第一次听她讲述时就被深深吸引。更让我没有想到的是，她的生命故事竟然轻松解答了我在当代史研究中一个久未释怀的问题。于我而言，这篇口述访谈的收获实在不小，不仅深化了对"口述历史与国史研究"[①]的探讨，而且真切认知到劳动模范口述的可贵价值与独特魅力。

正是有了这次尝试和思想感情的铺垫，2012年，当我得知沈阳市铁西区工人新村的"劳模楼"里还住着七十多位曾经荣获辽宁省、全国劳动模范称号的老劳模时，国史研究者的使命意识，连同一种发现宝藏的欣喜、抢救记忆的冲动，顿袭心头。这一年的暑期公休假，我毅然放下手中的科研工作，投入了在我看来更急切、意义更重大的任务之中，每天穿行于肇工街七马路与重工街十一路——这片我曾经熟悉的街区。自1998年离沈赴京求学，我还是第一次回乡待了这么久。在炎炎夏日，让我忘记疲劳、思绪始终处于亢奋状态的，正是本书中15位老劳模细腻、传情的生命叙说。

[①] 参见拙作：《我国口述史学发展的困境与前景》，《当代中国史研究》2005年第1期；《再论国史研究与口述历史》，《中国科技史杂志》2009年第3期；《中国视域的口述史学》，《人民日报》2010年5月4日；《试论口述历史对中国当代社会史研究的启示》，《当代中国史研究》2012年第4期。

一、留住鲜活易逝的生命故事

史学研究者以真实再现历史为目标，为此，他们在历史文献和文物中仔细爬梳、小心求证，王国维先生由此提出"二重证据法"。当代史（国史）研究在史料方面有着其他历史研究无法比拟的优势，不仅文献资料丰富，而且拥有大量的口述历史"活"资料。它们相互补充，为揭示历史真相提供了更多有力的证据。程中原先生在总结自己的当代史研究经验时提出"四重证据法"①，口述史料就是其中不可或缺的一部分。

"鲜活"是口述历史的第一个特点。这不仅取决于它是口头讲述，与历史亲历者的个体生命紧密相连，而且缘于它生动、有趣，是以往文字记录中比较少见的新内容，更多地呈现了文字史料背后的历史细节、现场状态甚至参与者的感受与评价，从而为历史叙述增添了血肉，可读性和真实感更加强烈。同时，借助先进的数字技术，口述历史真正实现了载体多元、立体再现，以至于改变了历史阅读的方式，使历史不仅可以见诸文字，而且还能听闻声音，观看影像，适应和满足了人们新的阅读习惯以及获取海量信息的心理期待。口述历史的第二个特点是资源流失太快、不可再生。它会随着记忆的丧失、生命的结束而被无情带走，这在一定程度上加重了它的稀缺和珍贵。因此，搜集和整理口述历史的任务非常急切，"抢救"一词始终与之相伴。从一般人的记忆质量和寿命长度来说，70 年的跨度是口述历史的极限。国史已经走过了近七十年，中华人民共和国成立初期的历史参与者已纷纷谢世或进入耄耋之年，因此，这些活资料已处于濒危状态。

在受访的 15 位劳模中，当年年龄最大的 84 岁，最小的 63 岁，平均年

---

① 程中原：《国史党史七大疑案破解：四重证据法》，上海社会科学院出版社 2014年版，第 1—13 页。

龄 77 岁，是口述史工作亟待抢救的对象。年龄最长的张玉仁，生于 1929 年，1952 年 3 月被评为大连市劳动模范，是最早的省劳模。最早获得全国劳动模范称号的杨玉兰，生于 1936 年，1953 年与著名劳动模范郝建秀、赵梦桃等一起被评为全国纺织战线劳动模范。被采访的对象中还有 1956 年、1959 年、1978 年、1979 年、1989 年的全国劳动模范，他们中绝大部分人都曾蝉联市、省或行业劳模称号，是地道的老劳模。访谈围绕着他们的人生经历展开，重点突出了他们在工作中如何成长为劳动模范，怎样受到表彰，思想动因如何，表彰前后工作和生活发生了什么变化；在国家历史的重要转折点上，社会、企业的状态怎样，家庭、个人的命运如何；当人生步入夕阳晚景，回首那段闪光的日子又有哪些新的认识。这种个人口述史，非常具体、朴实、生活化，适宜这些文化水平不算太高的老工人，与他们始终处于基层生产一线的经历也比较贴切。透过他们日常的工作与生活、人生的得意与失意，我们看到了一代人的生命历程和生活状态，对于重构新中国大众生活史十分可贵。同时，他们又是普通大众中的精英，国家意志的坚定执行者，个人的命运与时代主题紧密相连，平凡的生命故事折射出了社会风貌和国家大历史。

活灵活现、感动心灵，岌岌可危、稍纵即逝，这些特点足以使口述历史拥有大批的追随者。时下口述历史的持续升温和热络状态，已经证明了这一点。越来越多的专业历史学者和民间历史爱好者齐聚口述历史门下，他们多以民间社会、日常生活甚至个人家族历史为对象，使口述历史向着公众口述史学方向发展，表现出书写公众、公众参与、公众消费的公共史学特点。口述史学的这一潮流，不只是受欧美"大众史学"之风的影响，而且与当下中国社会思想文化的自由发展，平等、共享等社会新理念的倡导直接相关，与经济生活改善后人们对精神文化生活的更高追求，乃至与传统文化复兴中历史兴趣一再被激活都不无关联。应该说，是时代多种机缘的会聚，铸就了口述历史的兴盛。反过来，它也为史学的发展和满足人民的现实生活需求作出了贡献。一部部普通民众口述史的叠加，为重建人们曾经活过的时日，理解社会生活的变迁和把握国史的主流与本质提供了可能。保罗·汤普森（Paul

Thompson）指出，"它给了我们一个机会，把历史恢复成普通人的历史，并使历史密切与现实相联系。口述史学凭着人们记忆里丰富得惊人的经验，为我们提供了一个描述时代根本变革的工具"①。因此，探讨民众生活世界与国家力量的互动过程，并以这种民间社会的自主性和生命历程来重建这段存活于记忆中的历史，同样是国史研究不可或缺的。

---

① 转引自沈固朝：《与人民共写历史——西方口述史的发展对我们的启示》，《史学理论》1995 年第 2 期。

二、在个体生命叙事中感知国家大历史

任何个人都不是孤立的存在，看似个人生命历程的讲述，表达的却不只是个人生命的苦乐辛酸，而是一个家庭、一个群体、一个时代的共同经历和命运。在对劳模的采访过程中，我发现老人家的个人经历都紧扣着时代的主旋律，记忆最深的往往都是重大历史事件或时代转折中个人命运的变化。个人史深深镶嵌在社会史当中，无法剥离。他们的个人生命叙事中，熔铸了太多时代的主题和国家历史的主流。从中华人民共和国成立初期土改翻身，到"文化大革命"中遭受迫害，从计划经济时期国营企业的红火到改革开放后企业改制、工人下岗再就业，很多共和国的重大历史事件都隐藏在他们个人的生命故事中，隐藏在他们实实在在的生活状态和心灵体验里。当人们被细腻丰满、生动感人的生命叙事所打动时，国史发展变化的主脉，也便清晰再现。当然，尽管"每个人的经历都是历史，每个人的历史都弥足珍贵"[1]，但选择劳动模范这一群体，试图通过采录他们的口述历史来管窥国史，是充分考虑到新中国劳动模范所具有的特殊身份和独特禀赋的。

通常意义上，"劳动模范"是劳动模范和先进工作者的统称。作为一种荣誉称号，曾有过"劳动英雄""先进生产者""劳动模范"等多种名称的变化，然而，他们的内在品质和精神内涵却始终没有改变。劳模表彰开启于革命战争年代，是中国共产党进行社会动员的有效方法之一。中华人民共和国成立后，劳模表彰活动一直在持续，贯穿国史的全过程。从1950年第一次全国劳模表彰至今，共进行了15次，有3.1万多人次荣获全国劳动模范或先进工作者称号。而各行业、各地区的劳动模范数量，则难以统计。因此，对劳

---

[1] 王志清：《历史如何记忆，如何记忆历史——关于苏联红军暴行的民间记忆》，王兆成主编，王学典执行主编：《历史学家茶座》总第32辑2014年第一辑，山东人民出版社2014年版，第161页。

动模范、劳模表彰的研究是国史研究中的一个重点问题，而劳模口述则是国史研究中不可多得的优质资源。

其一，劳动模范是中国亿万劳动人民的杰出代表，他们理应国史留名。用口述史的形式记录劳模历史，不仅不是"小题大做"或"个人标榜"，相反，恰恰是一种回归和补偿。新中国经济社会建设所取得的每一项成就，都源自人民群众的辛勤汗水，而劳动模范更是对国家和民族作出了超乎常人的牺牲和奉献。曾经有台湾学者对新中国人民群众艰苦奋斗的精神由衷感慨，"试问：不是一辈子吃了两辈子的苦，一辈子怎得两辈子甚至三辈子的成就？"① 这些可亲可敬的劳动模范，在新中国的历史上树起了一座座丰碑，构筑了中国当代史的一个个标识。我们的人民要世世代代永远记住他们，这是形成中华民族集体记忆、建立民族自豪感的重要源泉。弘扬正气是劳模口述的天然属性，而它之所以具有感染人和教育人的能力，主要是由于：真实，没有任何艺术加工或虚构成分；质朴，生成于生产劳动的实际；亲和，植根于人民群众中间；鲜活，蕴藏在每一位劳动模范的生命中；圣洁，展现了脱离低级趣味的高尚境界。在采访和编辑过程中，15 位劳动模范的成长故事，处处折射出平凡外表下高贵的灵魂。尽管他们的获奖年限前后跨越了 40 年，但他们身上有着共同的鲜明特点：不仅是各行各业的能工巧匠，具有高超的生产技术水平，而且爱党、爱国、爱事业，始终占据着思想道德的高地。正因为此，劳模口述史的价值也便不彰自显。

其二，在劳动模范身上会聚着国家上层意志和民间社会互动的力量。正如毛泽东所称赞的，劳动模范是国家建设事业的"骨干"和"支柱"，也是人民政府联系广大群众的"桥梁"。② 他们兼具普通百姓和社会精英两种特质。"普通"指他们是普通劳动者中的一员。面向基层、面向一线、面向普通劳动者，一直是劳模评选的基本原则。他们来自人民大众，而且绝大多数在走

---

① 有林：《略论毛泽东对中国社会主义经济建设的理论思考》，载当代中国研究所编：《纪念中国社会科学院建院三十周年学术论文集（当代中国研究所卷）》，当代中国出版社 2007 年版，第 376 页。

② 《毛主席代表中共中央致祝词》，《人民日报》1950 年 9 月 26 日。

下奖台后，始终工作和生活在人民群众中间。即便少数劳动模范后来被提拔为领导干部，但大多没有脱离生产实际。"精英"指他们是开风气之先的时代精神楷模，政治觉悟和道德水平都在一般人之上，是国家意志的坚定追随者和忠实执行者。品德高尚，对党、对国家、对事业无限忠诚，任劳任怨、勇于创新，一直是劳模推荐的首选条件。"看似寻常最奇崛"，劳动模范德行与技艺兼备，实干与机智同生。"他们的思想和行动，体现了中国工人阶级的高贵品格。他们不愧为我们民族的精英、国家的脊梁、社会的中坚和人民的楷模。"①他们始终是时代的领跑者。劳动模范的这些特点，决定了他们的人生经历和个人命运既承载着时代的主旋律，又包容和体现着下层百姓的基本形态。他们是在时代的大潮中脱颖而出的，他们的成长和成绩书写着时代主题。

其三，劳模口述是开掘民族性创生的力量源泉。尽管时代主题在变化，但劳模身上所具有的特质，却是跨越了时代的共通性道德，有着历久弥新的恒久性价值。如何让劳模精神成为构建社会风气的主流话语？改革开放三十余年来，中国社会已经发生了深刻的变革，企求个人发展、国家昌盛的国民心态，加速了现代化的进程。然而，嬗变中的国民心态也使这个经济高速发展的时代，遭遇了前所未有的精神危机和道德困境。崇拜金钱的物欲化倾向、缺乏理性的群体躁动倾向、人性衰退的冷漠化倾向、权利和义务失衡的无责任化倾向，在社会上滋生蔓延。②在这种背景下，追念过往也便成为一种群体的心理惯性。劳模精神所张扬的时代风尚，是当代中国不灭的印记。而今，重新翻阅当年的劳模事迹，那个火热年代里的政治形态、经济形态、文化形态、道德形态和生活形态就会自然呈现。如何把个体记忆打造成集体记忆？口述历史是一条主渠道，而且它因真实感人的特点，更易于被人民群众所接受，在产生心理共鸣的同时形成共通的价值理念。回首共和国的风雨历程，从20世纪50年代的群英会，到当下振奋民心的"感动中国"和"中

---

① 《中华全国总工会关于深入学习劳模精神、大力弘扬中国工人阶级伟大品格的决议》，《工人日报》2010年7月28日。

② 邵道生：《现代化的精神陷阱》，知识产权出版社2001年版，第90—135页。

国骄傲"，各时代劳模身上所会聚的人格品质，正是中华民族精神的完美体现，也是对公民文明素养最为真切的表达。党的十八大以来，习近平总书记每年在"五一"国际劳动节前夕都与全国劳动模范举行座谈，大力倡导发扬劳模精神。在 2015 年劳模表彰大会上，他指出："'爱岗敬业、争创一流，艰苦奋斗、勇于创新、淡泊名利、甘于奉献'的劳模精神，生动诠释了社会主义核心价值观，是我们的宝贵精神财富和强大精神力量。"[1] 实践证明，劳模精神是中华民族精神的有机组成部分，是民族生存、前进之魂，是中华民族走向复兴不可或缺的有力支撑。

但遗憾的是，即便是在获得全国劳动模范荣誉称号的人中，能够被后人记得的也寥寥无几；即便是最著名的劳动模范，如"高炉卫士"孟泰、"铁人"王进喜、"宁肯一人脏、换来万人净"的时传祥、"两弹元勋"邓稼先、"知识分子的杰出代表"蒋筑英等，能够被人们所了解的也只是宣传材料中极为有限的字句，留下的影像和亲身讲述的故事难以寻见。他们精彩动人的人生故事随风而逝，这对于他们个人来说缺憾或许是小的，但对于国史来说缺憾却是巨大的。因为，留住他们个人的记忆，实际留住的是一辈人艰苦创业、勤劳奉献的集体记忆；留住他们个人的生命史，实际留住的是新中国的社会变迁史和国家建设史。缺失了这些，国史何以称为人民的历史，何以为民族的复兴开掘内生的动力、注入不竭的能量？

---

[1] 习近平：《在庆祝"五一"国际劳动节暨表彰全国劳动模范和先进工作者大会上的讲话》，《人民日报》2015 年 4 月 29 日。

三、呼唤"山野妙龄女郎"

　　1956 年 5 月 24 日，范文澜先生在《光明日报》上发表题为《介绍一篇待字闺中的稿件》一文，热情洋溢地推荐刘尧汉先生依据云南彝族地区社会历史调查资料写成的《由奴隶制向封建制过渡的一个典型实例》，将它形象地比喻为"山野妙龄女郎"。范文澜先生认为，此文妙就妙在"几全是取自实地调查，无史籍可稽"①。历史研究要走出沉疴老套，特别需要这些富有新意的田野来风。口述历史对于正在建设中的国史学科来说，正如充满活力、纯洁、质朴的"山野妙龄女郎"，不仅带来了新史料，最重要的是，引入了新方法、打开了新领域、发现了新问题，是国史学科创新的增长点。

　　国史研究最初是从党史学科中分离出来的，因而比较偏重于政治、经济、外交等上层重大事件和人物的研究，对于民间社会历史关注较少。就目前出版的国史书籍来看，很多领域还没有深入开发，无法体现国史特色，呈现国史全貌。口述历史强调走出书斋、迈向田野、"眼光向下"。这些理念直指国史研究的薄弱之处，应和了国史学科建设的当务之急。国史研究者在采摘口述史料这些"鲜果"时，一定会引发许多新思考。即便是一些老问题也会因观察角度的不同，萌发新认识。我在学术实践中深有体会，过去曾经研究过的问题，因为可触可感的口述历史而变得丰满、立体起来，开阔了历史想象的空间。在访谈亲历者后，当再度阅读国史书籍和资料时，头脑中不只是抽象的结论或数字，而是闪动着一个个鲜活的生命。由此，历史研究中一些深层次命题，也会走入研究者的视野，比如，国史研究中成果十分缺乏的心态史研究，便是一个。

　　国民心态是国史中不可或缺的内容，它在一定的时代条件下孕育生成，

---

　　① 范文澜：《介绍一篇待字闺中的稿件》，《光明日报》1956 年 5 月 24 日。

是对社会存在的一种反映；它潜藏于大众情感之下，不易于被观察，却对社会历史发展具有较大影响力。因为人的情感、信念、意识等内心深处的体验，常常是看不见摸不着的，所以心态史学自诞生以来，其研究史料的不足就一直制约着它的发展。个人口述史在这方面具有一定的弥补作用。因为在生命历程的叙述中，内心的动机、情感的波动、各种心态的交织，都会在比较直接的真情道白中呈现。同时，由于这些感受源自个人的经历，其可信度也比较高。与文字记载相对的口述资料，承载了集体的认知、理解和分析。因而，对口述历史的研究，还可以透过回忆和讲述，探求人们深层的情感和观念的转换，理解人们对历史的认识和评判。正如约翰·托什（J.Tosh）所说，"口述史的主要意义不在于它是什么真实的历史或作为社会团体政治意图的表述手段，而在于它证明了人们的历史意识是怎样形成的"[①]。在多个个人心态描述中，我们可以抽离出富有共性的民众心态。

就这 15 位普通劳动模范的生命史来看，心态变化反映最为充分的有两段，一是中华人民共和国成立初期，一是职工下岗、企业倒闭潮中。之所以讲得多、记得深、反映强，是因为在这两个时段他们生活变化最剧烈，人生情感起伏最大。中华人民共和国成立初期描述最多的是"报恩"，是翻身后对党和国家的无限感激之情。这些出生于 20 世纪二三十年代的劳模，多是穷苦人家出身，对旧社会的苦难有切肤之痛，新中国的成立才改变了他们的命运。从遭受凌辱到扬眉吐气，从穷困潦倒到成为最光荣的工人阶级，生活境遇和社会地位的剧变，给他们带来了心理上的巨大冲击。今天回首过去，报答"党恩"，仍然是他们提及频率最高的词语。这种源于个人体验，叠加了社会教育的心态感受，已经深深印刻在他们的记忆中。郑明久说："1949年解放，我 16 岁了，家里分了田、房子、牲畜，吃饭有指望了，生活有了保障，这才让我去上学。我个子挺大，上一年级不好意思，直接上了三年级。"李成坤说："我从农村出来就一个报恩的思想，没有共产党能分地、分房吗？政府能给我开介绍信来沈阳找工作吗？所以说始终不能忘记党的恩

---

① ［英］约翰·托什：《口述的历史》，《史学理论》1987 年第 4 期。

情。"石尚文说："回想五六十年代的时候，一心就是干，几乎家事不管，每个礼拜六上技协，晚上得给人讲课，完了活动，礼拜天还出去。那时一心想着就是对党的恩情，就是始终不忘本。"杨玉环说："我啥思想你们知道吗？就是报恩思想，别的不明白，当家作主了，党说啥咱就干啥，好好干，没有共产党就没有我今天。"朴素的报恩思想，深沉的赤子情怀是那一辈劳动模范的思想底色，也是中华人民共和国成立初期老百姓的普遍心态。

20世纪末，沈阳这座新中国老工业基地，经历了国有企业改革大潮的冲击。曾经"新中国工业长子"的威风一落千丈，聚集着几十家国有大中型企业的铁西区有几十万工人下岗。这段记忆是痛苦的，也是极其深刻的，因此也是劳模们心态展示比较充分的地方。本书采访的15位劳模中有11位来自国有大中型企业，绝大部分人自20世纪50年代进厂。他们与工厂一起成长，经历了加班加点的生产"大跃进"，生活艰苦的低标准，"抓革命、促生产"的"文化大革命"，也经历了国有企业的风光和从生产低迷到最终倒闭。他们从一名小学徒成长为技术能手、工厂的顶梁柱。三四十年不离不弃、荣辱与共的陪伴，使他们与工厂结下了难以割舍的感情。"工厂就是家！"他们熟悉这里的一草一木，怀念和老工友一起奋战的时光。李成坤说："我非常留恋那个老地方，原来厂房在哪儿，我都清楚。"他们本身就是工厂的活历史。如今退休在家，老厂子多半已经搬迁或出卖，对于他们来说，那里变化的不是厂房或厂区，而是他们精神家园的失落。王淑清说："16岁就入厂，一辈子在那儿，最后看着这厂子没有了。这心情确实不好受，没法形容。"关敬安说："咱厂子现在啥都没了，都扒了盖楼房了，那心里滋味能好吗？就不说我了，人人都对厂子有感情。"这一时期，以沈阳为代表的国有企业下岗工人的心态是酸楚的，但同时也反映出工人对企业的情感，对国家命运的关心。这些深层的社会心态，通过个人生命史得以记录和诠释。因此，不得不说，口述史料和方法的引入，将大大开拓国史研究的实践，带来国史研究的新气象。

本书记录的15位劳动模范，每位都只是新中国数以万计的劳动模范中普普通通的一员，他们的口述史，也仅仅是新中国劳动模范口述史的冰山一角。倾听他们的生命道白，感知似水流年和岁月沧桑，你会时时感受到一种力量的存在。这种力量，足以强大和炽热到能够让你的内心受到震撼，情绪为之感染，心灵得到净化。它重建了艰苦和喜悦相伴、信念与激情共生的火热生活，是了解前辈、认识国家的一幅剪影。掩卷思量，久久挥之不去的，是对一辈辈国家建设者的崇敬和感恩。

背景：中国共产党的劳模表彰与时代印记

在中国，表彰英模有着悠久的历史文化传统，可以追溯到宋代确立的由国家上层对民间社会给予旌表的制度。其旌表的类型，主要有义门、孝行、妇德、隐逸等[①]；目的是通过表彰对象的德行来宣传国家主流意识形态，在他们的表率示范作用下，统一人们的思想观念，激发社会的内生动力。

---

① 杨建宏：《论宋代的民间旌表与国家权力的基层运作》，《中州学刊》2006 年第 3 期。

一、中央苏区的劳动竞赛与边区政府的劳动英雄

中国共产党创立后，为了战胜敌人、发动群众，树立了大批建功立德的英雄模范人物。其间，劳动模范便在时代的呼唤下应运而生。1933 年，中央苏区开展了以比数量、质量、成本等为内容的劳动竞赛，规定按时评比、表彰先进、评选模范。"褒扬的是参加'革命竞赛'、积极'优红拥军'的模范。"① 这些活动对于调动苏区人民群众的革命积极性，扩大红军，打破国民党对苏区的"围剿"，发挥了重要作用。为此，时任中华苏维埃共和国临时中央政府主席的毛泽东对劳动竞赛十分赞赏。5 月，临时中央政府在武阳区召开赠旗大会，毛泽东参加大会并将题有"春耕模范"的奖旗授予武阳区和石水乡。在长冈乡调查时，毛泽东对这些竞赛活动进行充分考察，肯定了活动的意义，他号召，"为了争取工作的速度，革命竞赛的办法应该在每个乡里实行起来"②。1934 年，他在《乡苏怎样工作?》中再次强调，"为了争取苏维埃工作的质量与速度，使工作做得好又做得快，革命竞赛的方法与突击队的组织，应该在各乡各村实行起来"③。他还对如何开展革命竞赛提出了具体的工作方法，具有很强的指导意义。

抗战时期，为打破国民党的军事包围和经济封锁，党中央决定开展表彰劳动英雄运动，以调动群众自力更生、发展生产的劳动热情。早在 1938 年，陕甘宁边区政府就举办了延安工人制造品竞赛展览会，奖励、宣传了一批先进工厂、合作社和生产英雄，边区的劳模运动由此开端。1939 年，面对解放区经济和财政的巨大困难，边区政府发出大生产的号召，相继颁布《陕甘

---

① 转引自《英模表彰制度的由来》，《党建》2012 年第 11 期。

② 毛泽东：《长冈调查》，《毛泽东文集》第一卷，人民出版社 1993 年版，第 319 页。

③ 毛泽东：《乡苏怎样工作?》，《毛泽东文集》第一卷，人民出版社 1993 年版，第 357 页。

宁边区人民生产奖励条例》《机关、部队、学校人员生产运动奖励条例》等，规定对超额完成生产任务的个人和单位给予奖励。同年，边区还举办了第一次工业展览会和农业竞赛展览会，表扬奖励工农业生产方面的有功人员。第二年，边区政府召开生产总结大会，毛泽东、李富春等中央领导被评为特等劳动英雄，与各部门评选出的劳模一起，受到嘉奖。1941 年，边区开展"五一"劳动大竞赛，推选出 274 名劳动英雄。①

1942 年，吴满有和赵占魁脱颖而出，成为劳动英雄中最耀眼的明星。吴满有是延安县柳林区吴家枣园的农民，他"地种得多，荒开得多，粮打得多，缴公粮踊跃争先，数量既多，质量又好，是个抗属，模范的农村劳动英雄"②。边区学习吴满有活动开展得十分热烈，就连从苏联刚刚回来的毛岸英也被父亲送到那里去学习。"你住过苏联的大学，还没有住过边区劳动大学，劳动大学的校长就是吴满有，劳动大学就在吴家枣园，那里的学生，都是爱劳动的人民，你去学习，对你有很大的帮助。"毛泽东还给儿子带去一斗米作为学费。③ 毛泽东说："任何有群众的地方，大致都有比较积极的、中间状态的和比较落后的三部分人。故领导者必须善于团结少数积极分子作为领导的骨干，并凭借这批骨干去提高中间分子，争取落后分子。"④ 劳模表彰的作用就是党依靠骨干，用榜样的力量来教育和带动广大群众。赵占魁是边区农具厂的司炉工，他吃苦耐劳、技术精湛、团结工友、爱护工厂、忠于革命，是模范的产业工人，毛泽东称他为"中国式的斯达汉诺夫"，并为他题词"钢铁英雄"。边区轰轰烈烈地开展了学习吴满有运动、学习赵占魁运动，并在 1943 年、1944 年召开了两届劳动英雄和模范生产者表彰大会，树立了一批先进生产典型，劳模表彰运动达到高潮。

在学习劳动英雄运动中，毛泽东始终是积极倡导者和宣传者，他不仅多

---

① 朱汉国主编：《中国社会史通史·民国卷》，山西教育出版社 1997 年版，第 475 页。

② 莫艾：《模范英雄吴满有是怎样发现的》，《解放日报》1942 年 4 月 30 日。

③ 张名哲：《毛主席送子住劳动大学》，《人民日报》1946 年 11 月 15 日。

④ 毛泽东：《关于领导方法的若干问题》，《毛泽东选集》第三卷，人民出版社 1991 年版，第 898 页。

次接见劳动模范，为他们题词，还参加劳模表彰大会，发表讲话，号召向劳模看齐。在 1942 年年底至 1943 年年初西北局召开的高干会议上，毛泽东专门论述了学习吴满有、赵占魁运动的重要意义。在两次劳动英雄表彰大会上，毛泽东分别作了《组织起来》和《经济问题与财政问题》的报告，他肯定了学习吴满有运动可以改进农业生产，使农民富裕，支援抗战；学习赵占魁运动有利于提高工人的劳动积极性，改善工厂的组织与管理，克服工厂机关化与纪律松懈状态。正如他向时任中央职工运动委员会书记邓发指出的："奖励赵占魁这件事做得很好，这不是奖励一个人的问题，而是全边区和其他根据地提高生产、改进工作的新生事物。"① 毛泽东之所以重视劳模表彰，是因为劳动模范身上不仅具有生产技能和革命干劲，而且具有热爱政府、忠诚于党的道德情操。在危机四伏、困难重重的战争年代，这些思想十分可贵，是党争取群众、取得革命胜利的必要条件。

---

① 陕西省总工会工运史研究室编：《陕甘宁边区工人运动史料选编》（下册），工人出版社 1988 年版，第 591 页。

二、新中国十五次劳模表彰大会的频率与规模

中华人民共和国成立后，面对艰巨的建设任务，具有调动人民群众劳动热情和生产积极性的劳模表彰活动，愈发受到了全党和全社会的普遍重视。各行业、各单位、各地区，开展了不同层次的劳动竞赛、劳模表彰活动，其形式和内容也更加丰富多样，涌现了难以统计的劳动模范，并逐渐形成了一套评选、表彰制度。

到目前为止，新中国共进行了十五次全国劳模表彰。从表彰大会的名称、规模、频率，表彰的对象，评选的条件等基本情况来分析，1989 年是劳模表彰制度发展的一个分水岭，由此可以划分为前后两个历史阶段。此前40 年间进行了九次表彰，名称参差不一，表彰对象各不相同，既有集体也有个人，频率忽紧忽缓，带有一定的随机性，因此，这一阶段可以称为劳模表彰制度的生长"形成期"。1989 年之后的 26 年间，进行了六次表彰，每五年一次，名称统一，规模相近，对象一致，间隔均匀，愈发规范，可以称为劳模表彰制度的完善"成熟期"。

新中国十五次全国劳模表彰大会概况

序号	会议名称	时间	颁奖机构以及受表彰的集体和个人数量
1	全国工农兵劳动模范代表会议	1950 年 9 月 25 日至 10 月 2 日	中央人民政府授予全国劳动模范称号464 人
2	全国先进生产者代表会议	1956 年 4 月 30 日至 5 月 10 日	中共中央、国务院授予全国先进集体称号 853 个，全国先进生产者称号4703 人

续表

序号	会议名称	时间	颁奖机构以及受表彰的集体和个人数量
3	全国工业、交通运输、基本建设、财贸方面社会主义建设先进集体和先进生产者代表大会（全国群英会）	1959年10月25日至11月8日	中共中央、国务院授予全国先进集体称号2565个，全国先进生产者称号3267人
4	全国教育和文化、卫生、体育、新闻方面社会主义建设先进单位和先进工作者代表大会（全国文教群英会）	1960年6月1日至11日	中共中央、国务院授予全国先进单位称号3092个，全国先进工作者称号2686人
5	全国工业学大庆会议	1977年4月20日至5月14日	中共中央、国务院授予全国大庆式企业、全国先进企业称号2126个，全国先进生产者称号385人
6	全国科学大会	1978年3月18日至31日	中共中央、国务院授予先进集体称号826个，先进科技工作者称号1192人
7	全国财贸学大庆学大寨会议	1978年6月20日至7月9日	中共中央、国务院授予全国财贸战线大庆式企业称号736个，全国劳动模范和先进生产者称号381人
8	国务院表彰工业、交通、基本建设战线全国先进企业和全国劳动模范大会	1979年9月28日	国务院授予全国先进企业称号118个，全国劳动模范称号222人
9	国务院表彰农业、财贸、教育、卫生、科研战线全国先进单位和全国劳动模范大会	1979年12月28日	国务院授予全国先进单位称号351个，全国劳动模范称号340人
10	全国劳动模范和先进工作者表彰大会	1989年9月28日至10月2日	国务院授予全国劳动模范称号1987人、全国先进工作者称号803人
11	全国劳动模范和先进工作者表彰大会	1995年4月29日	国务院授予全国劳动模范称号2157人、全国先进工作者称号716人
12	全国劳动模范和先进工作者表彰大会	2000年4月29日	国务院授予全国劳动模范称号1931人、全国先进工作者称号1015人
13	全国劳动模范和先进工作者表彰大会	2005年4月30日	国务院授予全国劳动模范称号2124人、全国先进工作者荣誉称号845人

续表

序号	会议名称	时间	颁奖机构以及受表彰的集体和个人数量
14	全国劳动模范和先进工作者表彰大会	2010 年 4 月 27 日	国务院授予全国劳动模范称号 2115 人，全国先进工作者称号 870 人
15	全国劳动模范和先进工作者表彰大会	2015 年 4 月 28 日	中共中央、国务院授予全国劳动模范称号 2064 人，全国先进工作者称号 904 人

资料来源：2000 年之前的数据，参见《历史的脉搏——历届全国劳模大会简介》(《人民日报》2005 年 4 月 29 日），其中，1978 年全国科学大会的表彰人数以《人民日报》1978 年 4 月 1 日《全国科学大会胜利闭幕》的报道为准。2000 年之后的数据，参见《国务院关于表彰全国劳动模范和先进工作者的决定》(《人民日报》2000 年 4 月 30 日、2005 年 5 月 1 日、2010 年 4 月 28 日）及《中共中央国务院关于表彰全国劳动模范和先进工作者的决定》(《人民日报》2015 年 4 月 29 日）。

三、劳模表彰活动的四次高潮及其社会效应

综观新中国劳模表彰的基本形貌，在跌宕起伏的历史进程中，掀起过四次表彰活动的高潮。它们均发生在历史转折、政策调整、经济建设大干快上的关口，发挥了助推历史前进的重要作用。

第一次高潮出现在中华人民共和国成立初期。 1950 年、1956 年，中共中央和国务院（政务院）先后主持召开两次全国劳动模范表彰大会。1950 年国庆期间，全国工农兵劳动模范代表会议在北京举行。按照会前筹委会颁发的代表条件，各地共推选代表 464 人，其中，工业模范代表 208 人，农业模范代表 198 人，部队劳动模范代表 58 人。[①] 他们中很多人在根据地、解放区就已经是成绩卓著、名声远播的先进典型，如吴运铎、李顺达、马六孩、孟泰等。这次大会明确规定，劳模表彰作为一种固定制度要长期坚持下去。六年后，表彰全国劳动模范的"全国先进生产者代表会议"再度在北京召开。这次大会是对经济恢复和过渡时期劳动模范的褒奖。中共中央、国务院授予全国先进集体 853 个，授予全国先进生产者 4703 人，比 1950 年翻了十倍。掏粪工人时传祥、全国最先完成第一个五年计划的王崇伦、纺织能手郝建秀，以及华罗庚、钱学森等 100 多位知名教授、科学家，110 名优秀中小学和师范学校的教育工作者，同时受到表彰。[②]

毛泽东出席了这两次劳模表彰大会，接见、宴请劳模代表，并与他们合影留念。在 1950 年首次全国性的劳模表彰大会上，毛泽东代表中共中央致贺词。他号召全党、全国人民向劳动模范学习，勉励劳动模范不要骄傲自满，要保持住荣誉。讲话中，毛泽东对劳模给予了明确定位："你们是全中

---

① 《周恩来总理命令公布〈关于全国工农兵劳动模范代表会议的总结报告〉》，《人民日报》1950 年 12 月 19 日。

② 《迎接全国先进生产者代表会议》，《人民日报》1956 年 4 月 28 日。

华民族的模范人物，是推动各方面人民事业胜利前进的骨干，是人民政府的
可靠支柱和人民政府联系广大群众的桥梁。"①这种定位不仅为评选劳模、培
养劳模、发挥劳模作用指明了前进方向，而且给劳模和以劳模为榜样的人
们以极大的鼓舞和鞭策，是造就那个劳模辈出时代的主要原因之一。仅以
1956 年为例，在全国先进生产者运动中，各地区、各行业逐级进行劳模评
选表彰活动，辽宁、黑龙江、吉林、江苏、上海、北京、天津和西安八个省
市，共涌现出二十多万名先进生产者。②孟泰、马恒昌、赵梦桃、王进喜、
张秉贵……他们既是那个时期劳模群体的杰出代表，也是中国人永远的精神
楷模。

第二次高潮出现在全面建设社会主义时期。1959 年 10 月 25 日至 11 月
8 日，全国工业、交通运输、基本建设、财贸方面社会主义建设先进集体和
先进生产者代表大会，即"全国群英会"在北京人民大会堂举行。1960 年
6 月，中共中央、国务院再度主持召开全国教育和文化、卫生、体育、新闻
方面社会主义建设先进单位和先进工作者代表大会，即"全国文教群英会"。
两届群英会，共有 5657 个全国先进集体、5953 位先进生产者受到表彰，他
们都是在这一时期涌现出的革新能手和创造佳绩的实干家。代表们受到了极
高规格的礼遇，不仅受到了刘少奇、周恩来、朱德等党和国家领导人的亲切
接见，而且周恩来总理亲设国宴，为全国各路英雄庆功。在历时十天的会议
中，除了听取中央领导的报告，先进人物汇报工作，进行经验交流之外，代
表们还参观了为庆祝中华人民共和国成立十周年而落成的北京十大最新建
筑，观看了戏剧、舞蹈、音乐等著名演员的精彩演出，以及各种健康游艺活
动。无论是在政治待遇还是生活待遇上，劳模们都深切体会到社会主义国家
对普通劳动者的尊重和关怀。此时国家经济正处于严重困难时期，能够倾注
如此大的力量安排这两次表彰大会，可见劳模表彰在党和国家政治生活中占
据着多么重要的位置。

① 毛泽东：《在全国战斗英雄和劳动模范代表会议上的祝词》，《人民日报》1950 年
9 月 26 日。
② 《迎接全国先进生产者代表会议》，《人民日报》1956 年 4 月 28 日。

　　第三次高潮发生在确立改革开放新时期。1977 年 5 月 9 日，在停顿 16 年之后，人民大会堂迎来了久违的全国先进生产者表彰大会。此后，1978 年、1979 年每年进行两次全国劳模表彰。三年中，共有 4157 个先进集体、2520 位先进个人先后受到褒奖。① 在新中国的历史上，如此频率密集的全国劳模表彰是空前的。其中的原因，尽管带有对"文化大革命"时期此项工作被延误的补偿性质，但究其根本，还是缘于转折时代的历史召唤。粉碎"四人帮"宣告了一个时代的结束。然而，真正要清除十年积累下的严重政治问题和社会问题，开创新局面，谈何容易！大变革的时代特别需要社会的支持，需要基层民众的响应，需要在思想认识上构筑新的共识，激发新的内生力量。

　　这五次全国劳模表彰因党的十一届三中全会的召开，表现出不同的时代特点。1977 年、1978 年的表彰以中共中央、国务院的名义作出，表彰大会由时任中共中央主席、国务院总理华国锋主持，表彰的都是五六十年代就已崭露头角的老模范。他们一直不计名利、埋头苦干，先进事迹极其丰厚却被积压多年。可以说，是告别过去、拨乱反正的时代潮流，催生了劳模表彰大会的再度召开。1979 年的表彰则是以国务院的名义嘉奖，大会由时任国务院副总理余秋里主持，表彰的是 1978—1979 年的先进典型，上报的都是新材料、凭借的都是新成绩，主题已经转到"四化"建设上来。正如《人民日报》社论所指出的："全国工作着重点已经转移，以四个现代化为目标的新长征已经开始。努力实现四个现代化，这是举国上下的头等大事。办好这件大事，工人阶级是带头人；工人阶级的优秀分子——劳动模范是开路先锋；先进企业是提高企业管理水平、多快好省地发展生产的榜样。"② 这一年，在人民大会堂还举行了全国"三八"红旗手、"三八"红旗集体表彰大会，8960

　　① 《历史的脉搏——历届全国劳模大会简介》，《人民日报》2005 年 4 月 29 日。其中，1978 年"全国科学大会"表彰的人数以《人民日报》1978 年 4 月 1 日《全国科学大会胜利闭幕》的报道为准。

　　② 《为四化立功——向受到嘉奖的全国先进企业和全国劳动模范热烈祝贺》，《人民日报》1979 年 9 月 29 日。

名"三八"红旗手，1042 个"三八"红旗集体①，代表了在"四化"建设中做出显著成绩的妇女。与此同时，各行各业、各级政府、企事业单位，开展了一浪高过一浪的生产竞赛和劳模评选表彰活动。在这样昂扬向上的氛围中，迎来了蒸蒸日上的 20 世纪 80 年代，比学劳动模范、赶超先进典型，奋发有为、勇于拼搏、争当新长征突击手，在社会上蔚然成风。

第四次高潮在经济新常态下正悄然启动。2015 年 4 月 28 日，在时隔 36 年之后，重现中共中央、国务院共同发起表彰全国劳模和先进工作者的高规格大会。大会由国务院总理李克强主持，中共中央总书记、国家主席、中央军委主席习近平发表讲话，刘云山宣读表彰决定，中共中央政治局常委全部出席大会。这表明党中央对表彰劳模的高度重视，也预示着新的表彰、宣传和学习劳模的热潮正在孕育，呼之欲出。这绝不是历史的偶然或巧合，而是蕴含着很强的历史必然性。经过三十多年的改革开放，与经济社会飞速发展同步发生的是思想文化领域的巨大变化，社会主义核心价值观遭遇了前所未有的挑战。当前，我国经济社会发展来到了一个新的拐点。2014 年 5 月，习近平总书记在考察河南时，首次用"新常态"表述了我国经济发展的阶段性特征。复杂、多变的国际环境和国内不断出现的新的社会矛盾，都在干扰、牵掣着发展的进程。因此，在调动社会情绪、统一社会思想、整合社会力量方面具有强大作用的劳模表彰，再度受到关注。当然，社会氛围的营造，人民群众的动员，仅仅依靠一次劳模表彰大会是不够的。回首新中国历史上人民群众干劲十足的中华人民共和国成立初期和 20 世纪 80 年代，我们发现的一条成功经验是，要把对劳模的宣传常态化、对劳模精神的崇尚自觉化。只有当劳动模范成为人民群众崇拜的偶像、形成一种社会风气时，劳模表彰的作用才能最大地发挥出来。从这个意义上说，我们所处的正是一个渴望劳模辈出、劳模精神不断复活的时代。

新中国的历史，是一部国家建设史和人民奋斗史，某种程度上说，她是

---

① 《同心同德，鼓足干劲，力争上游，多快好省地建设现代化强国 表彰"三八"红旗手和红旗集体大会在京举行》，《人民日报》1979 年 9 月 22 日。

由千千万万个劳动模范书写的。他们作为"民族的精英、国家的脊梁、社会的中坚和人民的楷模"①，构成了国史中最为骄傲和华丽的篇章。他们应该永远被国史铭记、被人民传颂。记得他们的故事，也便记得了新中国的艰辛与辉煌。这是中华民族集体记忆中不可缺少的内容，是中华民族不断前行的根基性力量。

---

① 《中华全国总工会关于深入学习劳模精神、大力弘扬中国工人阶级伟大品格的决议》，《工人日报》2010 年 7 月 28 日。

人物：对白与独白

一、郑忠文："我就爱为人民服务"

访谈者：姚力

受访者：郑忠文

访谈时间：2012 年 8 月 27 日下午、29 日晚上

访谈地点：沈阳市铁西区工人新村劳模楼

[访谈题记] 郑忠文，女，沈阳北市百货大楼退休干部。她从 1956 年考入北市商店做营业员到晋升为商店副经理，始终没有离开她热爱的"三尺柜台"。这里记录着她如何把平凡的岗位，做成了为人民服务的终身事业。她把顾客看成亲人，柜台前，她永远是满面春风、细致周到、不知疲倦。为此，她成为沈阳，乃至辽宁省和全国服务战线的标兵，多次被评为市、省先进工作者，四次被评为商业部劳动模范。1978 年、1979 年连续两次被评为全国劳动模范。她在实践中总结的"接一、答二、照顾三""五心工作法"等服务工作技巧和方法，对提升服务行业质量具有很强的实际指导价值。

（一）

我是 1936 年 4 月 22 日生人，老家在新民县高台乡西三家，在县城铁道北面。我们姐妹四个，还有个弟弟。我父亲是小学老师，在中华人民共和国成立前，18 岁就当老师了，当时是教私塾。中华人民共和国成立后，他是新民特批的一个老教师，教复式班，四个年级的学生在一起上课，180 个学生。他可愿意干工作了，在新民铁道北一带挺有名，一提郑老师大伙都知道。学生谁有困难，没爹没妈、家里没钱，他都给买这个买那个，不给咱们买，就知道对人家好，疼那些学生，自己的孩子谁也不疼，也不知道帮我妈

一点儿。他是一心管学校，不管家。那个时候我母亲有意见，我小时候也不理解。我妈 17 岁就和我爸结婚了，咱们家五个孩子，再加上我祖母后来双目失明了，我母亲一个人儿照顾全家，什么活都是我母亲干，把我妈累坏了。

我爸对咱们可严了。他四十来岁才得了我的老弟弟，按理说挺娇的。不行，小时候我弟弟淘气，人家找他告状，他真打。"文化大革命"他也受了点儿苦，但他从来不让说。他说过去有皇上的时候他赶上过，什么国民党、日本人，他都赶上过，那人民多苦呀，就是共产党来了，人民才自由，个人受点儿委屈，没啥。他是离休，也没得到什么待遇。我受父亲影响挺大的，老是想得像他那样，好好干，为国家多干。没有国，哪有家呀？

1956 年 6 月，我结婚到的沈阳皇姑区。刚结婚时没工作，我就在居委会帮忙。那会儿刚解放，居委会工作特别多，后来我考上扫盲老师了。当时农民进城的可多了，都没有文化，要去哪个工厂都写不上来。也没有谁动员我，我就自愿用自己攒的俩钱儿买了黑板、粉笔，找了个空屋子，我和一个叫赵锦荣的一起在那儿给人家上课。那些人先都是在外边儿站着看，后来，哎呀妈呀！人越来越多，尽是二三十岁的，最后达到了一百多人。1956 年 10 月 1 日，因为办扫盲班办得成绩突出，我被选为皇姑区"建设社会主义积极分子"。

这时区里有招工指标，把我和赵锦荣都选上了，让我去北站边上的石棉瓦厂当团委书记。我想那么多人都找不到工作，我自己能考试，不占人家的指标。正赶上市商业局招工，3600 人报考招 800 人，考数学、语文、作文、政治、珠算，共五科。我考的成绩是比较优秀的。我原来珠算不行，那时在家天天干活，哪有时间学呀？报完名我就坐上火车回家找我爸去了，他教了我一天一宿，结果我珠算考了八级，是最高级了。那阵儿沈阳有八大商店，要想分配到那儿工作，成绩都得是一级的，成绩差点的都分配到小副食店、杂品什么的。我考上了北市百货大楼，去的时候，成绩和底子人家都知道，所以商店特别欢迎。我们是中华人民共和国成立后商店接收的第一批学员，

1957 年 4 月，沈阳百货商店服装组一季度优秀小组合影（二排左二）

沈阳北市百货大楼，原址位于沈阳市皇姑区北市一街 7 号，创建于 1952 年，曾经是沈阳市规模最大的国营百货商店之一。1952 年 4 月，沈阳百货公司第一营业部接收北市地区最大的濒临倒闭的私营集体企业——中原商场[1]，5 月中旬，第一营业部商场迁入其旧址营业，更名为中国百货公司辽宁省沈阳市公司北市商店。1955 年 7 月，北市商店接收皇姑百货店和北市批发部，扩大了营业规模。1958 年 5 月，北市商店划归和平区商业局管理。1961 年 10 月，又回归市百货公司领导。

[1] 中原商场，1939 年由资本家王拂尘出面，组织 59 户业主合资兴建。主楼两层、局部三层营业楼，营业面积为 3300 平方米。开业时有业者 62 户，不久发展到 100 余户。在商场周围有多家配套网点，如广光斋食品店、泰来祥电料行、平安照相馆、东方台球社、雨花台饭店及戏院、电影院、茶社等，是沈阳市北市场的核心商业区（参见沈阳市人民政府地方志办公室编：《沈阳市志·9·商业》，沈阳出版社 1999 年版，第 34 页）。

一共十个人，老人对我们可帮助了。

那时候，北市商店别看不算太大，但有一个全国商业部的劳模，叫艾雨生，是服装组的组长。我到北市商店后就被分配到了服装组。那会儿除了艾雨生，还有一位姓张的师傅也是党员，这个组弄得相当好，是先进组。我刚上班儿可高兴了，领导都讲了，在这儿工作就是建设社会主义，咱们做得好就给国家争光。看一个国家的文明，主要看商业，商业最体现国家的精神文明。咱每天工作接待那么多人，咱们做得好，又团结又互相友爱，大家就体会到了这个社会的好，这不建设社会主义都来劲儿嘛！可是上班第二天，点货就发现丢了一条裤子。哎呀，当时我急得嗓子就说不出话来了，我想可能是我丢的吧？我跟师傅说："可能是我丢的，给你添麻烦了。"虽然我也没觉得是我丢的，但我是新来乍到的，咱就得主动往自己身上揽呀，别让师傅上火。我就主动承认错误，说："我赔。"那时候一条裤子八块多钱，我刚上班儿，一个月挣二十四块五，这还没开支呢。后来，领导说你不能赔，也没有确定是你丢的呀。通过这件事，我就想得吸取教训，做事必须认真仔细，吃一堑长一智嘛！我爸总教我这个，什么事情没有一帆风顺的，总得克服困难。从此，我工作更努力、认真了，一丝一毫不敢马虎。当时，咱们商店晚上九点钟才下班儿，下了班儿还得结账，那账本儿都好几十个，一个品种一个，一个人能经营百八十个品种。下了班我就在那儿低着头用算盘挨个点，差一点也不行呀！那真是认真，等出了门累得头都抬不起来。

那阵儿商店顾客老多了，到啥程度？一开门，那人"呼、呼"往里挤呀，就像戏园子开戏一样。因为我们是独家经营，别处没有卖的，另外咱这大商店也有信誉，还守着北市的戏园子近。那时候我们要干两年练习生才能转正，当练习生不给评先进，但是我是特殊呀，第一年就把我评上了商店先进，第二年评上了商业局的先进，那以后这个先进就没离。我们当时一起去的十名练习生，转正的时候考试下去了五六名。那时候大商店要求严，你的文化素质、计算水平、文明礼貌，那都得审呀，考试不合格就不用你了。那阵儿到了礼拜天，商店人更多，大人把孩子搁在肩膀头上，看啥呢？

1981 年 2 月，商店拆除旧营业楼，原地翻建新营业大楼，并于 1983 年 11 月 15 日开始营业，经营范围扩大很多，共经营 22 个大类、1.2 万个花色品种。1984 年 5 月 1 日，其更名为沈阳市北市百货大楼。作为沈阳市的老牌知名商城，它有着优良的服务传统，先后涌现出了郭景阳、郑忠文、王巧珍等优秀营业员，被誉"劳模摇篮"，在广大消费者中享有较高声誉。[2] 2003 年 11 月 6 日，该商店正式停业倒闭，五年后，物业被改造成韩国城。[3]

[2] 参见沈阳市人民政府地方志办公室编：《沈阳市志·9·商业》，沈阳出版社 1999 年版，第 59—60 页。

[3] 王燕平主编：《中国百货行业发展报告 1999—2008》，经济管理出版社 2009 年版，第 169 页。

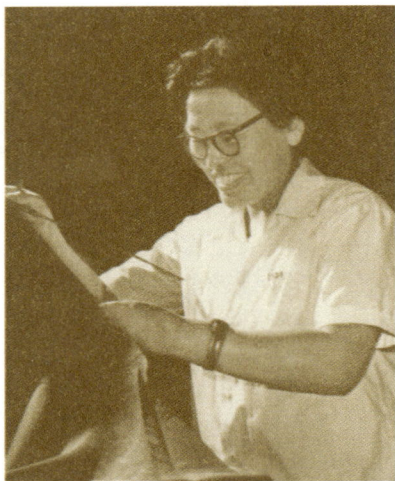

1962 年，在工作中

看郑忠文怎么卖服装！所以说我就觉得吧，这可真得好好学习业务，好好钻研。我买了商业学、美容学方面的书，还领着营业员学毛主席著作，看看白求恩怎么做的，学学人家张成哲是怎么做的。后来针织组缺人，我就从服装组调到了针织组。我在北市百货大楼共调了 16 个业务组。因为那时候叫"一朵鲜花不是春，万紫千红春满园"。我当了先进，全国有名儿，在全国会议上还发过言，读过倡议书，所以商店哪儿服务不行就调我去哪儿，哪儿指标完不成也调我去。我几乎两年一调，跟赶大集似的。并不是我个人能耐，是党团领导、工会组织真帮助你、教育你，那确实是关心呀！

（二）

那时候，我们商店的器皿组老生气、老打架，顾客提意见，领导就着急了。什么原因呢？就让我下去摸摸底，把我调到器皿组当组长。我刚去觉得器皿组也挺好呀。有一天，我们开完会刚下楼进柜台，就看见一位五六十岁的老大爷，推开门、撩开大门帘，"哐"的一声把那个竹皮儿暖瓶就摔到那了。我吓了一跳，赶紧跑过去说："大爷，怎么了呢？"老头气哼哼地说："哪有你们这样的，暖瓶，一块四毛七一个，还瞪两只眼睛说给挑，挑半天，结果挑了一个破的。"我说："大爷，你慢慢说，怎么回事？"老头说："你这个新来的，态度还挺好。你们给挑的暖壶，在这装上水挺热，到家我自己装就不热了。"我就想，是不是瓶胆底下的那个小疙瘩，他回家装的时候碰坏了。我说："哎呀，大爷，这事不怨你也不怨营业员，是我们业务学习得不够。这个小疙瘩碰坏了，它就不保温了。"老头说："啊，这么回事儿，孩子，冲你这个态度呀，我也不要你们赔了。"完了我就跟营业员讲，咱们别说顾客不对，搁谁都生气，那一块四毛多钱，谁不心疼呀？咱们今后还得好好学习业务。从我先做起，党团员带头，给顾客免费装瓶胆，有皮子生锈的先用汽油泡了，再装上，这不就免得顾客不懂装坏了吗。这个事一说出去，来了老多顾客了，大连瓶胆厂也支持我们，先送货后收钱。那时候的口号叫"支持生产、满足消费"，你不能只为商店卖钱，关键要为社会主义添砖加瓦嘛，得支持生产、得支持工业。我们老向各工业部门反映情况，整了个登记簿，把顾客的困难及时向厂子反映，就是为顾客着想，就这一门心思，不寻思别的，顾客的困难就是俺们自己的困难，对待顾客就像对待自己的爹妈一样，做顾客的贴心人。

到了冬天，为准备过春节，买盆儿、碗儿的顾客特别多，咱沈阳天冷，冰雪路面可滑了，我就看顾客一出门就摔地上了，新买的碗都摔坏了，白买了。怎么办呢？那阵儿天天早晨六点多开始学毛主席语录，我就叫大家一边儿学习，一边儿把废纸收集起来，给每个碗垫一个纸垫，完后把顾客买的碗用绳子打上十字花儿，绑得结结实实的，顾客既好提，碗也不容易磕坏了，顾客都挺高兴的。有一个老大娘，儿女都在外地工作，她带着孙子在沈阳。一天她到我们商店来装瓶胆，我费了好大劲给她装上，这大娘就不走了，掉上眼泪了。第二天是大雪天，这大娘跑电台那儿表扬我去了。我心里特别感动，就想老百姓真好。咱卖东西，咱们卖钱了；把东西送到她手里，她心里乐呵，满足了她的需要；咱也给国家积累资金，促进生产了，这不是一举三得的好事儿嘛！

1958 年，我生的大孩子。那个时候就知道工作，生完孩子也不管，休完 56 天产假就上班儿，把奶硬憋回去了，给孩子喂糕干面儿，那时候买不起奶粉呀。咱们商店卖的奶粉四块七一瓶儿，我也卖过，卖给别人可耐心了，自己没给孩子吃过一回，没有钱哪。我觉得做商业工作必须真心实意的，不能对顾客欺骗和撒谎，就跟对待父母一样。有的人说那你知道他是好人还是坏人呢？我说："不对，坏人也可以教育好，蒋介石军队八百多万那不都是咱们中国人呀，他参加革命队伍以后可以教育嘛。"毛主席的政策就是教育、团结一切可以团结的力量，所以咱们都团结，不管老的少的，都团结！当然工作中也遇到过特殊的人。那时候北市周边情况复杂，什么样的人

都有。就有一个年轻小伙子老跟着我，后来让派出所的便衣发现了，把他逮着了一问。他说："她服务那么好，我想跟她谈谈对象。"警察说："你跟人家谈什么对象呀，人家有家有业的。"他上我那儿买东西，说给他对象买衣服、买花布衫儿，单让我给试试，说他的朋友跟我体格一样。后来，我跟他说："你这个小同志，咱们两个岁数差不多，咱们都得为党作贡献，你的工作贡献肯定比我还大。你要是看我工作哪儿有啥毛病，给我提提意见我欢迎，别的我就真不欢迎了。"他这就听明白了，以后再也没上我那儿捣乱。所以说，不能有的人个别一点就觉得人家是坏人。

1964 年 4 月 21 日，参加沈阳市群英会（二排左一）

后来，我家从皇姑搬到和平区南湖去了。那么远，摩电车有时候晚上没了，就往家走，胆子不知怎么那么大！"文化大革命"时，从省政府，经过卷烟厂往南走，这几个地方都是高峰据点，造反派都拿着枪、刀，我也不知道害怕。那会儿人可不好处了，我领导的这个组六十多人，头一天大伙还都挺好，第二天分成三派，都拉我参加他们那派。我就说，毛主席号召大家起来，一直想的是把人民的生活抓好，衣食住行这是主席最关心的，咱们搞革命也不能啥也不管。咱们商店布匹都给抱走了，说带龙的、带凤的是封资修的东西，不能卖。领导也都给带走了，说走资本主义道路。为了开业，我就跟这三派搞联合，咱们抓革命促生产，咱们应该好好为老百姓服务，让老百姓穿上、吃上、用上，这是咱们应该做的。假设人家老百姓要结婚了，上这儿来买东西都进不来，那好吗？人家等着要急用点儿啥，你不开门，这叫什么服务呀？这叫什么保卫毛主席呀？错了，毛主席叫你抓革命，促生产。他们一听，觉得也对呀。我说我就有这个犟脾气，你要是不工作，再好也不行。我们那儿有一个人过去是国民党开飞机的，有时候他们不让人家发言，说他是改造对象。我说："你别老拿那个说事儿，人家这么多年工作了，犯错误没？现在没犯，过去人家已经跟组织上坦白了，人家都重新做人了，你还整这个干啥呀。"我这个人敢说，别人不敢说。我一讲开业，三派的头头儿一合计都同意开业，所以说，群众还是挺拥护我的。

（三）

我这个劳模就是这么回事儿，到哪儿、到什么时候都想着顾客需要啥，他们有啥困难，咱们怎么样支持生产，把咱们的国家搞好。天天琢磨的就是这个，连走道、睡觉都在寻思这个。咱得知道咱为了啥？干革命为的是党的事业，为了国家，那为啥不团结大伙好好干呢？我一直都是先进，出席市里、省财贸、妇女、共青团的表彰大会，奖状得老了。雷锋我也见过。那是1962年，雷锋去世那年，我跟雷锋一起接待了日本进步青年代表团，就在南市场中苏友谊宫，我们俩挨着坐在一起。那阵儿我都不懂什么叫作录像，就看见有个人扛着录像机。雷锋这个人对人确实好，他看我比他大，管我叫"大姐"，让我看他胳膊上有个大疤瘌。他小时候最苦，所以对共产党、对毛主席最亲，干工作再累也是乐、高兴。他跟我说："咱们接待日本外宾干啥呀？他们原来侵略我们国家。"我说："他们不是进步的嘛，进步的青年。这个国家终究还是有好人吧，不能都坏了。"俺们俩唠得还挺有意思的。那年涨大水，后来不长时间，听说他开车撞电线杆上了，太可惜了！

那时候咱们商店一天也不休，就是串班儿，大伙真干哪！现在我一走到北市百货那儿，眼泪哗哗地就来了。我有两个姑娘，对孩子我没有那么疼，我不管，这两个孩子身体都不太好。"文化大革命"的时候，我们住在化工大院，没有一个女的上班，就我一个。那时候，她爸爸上了干校，奶奶七十多岁在家领着她们。我这心里不想别的，就寻思明儿商店缺什么玩意儿，缺什么货，得登记，要货。这脑袋别的装不进去，老研究谁谁今天对顾客态度不太好，明儿得找她谈谈。有时候回家走走过了，再抹回来，就跟魔怔了似的。有一年我上我妈那儿去了，我就跟我妈说："妈呀，你别对我爸有意见了，你说我爸不顾家，我现在比我爸还严重呢。"这人呀，就是一种精神，他要是悟上了，别的他什么也不想了。我们在振兴街房子倒是挺好，是苏联设计的，但是房子小，两家一个厨房。那个屋里住着婆婆、小姑子、两个孩子，还有我们两口子。这样挤，也不觉得怎么着。那个时候不想吃、不想穿，也不想住什么样的，就是研究这个工作，想着怎么把这个工作干好。

1973年，与小女儿一起学习《毛泽东选集》

"文化大革命"结束了，70年代末我就出席了全国劳模表彰大会。其实那是60年代的成绩，那时都写了总结材料了，但没让我去。当时得要工农兵子女，咱也不是，加上咱们那口子是知识分子。市里的书记找我谈话，我说："我不想那个，只要是咱们国家好、咱们党好就行，别的我不寻思。我不是为了评这个那个，就是啥也不评我也一样好好干，大伙都当劳模，比我都好，我才高兴。你放心，我只能比过去干得还好。"我不后悔，我不是给谁干的，咱们这是给党干的，给咱们自己国家干的。咱们干服务行业，影响大呀。商业是什么？商业是国家的门面，你商业刮什么风，社会起什么浪。商业风正了，社会、老百姓自然就文明了。所以，我要文明经商、礼貌待客。后来，把我调到化妆杂品部，小商品、化妆、杂品都归我领导，六十多人，那阵儿特忙。你别看小商品不起眼，这顾客真有难处。有的老太太就买一根针，一根针还挑哪个针尖儿好。我就组织大家研究，我说咱们可以拆包零售，因为有顾客需要，买一根针咱也卖。宁可自己麻烦千遍，不让顾客稍感不便。咱们是独家经营，一定要让老百姓满意。除了针，鞋带儿也拆包零卖，有的一根丢了，那一根还挺好，人家不买一副，那一根也卖。扣子买一个也卖，然后还给你钉上。线从哪儿来呢？我要求咱们一边学习一边儿缠线，别闲着，把大帧线缠成小帧，这就有线头了，都捡起来，缠在一起。有的顾客是外地的，有的是农民进城，这个扣儿丢了，咱们给他配上，外地人到哪找针线，咱给钉上，顾客高兴、感动呀。我又研究这个化妆品，那雪花膏零卖用的是油毡纸，给包一包。我就想，用油毡纸包，近的行，道远的不好拿，车上一挤就挤瘪了，白买了。我就提出号召，收小瓶，一分钱一个，用开水消毒，完了有需要的，免费给装上雪花膏、头油。哎呀，顾客那个高兴呀！这样货卖得快，还增加卖钱额，也让大家都满意了。卖杂品忙啊，有时候上来一层人，尤其中午的时候，都举手，急得"啪啪"敲柜台。怎么办呢？我就总结了，咱们应该"接一答二照顾三"。什么意思呢？就

在北市百货商店布匹组卖布

是来了一帮顾客，这个要扣、那个要打火机，这个要线、那个要针，我接待他，跟那两个就打好招呼，"同志，你稍等、稍等"，这他就不着急了。人家买什么你给他三个，让他先挑。不能拿一个，拿一个你对人家不礼貌，人家没法挑，所有的小商品都拿三个。我也遇到过小偷，但人多，我就大声说："同志，你要买打火机啊？你帮我照顾点儿，我给你三个，你挑啊，帮我照顾点儿。"哎呀，他高兴了，站在那儿他还不动弹，完了还真挑一个。后来，他说了："骗谁也不敢骗郑忠文，她老说话呀，她都认识我了，还相信我了，把我当主人了，我能偷人家的吗？"我卖那么多年的货，不少货，因为我都有数，我信任顾客，顾客也都帮我看着。这就是叫"接一答二照顾三"。这个方法后来我在北京人民大会堂开会时，在倡议书上向全国倡议过。

后来我又研究，提出了"五心"活动，就是热心、耐心、细心、真心、诚心。比如说热心，就是顾客奔你来了，很自然地跟人家打个招呼，别突然打招呼把人家吓一跳，就像唠嗑一样。真心，就是对待人家像对待自己的父母、兄弟姊妹一样，不能拿他当外人，顾客和咱们都是一家人呀，所以到了你跟前儿他都是乐呵的。我总结的这几个方法都是比较有效的，所以那阵儿就是百忙当中不乱，不丢也不差，而且顾客都能满意。有的顾客感动得不走，上火车都要耽误时间了，还跟我说："我也是干商业的，我怎么做不到你郑忠文这样呢？"

50 年代我就当了辽宁省服务标兵，到全省各地去交流，鞍山、大连、朝阳很多市的大百货都找我去，还有天津、山东的一些地方我都在那儿站过柜台，一站十天半个月的。那时候上报纸都是头版头条，左一份儿、右一份儿的，把我的这些方法推广出去。前几天我去买菜，一个顾客说给了 20 块，卖菜的说给了 10 块，吵了半天。后来，我看营业员也怪委屈的，我就跟她说："同志，你以后收 20 块，你吱一声儿，你看现在你俩谁对谁错也搞不明白。你做商业的别吵吵，一吵架就不知不觉伤着顾客了，就失去消费的机遇了。"我跟她说这些不为啥，就觉得这对咱们老百姓有好处，大家团结，别唧咕。我这个人儿就是好管事儿，就是为了让大家都和和气气的，别给国家添乱呀。我没什么大理论，就是觉得咱们大家都爱党、爱社会，你怎么表现？就在自己这一小堆儿的工作上。

我遇到老幼病残的顾客，都登记。建立登记簿以后，利用休息时间往家里给送货。为了给聋哑人服务，我还学过哑语。那个时候我们不少人都一起去，也不是我一个人干的。前些日子，我遇到一个残疾人，他喊我："郑姨，你还记得我不？我小时候，就好赚着一把钱，在那儿等着郑忠文卖东西，就愿意让你给打那个雪花膏，要是别人卖的，擦着我都不高兴。"你用真心打动别人，也换来人家对你的真心。所以，在工作中我觉得非常快乐。我在哪儿工作两年，那个地方要是不成为先进，我真的是饭吃不下、觉睡不着的。我不是吹我个人，我是号召大伙儿都干。什么给工厂提意见、建立消费服务部、送货上门、照顾老幼病残，这些事情都干过。我认为一个人活着，就要不断地学习。老百姓有都是经验，有都是需要你学习的地方。所以说我这个人永远当学生，当不了老师。我到卖自行车的家电部，发现顾客有困难，就是会骑不会修。有的是挺远从农村、郊区来的，骑回家稀里哗啦，它就晃了，不好使了。我一看这怎么办呢？顾客有困难咱就得研究。我专门设了一个管维修的人，在自行车卖出一个月以内，免费维修。为了给一个郊区80里地的顾客维修，我怀孕八个月了在那儿帮忙，结果黑板倒了正砸我身上，差点儿没死了，到医院都没有气儿了。那时候正是"文化大革命"，又赶上礼拜天，医院里没有大夫。有的人看我车票上写着"北市百货大楼郑忠文"，知道我是劳模，赶紧找书记抢救，那血都流到了腹腔了。这个书记是部队转业的，认识我爱人，他给签的字，抢救这一宿抢救了过来。活了以后，我这半个身子都肿了，八天八宿搁冰镇着，啥也不能吃，补充了1600CC的血。等我醒了，我问我的同事，盘点的时候还欠谁三毛钱呢，给没给人家。就说那两句话，又晕过去了。后来过了几天才缓过来，孩子也拿下去了，没了。那我也不后悔。

（四）

60年代困难时期，我在布匹组。那会儿发布票，大概一个人一年是二尺八吧。有一天一个妈妈带着孩子来买布，是这孩子的哥哥要结婚，他们攒了点儿布票。这个小孩大概五六岁，看见柜台耷拉下来的小花布，她一蹾一蹾的，拽着了不松手，她喜欢，那个花儿好看。那时候顾客人山人海的，她妈说："松开、松开"，就打她的手，这个孩子就是不松，说啥也是不松，就喊："我要、我要"。她妈就急眼了，把孩子拽一边儿就打哭了。我赶忙从柜台里边儿走出去。不怪孩子妈妈不给买，那时布票太紧张，她哥哥结婚都凑不上呢，哪儿有布票给她买呀。这孩子在地上打滚哭，她妈又要打她。我说你别老打孩子了，这么着吧，给你找一块布头，收你三寸布票。然后我又叫老师傅帮她裁了一个小背心，这孩子当时就乐了。后来，我退休之前，有一天在柜台上帮人卖货呢，就看见一个二十多岁的大姑娘在那一直站着，瞅呀瞅呀，别人儿都走了，她怎么还老瞅我呢？我看她还挺机灵，也不像有啥毛病。我就上跟前去了，我说："你想找谁呀？"她说："大姨，你肯定记不住我了，我那阵儿才五六岁。我就是在地上趴着哭的那个孩子。"我说："哎呀，是你呀，都长这么大了。""哎呀，大姨，我总想着你，这不我妈有病了，告诉我有时间千万来看看郑姨，她说郑姨是好人啊。"她跟我说，她原来在盘锦下乡，现在回城了，在北行那儿也做商业工作。她说："我永远记得你对

向裁缝师傅学习套裁法

我的服务，我也要像你这样的。虽然我是自己单干，我也好好服务。"

为了帮助顾客解决布票少的困难，我们就研究用套裁的方法，省布，解决点困难呀。有个东北工学院的大学生，拿了二尺八的布票，要买布做裤衩，那只能做一个，没有换洗的。顾客的困难就是咱们的困难，我就号召大家研究套裁的裁剪方法。这一号召，晚上党团员大伙谁也不走了，都要一起研究、学习。那时候困难呀，吃不饱，我攒点儿粮票，晚上给大伙儿买一个大饼子，掰开，夹块咸菜，大伙儿谁也不要、不吃。我去求裁剪师傅，本来求一个人，结果来了七八个。

大伙对我真好，北市百货大楼就这么支持我。九点下班儿，回去都没有车了，有的就在柜台底下睡，我也在柜台底下睡过。就说这个劲儿头，大伙都拧成了一股绳儿，所以说开展啥工作都特别顺利。大伙儿对我的支持，我永远也是忘不了的。咱们跟那些裁剪老师傅学，后来能裁到了七十多个样，小裤头、小背心、小裤衩、大裤衩。那个时候北市的花布呀，挂得到处都是，免费裁剪，哎哟，顾客可高兴了。我们曾经卖过一种灰色的花布，不太好看，哪个商店都积压，卖不动。这可怎么整呢？生产的工厂可着急了，我们支持生产也支持不上呀。后来，咱们就裁裤头。做裤头不磕碜，结果可好卖了，积压库里压了好几年的都卖完了。这下工厂可高兴了，印啥花布开会都找咱们。国家要是有啥困难我就研究，尽快把困难解决了，别让人家说国家不好。咱们就这么一点小能耐，能发挥多少是多少。最后，老百姓的口碑就是："感谢毛主席！感谢共产党！"

"文化大革命"的时候，有一回差了顾客一块两毛钱，那个女顾客急得直哭，我说："你别着急，今天晚上务必把这个钱给你结算出来。"到晚上收款员结完账，正好多了一块两毛钱。我可高兴了，拿着钱给她送去。那时候社会可乱套了，晚上五点钟就没有车了，她家住在北陵二台子，挺远的。那时候我走路可快了，总想跑，黑天也不害怕。钱给人家了，给她感动的呀，拽着我说："听说你是郑忠文，我才托了底，别人不能给送，这啥时候呀，车都没有了，出门可小心点呀。"她高兴了，我也乐得没法儿。回来也不知道累，走起路来，嗖嗖地！我就寻思，人得有一种精神，不寻思别的，什么也不害怕。咱们别拿顾客当外人儿，别老是你我这么分，你就拿他当亲人，像你父母一样。那时候大伙儿干得可有劲儿了，也不知道力量怎么那么大。当然，天天也是学习毛著，北市百货真学，真重视。天天早晨六点钟，保证人都到齐，一边儿学一边儿谈感想。我不管什么时候，从来对党都相信。也有的人说我死心眼儿，他们问我："郑忠文，现在都改革了，你说还信什么？"我说："我信共产党！"我说："你们信什么我不反对，但我信共产党，永远信这个。"

我再讲一个"文化大革命"时候退换货的事。当时我在五金组，货也挺多的。有一天铁西一个退休的老工人，拿着买的工业用刨子就找回来了，就要退这个刨子刃，说是假的。老头可生气了，"啪啪"地把柜台都要给拍碎了，谁劝也不听。这个营业员就找我去了，说："这老头要退货，一蹦多高，谁劝就是不听。但不能给他退，因为他用了，但他不承认，可能刨子磨了，粘火了。你要跟他说这个，老头豁出来能跟你拼了。"听完了我就赶紧跑过去了。让这个老头到后面办公室，他不去，就在外边儿吵吵，你说啥他根本就是不理你，你就给我钱。一个刨子大概是18块钱，那就是挺贵的呀。顾客看我来了，就说："郑忠文来了，郑忠文来了。"到了跟前儿我就喊大爷。老头睁开眼睛看看我说："你怎么在这儿呢？"我说："你贵姓呀？""我姓郑呗，我是你大爷，老郑家是一家。"我说："是吗？哎呀，你看我来晚了。"我说："大爷，你这是怎么的了？"他说："这个是你的地方吗？"我说："是呀，我在这儿丢丑了，大爷，这个事儿怨我，都是我没做好。""这个怎么怨你呢？"我说："我是组长呀，就是我没有教育好呀，那你就批评我得了。"我就给他擦汗。老头跟顾客说："你们都别看了，我喝酒了，刚才说的那些话都不算。"就跟我走到后面了。我就倒水给他喝，劝他别生气。这回老头说了："郑忠文呀，你说咱们都姓郑，谈起来就是一家，你为党做工作做了这么多，我咋就这么丢人呢？"我说："大爷，不怨你，别生气。我说错了你骂我也行，打我两下也行。你可别在外边儿喊。"还没等我处理呢，他就跑外边去了，跟顾客讲："是我错了，这货是真的，不是假的。"我说："大爷，你家里是不是有男孩儿？是不是也动你的东西？"他说："有两个男孩，不好好念书，这学一下那学一下。想打家具，是动了我这东西。"他就开始往自己身上揽了。我说："你老，在家别那么大脾气，孩子淘气，别怨孩子。以后他做错事都不敢回家说，慢慢不就学坏了。这个东西呀，他用了，用完以后磨了，磨完以后就粘火了，粘火以后又给抹上油了，完了整个油毡纸给包好了，您相信不？"他一听笑了，拍打我几下子说："妈的，孩子，你业务也是熟练，你跟大叔生气不？"我说："不生气，你是我大叔，我跟顾客都不生气，能跟你生气吗？"他说："我回家给他俩一人两撇子。"我说："你看，说着说着又来脾气了。你要打他们还不如打我呢。你要是这么管孩子那不是要把孩子管坏了，你回去好好跟孩子讲，孩子就因为怕你，才不敢跟你说呢。"老头说："是那么回事儿。哎呀，我这脾气真得改，这一辈子，吃亏都吃在脾气上了，谁也不敢管我呀，这哪儿行呀。忠文呀，我向你学。"我说："你可别向我学，你是老人家呀！"哎呀，老头笑了，大伙都笑了。他跑到柜台去跟营业员检讨去了，完了走了，还夸我给老郑家争光了。

（五）

咱沈阳有几个有名的劳模，像张成哲、尉凤英，这对咱启发都挺大的。我不算突出，是在人家启发下做的。1978 年 6 月 20 日到 7 月 9 号，在北京召开了学大庆学大寨的表彰会。那时"文化大革命"刚结束，还没走上正轨，大会是按行业分头开的，但领导讲了这次就是全国劳模会，工业口和财贸口单开。这次没给奖章，都是"文化大革命"以前的成绩。这次会上，总共 381 人评为全国劳动模范和先进工作者。辽宁省有 20 位被授予了全国劳动模范称号，我当时是北市百货商店营业组的组长。1979

1979 年，荣获全国劳动模范称号

年我又被评为全国劳模，到主席台领的奖章和奖状。这个成绩就是 1979 年的新成绩。

叫我去参加全国劳模会，我就觉得高兴呀，饭不吃都不知道饿了，只知道乐。就觉得，还能有我，我也不够呀，咱们干点儿事，领导不忘记咱们。大会通知叫咱们带一块两毛钱，包括电影费。在北京我们住到部队招待所，和那些先进人物在一起，哎呀，特别高兴！看到不少著名的人物，有黑龙江拖拉机手梁军，还有一些老领导，邓小平、华国锋、邓颖超、蔡畅。上北京我还特意打扮了一下，自己觉得穿得挺好的。上衣是蓝色的工作服，下面穿了一条青色裤子，买了一双新皮鞋、新衬衣，衬衣是带花点的，那是挑好的买的，要不在商店也舍不得买。同志们敲锣打鼓地给送到了市总工会，总工会又送到了火车站，然后坐 12 次列车到北京。回来的时候，也是省、市领导到车站去接。那是非常地光荣啊！开会晚上睡不着觉，刚一闭眼，忽悠又醒了。早晨天蒙蒙亮就起来了，看材料，就觉得像做梦一样。1979 年，我们还出席了国宴，见了不少外宾，觉得眼界比以前更宽了。那阵儿天天看天安门、大会堂，哎呀，高兴呀！那阵儿也没有照相机，就是瞅着啥都好，觉得咱们国家真好啊！就想回来我可得好好地干。那时候就是讲"一朵鲜花儿不是春，万紫千红春满园"，回来我得带着大伙好好干。我想这个荣誉不是我自己的，这是大伙干的，都给我一个人了，我得感谢大家。我琢磨回去给大家带点儿啥呢？攒了点儿钱到百货大楼买了两包糖。回来没敢回家，就直接回商店了，怕见到孩子再给她们分了呢。还带了几盒大中华烟，给大伙儿抽抽，领导赶上了也给一根，我从来没特意给领导送过。大伙说："这郑忠文，下火车，市领导都去接了，接到了市里头赶紧回来。回到了商店就吃大饼子、白菜汤，完了马上上柜台去。"从北京回来我没休息一天，啥也没舍得给自己买，也就是给老婆婆留点糖，给孩子一人留两块，自己这就高兴得没法了。我对商店、对领导、对大伙，真是感激不尽，大家干的成绩，这福都让我一个人儿享受了。

那几年到北京参加的会也真多，在那之前我还参加了第四届妇代会，坐在主席台上，担任了执行主席。还参加了全国财贸会议，刘毅部长把我找去了，叫我跟北京商业部门的先进工作者座谈，然后又到几个商店儿看看。我见到了北京王府井百货的张秉贵，还有北京的第一个劳模、掏粪工人时传祥的夫人和儿子。那阵儿国家领导人到沈阳，不少都来过我们家。鞍山最早的劳模王崇伦还到沈阳我们商店看过我，那会儿他的腿就不太好了。

参加劳模会回来觉得真是越干越有劲儿，就想咱们商店必须得越来越好。后来北市商店不是出了两面红旗，叫作"劳模摇篮"嘛。我培养了一二百个徒弟，光签合同的就有五六十名，其中不少是省、市劳模。全省各地都找我去，到哪个商店都带徒弟。朝阳市的铁西百货也是先进，我上那儿站了一个礼拜的柜台，还有锦州、大连、鞍山等地的知名商店，我都去站过柜台，都带过徒弟。80 年代初的时候，有一年全市招营业员，这些小年轻的可有意思了，都想到北市百货来，愿意给郑忠文当徒弟。这家伙，北百挑的都是优等高中毕业生，都是"大学漏"。因为我老上学校作报告，不少学生都知道我，都愿意跟着我。后来，这些孩子个个都是骨干。前年在公交车上还遇到一个，喊我"郑师傅"，可亲近了。可惜，后来北市百货黄了，我觉得挺对不起她们的。我也跟她说了，她说不怨我。是呀，这是赶上这个政策了。当然，要是不改革北市百货也不行，得随上潮流，是不？这不是咱们谁个人的事儿，咱们得顾全国家的大局。这些人后来都分到其他各大商店了，都干得挺好，对社会有贡献。那时候我就寻思，我做多少来报党恩也报不完。咱们国家这么大，大家都做好事那多好呀，光我一个人做的那点儿事，忒少了。我不是什么人物，就是小人物，怎么能到这种程度呢？我就觉得我不行，做得不够。

2012年，在家中接受访谈

（六）

商业经营有学问，在那儿死待着能服务吗？服务就讲究语言艺术，讲究顾客心理学,这都得琢磨。我学过顾客心理学,来了顾客就观察,看他是干什么工作的,能喜欢什么样的东西,大概能买得起什么价格的,然后再推荐、介绍商品。摸清了顾客心理,按照他的要求来服务,所以卖啥啥快。他们都管我叫北市"摇钱树",我哪敢当呀!有一年我们进了一批女装,价格挺贵,积压卖不动。我一看这可不行,得处理一下,这种商品来了快一年了,不卖了还得了,将来就成了死商品,资金也周转不了,这都是咱们国家的东西。那阵儿还没有大大方方地改革呢,我就提出把价格降低一两块,无非是我们收益低一点。然后专门设了一个大柜台,我找了一个年轻的徒弟,我俩都穿上了这件衣服,展示给顾客看。那时候对营业员要求严,上班时候只准穿工作服。哎呀,先是沈阳评剧团的一帮人来了,说郑忠文穿的可好看了,纷纷来买,接着还有老师、三院的大夫,一会儿工夫那顾客就成群了,

1984 年,担任北市百货副经理

就像看展览似的。那一天,大概销售了七八十件儿吧,没到一个月就销光了。我穿的衣服就自己买了,不能把试过的样品再卖给顾客呀。我自己也没钱,就先从单位互助会借了点儿钱。

我卖衣服一般都让试穿,夏天贴身的不让试,我就帮着量,要不怕不合适。有的时候,农民来了,他一身汗,想买那个布衫儿,就在那瞅着,我就拿尺给他量尺寸。有的还不高兴,不试一下就觉得号不对,我就让他套在外衣外面试,我帮着把里边儿衣服折进去,再把外面领子提起来。有时候给他递个干净的毛巾,擦擦汗,我就觉得他们像自个儿家的孩子一样,人家可高兴了,这我卖得就快呗。

80 年代,组织上提拔我做了北市商店的副经理,但我始终没有脱离柜台,我就爱为人民服务,要不人家都管我叫"工作迷"。我觉得我这个迷对了,全国人民不都是这么干的嘛。当领导的那十几年,我领着大伙儿赶大集、借款、盖房子,北市的面貌可好了。为了增加商店收入,大冬天我领着

大伙赶大集卖货。那时候没有轿车，就是大卡车，大散布一盖，我们就在车棚里面蹲着，早上三点多就走，数九天那叫冷呀，身上都是霜，吃饭的碗都冻上了。我们商店女同志多，孩子小的、身体不好的都不能去，我几乎天天去，我是领导，得领头呀。为了拆旧楼盖新楼，我们向银行贷了600万，所以着急，死活就想着多卖钱，好还贷款呀。挺好，在我退休之前，这600万都还上了。

我在1993年55岁时退休。因为后来不是当了副经理了嘛，要不50岁就退了。领导不让我退，我说我不能占着一个名额，我要是不退就得走个老百姓，那阵儿名额掐得可死了。我说退了我也在商店服务，不回家。其实我当经理的时候也没脱离柜台，哪儿忙我到哪儿去。天天有顾客找我，特别信任我。买个大件，非得找我才行，我能走吗？我确实也对他们负责任，要求营业员好好检查，有一点儿毛病赶紧上人家里好好给维修，领导和同志们对我是百分之百地关心、支持，要不我自个儿有多大能耐？对于我自己这个小家，年轻时候从来不想，对孩子关心太少，等我老伴去世了，我才知道这是个家。现在我尽力为孩子着想，帮她们多做点，算是补偿吧。我前半生为国家，后半生为孩子。现在是培养第三代了，我要对他们好好的，叫他们幸福，体验这个国家的好。不过我是党员，得过那么多荣誉，该为社会做的还得做。1997年，张成哲他们办了绿化沈阳的物业公司，我第一个报名参加，当了志愿者。2002年，胡锦涛总书记还来看过我们，我们一起在北运河边照了相。

哎呀，我讲得太多了，这都是应该做的。

二、沈延刚：玻璃炉窑设备专家、厂际攻关能手

访谈者：姚力

受访者：沈延刚、宋秀英（沈延刚老伴）

访谈时间：2012 年 8 月 23 日下午、8 月 28 日晚上

访谈地点：沈阳市铁西区工人新村劳模楼

[访谈题记] 沈延刚，沈阳玻璃厂退休技师。他 1951 年入厂，一直在生产一线工作 45 年，从一个文盲成长为拥有五百多项发明的技术能手。他用自己常年如一日的实际行动彰显了劳动模范爱岗敬业、无私奉献的精神品质，用一个个巧妙的发明创造、一次次精湛的技术攻关，诠释了"发明之星""革新大师"的丰富内涵，为中国工人阶级争得赞誉。从 20 世纪 60 年代开始，他多次被评为厂、市、省劳动模范，1987 年荣获全国五一劳动奖章，1989 年荣获全国劳动模范，1991 年荣获全国合理化建议和技术改进积极分子称号。

（一）家世与童年

我是 1935 年出生的，家住辽宁省丹东市东沟县大孤山区偏岭村，是满族，祖先从元朝带兵就住在那个地方了。我太爷叫沈冲，爷爷叫沈继贞，爸爸叫沈石阳，妈妈姓汪，叫沈汪氏。在我爷爷那辈儿分了家，原来的大家庭也是挺好的。我爷爷太老实，分家的时候也没有给俺们房子，把我奶奶气得不行。后来我有个九奶奶，看俺们家没有房子住，就说："那么着吧，我把梨树砍了，你们就来这儿盖房子。"就这么，给俺们压了三间小房。

俺家哥仨，我排行老三，还有个姐姐，加上爷爷、奶奶、爸爸、妈妈，全家一共八口人。当时我大哥被抓到了田师傅煤矿干活，后来听说，煤矿塌

方，把我哥哥压死了，我母亲就哭，几天不吃饭。后来又传回信儿来，说没事儿。过了一阵子，我哥哥从田师傅跑了回来，家里看看也不行，在家里还得抓。怎么办呢？他就和我姐姐俩人，跑到了沈阳，到纺织厂做工。我大约七岁时父母就去世了，当时我的爷爷奶奶，都七十多岁了，家里是老的老小的小。家里没有大人，还得叫我哥回去，我姐姐和我哥就又回到老家了。

我爷爷73岁去世的，那时我大哥结婚还不到一年。爷爷奶奶都不在了，家里就剩下我、我二哥、我大哥和我嫂子。我二哥比我大两三岁，家里主要劳动力就靠我大哥，我跟我大哥正好差十岁，那时候我大哥也就十八九岁，就由他来掌管这个家了。那个时候我还小，给人家放猪。俺们家旁边有那么六七户，有的家有两三个猪，有的家有一个猪，总共大约有二十几个猪，我天天早上把这二十几头猪赶出来放，放完了再赶回去。白天还得一边放猪一边揽点儿菜，有山菜，也有灰菜，就是能吃的野菜。拿回家剁一剁，用面裹一裹，弄一面团子，那时候就吃这个，吃的是比较苦。就这样我跟大哥在家待了一个时期，靠种地生活，就是有的人家地没人种，俺们就给种上，秋收的时候可能60%给人家，40%是俺们的。那时候农村种地靠什么？全靠农家肥，哪像现在这么省劲儿。家里种点儿地还不够吃的，俺们家靠着河，现在那河不发

2012年，在家中讲述童年时的艰辛生活，不禁潸然泪下

水了，那时候老发水，发水一淹，家里更没有吃的了。后来没有办法，我哥就把我送到我嫂子的妈家。她家在凤城，山区。我大概是十多岁到的她家，在她家待了三年。

刚一解放，就是五〇年的时候，我二哥就出来到了沈阳玻璃厂，就是后来我一直待的这个厂子。我15岁从我嫂子的娘家回了家，正好是抗美援朝打仗，咱们在刘家窑修飞机场，我就去了。我在那儿大约干了六七个月，当时也很危险，美国飞机老来轰炸，特务也多，一打信号弹，飞机就来了，来

就开始炸。有一天俺们正好做饭呢，这飞机就开始炸上了。我一看飞机来了，就趴那炕沿底下，躺那地上，没扫着我，那天让飞机扫死了不少。飞机走了，俺们拿起锥子、锤子接着修，机场一直修到五一年。修机场治好了我腿上的伤。原来在家里砍柴的时候，把腿砍伤了，挺大个口子，老也不好，流血、化脓的。修机场时有卫生队，人家给治好了，所以得感谢党。哎呀，修完机场还打仗呢，我就回家了。回家以后，我跟我大哥俩一起种地、干农活。俺们家有两头牛，没有牛不行，没法种地，还养了猪。我每天要割草喂牛、喂猪，完了收拾牛圈、猪圈，填土、抬粪、沤粪，沤了粪再抬到大门口堆在一起。我和我哥一起抬粪，我哥个高，一米八左右，我个矮，他怕我累着，扁担都压在他那头。那粪堆老高、粪筐老沉了，压得我都直不起来，这骨头就这么长成了，所以我这个头这么矮，还有点驼背。

（二）进厂学徒

1951 年，我二哥从厂子回家过年，过了年我就跟着他一起到沈阳来了。那时候找工作也挺费劲的，因为我小啊，来的时候还不到 16 岁。我 3 月份入厂，入厂那天正好 16 岁。我进厂子也算有个机遇呢。当时有个老红军，是厂子挺有名的老干部。他没成家，就一个人生活，住在俺们纺织厂那边的宿舍。他生病了，正好安排我伺候他，大概伺候三四个月吧，他去世了。去世前他跟厂长说，这小孩儿挺好的，把他安排到厂子里去，我就借这个机会进厂了。

厂长说："你能干啥呢？小个子也不高，这么着吧，安排在厂子的办公室，打个水、扫个地，干点勤杂工作。"这样我干了一年半左右的勤杂工作。厂长看我干得挺好，打水、扫地我又非常勤快。为什么呢？咱是苦孩子出身，这回可找到工作了，可得好好干。每天我都早早起来，没等他们上班，我就把各个办公室的地扫好，桌子抹得干干净净的，水给打来。白天厂长有个什么信儿我就送去，往各个车间跑。那时候我不认字，有时候这个车间的信送到那个车间去了，这就是没有文化的苦。厂长看我行，就把我送到了机电车间去学习。俺们厂最好的车间就是机电车间，是技术车间。玻璃厂大部分是劳动强度比较强、环境比较苦的工作。生产玻璃是什么东西，全是砖瓦石头，石头碾成玻璃，能不苦吗？大石头来了粉碎，完了以后再粉碎成细面儿，再摇起来才能够用。

我们厂是 1937 年日本人建的，规模很小。当时日本建了两个玻璃厂，一个在大连，一个在沈阳。那个时候全国只有三个玻璃厂，还有一个在秦皇岛，是比利时建的。中华人民共和国成立后，沈阳玻璃厂也是很有名的厂子。我们厂的第一任厂长是一个长征老干部，来的时候都带着枪。哎呀，那老头要求可严了，钉子掉在地上必须捡起来，掉一个都不行，得捡干净。那时候就是艰苦朴素的革命精神，厂子就是解放军的作风，是道德工厂，那么苦的条件，但工人没有一个叫苦的。当时我们厂的玻璃质量、产量都是领先的，特别是两毫

沈阳玻璃厂，原址位于沈阳市铁西区北三马路二段一号，曾经是我国建筑材料工业的重点企业之一，是以生产平板玻璃为主，兼营玻璃纤维、玻璃钢制品的综合性大型工厂。该厂前身为建于 1937 年 7 月的伪满洲昌光硝子株式会社奉天昌光硝子工厂，是日本资本家建立经营的小型玻璃企业。1945 年日军投降前夕，该厂停产、解散，所有档案资料被销毁，大窑里的玻璃液未放出，全部凝固在窑里，设备、厂房遭到严重破坏。国民党接收沈阳后，未能恢复生产，而且设备、厂房被拆卸变卖。沈阳解放时，厂区到处是残垣断壁、杂草丛生，其核心部位——玻璃熔窑严重损坏。它由东北行政委员会重工业企业管理局陶瓷公司接管，成为国营企业。职工们在厂长沙居光的带领下，以主人翁的姿态，清理厂区、维修设备、献纳器材，奋战 11 个月，于 1949 年 10 月 13 日恢复生产。此后不断扩大生产、改进技术、更新产品，成为我国玻璃行业的龙头企业。

1965 年玻璃厂工业总产值为 2124 万元，平板玻璃产量 141 万标箱。"星光"牌玻璃成为全国名牌产品。改革开放后，玻璃厂努力提高质量、增加产量，在开发新工艺、新产品上再上新台阶，1985 年浮法玻璃生产线破土动工，生产出现新局面。[1] 2002 年，该企业被秦皇岛中国耀华玻璃集团公司收购。[2]

[1] 参见《沈阳玻璃厂志 1937—1984》，1985 年印刷，第 3—9 页。

[2] 参见沈阳市人民政府地方志办公室编：《沈阳市志 2003》，吉林科学技术出版社 2003 年版，第 196—197 页。

米的玻璃，都到玻璃厂里等着要。那时候厂子条件是非常差，但是很红火。大部分都是体力劳动，石头来了搬，搬上破碎机后破碎，破碎以后上磨机，磨完了以后再筛选，筛选完了以后配料，各种配料配好以后再用推车送进大窑。哎呀，就是这样一道道工序，全靠人力。原来我们车间光是矽肺就死了

有二十多个，那时候就这样的条件。

在我的思想上来说，就是感到工人苦，我做个机械工人，得给国家、给大伙做点儿什么事儿，怎么能把大伙解放出来。但那时候学徒也相当不容易，可不像现在。那时刚解放，人的思想，特别是有技术的那帮人，是非常保守的。那时候叫什么呢？叫作教会徒弟饿死师傅。老师傅的这种观念非常强，有了这个观念，他能好好教你吗？师傅有时候在那儿画图，我想这样的好机会我得去看看，学习学习去呗，可一到跟前儿，他就拿准备好的盖子一盖，不让你看。要是出去到修理厂修设备，一到修关键部位，他就叫你打水去，再不行就取工具去，等你把工具拿过来，他也不用啊，人家关键部位都装好了。我就想啊，这怎么办呢？我得多阵儿才能达到师傅的水平啊？我想不行，必须得感化师傅。咱们厂七点钟上班，我四点就上班了，打水、打扫卫生、收拾机床。那时候厂子有什么玩意儿？就有一个破铣床，它是一个大轴，用个皮带拉着，就是皮带床子。每天我下班时把皮带打下来，一早去了，再把皮带打上去。所有的平面加工都是锉刀锉出来的，机械化水平就这么低。刨床呢，最好的床子，是个 800 的小牛头刨，这就相当不错了。哎呀我的天啊，哪像现在这个床子，这个刨、那个刨的，没有！特别是咱们厂子，就这么困难。收拾完了以后我就去练基本功，使用手锤、大锉。师傅一早来了，我就把他的饭盒刷干净，有米呢，我就给他淘一淘。不光对我自己的师傅，对别的师傅我也这样尊敬。米淘好、水放好，把各个师傅的饭盒都攒到一起摆好，然后搞个木箱子给装起来，送到做饭的地方。那时候上食堂吃饭的人很少，没有几个我们这样的单身汉，他们都是从家里头带饭。那阵儿条件非常艰苦，大家伙儿生活都非常仔细。一个月挣个五六十块钱的都很少，我们学徒开始是六十二分，后来涨到七十几分、八十二分，再后来是一百二十分，吃饭都不够啊。我那时候

结婚照（摄于 1960 年）

干活也能吃，没钱吃饭了我就找我二哥要块儿八毛的。再就是师傅杯子里没茶了、没水了，我马上给添上。礼拜天儿，看师傅工作服放下了，我就给收起来，给洗一洗，洗得干干净净的，第二天早点儿来，给他叠上，放那儿地方。

人心都是肉长的，时间长了，师傅也很受感动，主动教我了。干活的时候叫我干，他在一边儿指挥，告诉我怎么干。不但我的师父教我，别人的师傅也教我拿手活儿。那时候所有的活儿都靠手工来做，键槽、制图，都靠人来刻。再比如刮电机瓦，这不是一般人能干的。那时候刮电机瓦的活，都得要什么样的钳工呢？起码要七级以上的，七级到八级的才能刮这个电机瓦，它要求比较严，刮进去精度不能超出两道五。两道半是多少呢？一根头发丝都是七八道。它要求很精密，而且接触面要掌握好，每平方寸刮的点要求是25，最少不能少于23，要是少于这个数，它不抗磨，这就是钳工的技术。师傅把这个绝活教给了我，所以，以后刮电机瓦、划线，大部分都是我的事儿。在外边修设备，钳工这都是我的。我的技术有了长进，但你光有技术没有文化不行，反过头还得说学文化。

我因为家里穷，没念过书，一个字也不识，没有文化就不可能有技术。所以，我就白天练基本功、学技术，晚上下班就到夜校学习文化。那时候刘少奇提倡办夜校，厂子都有夜校。我学习挺勤奋的，夜校回来后接着学，一学就学到十一二点钟。一个字、一道题，反复写、反复做，才能记牢。我一年要比人家有文化的人，多耗一千多小时。领导一看我挺好学，就说把我培养培养，就把我送到了北京的琉璃河技工学校，在那个学校学习了三年，一直到五八年才回来。这时候，有好心人给我介绍了二十多次对象，为了不耽误学习都被我谢绝了。这个学校那时候还挺有名的，是国家建材部的学校，就在北京的琉璃河。那时候文化课学的啥呢？物理、化学、语文、算数都学。这样就有基础了，回来以后其他的技术书就能看懂了。技术方面，钳工、铣工、刨工、车工、铆工、热处理，这几本书都学完了。后来还在琉璃河水泥厂实习。学习期间每到国庆节我们还参加游行，生活挺丰富的。过去我写个东西都是错别字儿，经过这三年，文化上有了很大提高。

说起来，人只要有钉子精神，钻进去，就会学到比黄金更加珍贵的知识。这就是说，人哪，只要你钻，刻苦地去学，就会收到效果，我的一生就是这么走来的。你要为党奉献、为社会奉献、为祖国奉献，你就得有这个基础。这是基础，简单说这是能耐、本事。你要没有这个能耐，你干啥也白扯，干啥也干不了。这个本事一是靠学习，二是靠奋斗。我一直坚持学习，在1988—1989年沈阳市读书竞赛活动中还获得了一等奖呢。

1963 年，荣获沈阳市劳动模范称号

（三）开启技术革新之路

从北京回来正赶上"大跃进"。哎呀，我的天哪！各个厂都在大炼钢，我也搞了一个炼钢炉。那时候俺们厂有一个铸造车间，本来是铸造玻璃模子的，不是炼钢的，但那形势，领导要整，就开始整呗。当时我也有想法，咱们厂也不是搞那个的呀，弄一个罐子，在那底下烧，你扯淡呢，哪能炼出钢来？我们厂那时候有几个车间：玻璃生产车间、原料车间、用纸车间、耐火车间、纤维车间、制球车间。我是钳工，把我安排在玻璃车间，实际是几个车间哪有事儿调我去哪儿。

纤维车间是 1958 年成立的，是从苏联引进了玻璃纤维整套生产工艺，包括设备也是从苏联引进的。那时候咱们跟苏联好，它援助了 100 多个项目。我们引进的拉丝机原来是 110 的筒，哎呀，那个噪音就别提了！机器一开起来，厂房的走道里都能听见"啊、啊、啊"震动的声儿。怎么弄呢？我得把这个筒子给它改一改。它噪音大的主要原因是，转轴高、筒小、没有减震器。我画图的时候想起来了圆周率，把原来的直径是 110 毫米的筒改成 160 毫米的筒。把筒改大了不就能把转数降下来了，它的转数由 5000 转降到 3100 转，完了我又给它加了个减震器。但是确实也担心啊，因为圆周率的大小和它的离心率成正比，你那个圆越大，离心率越大，所以苏联才搞这个小筒的。后来改造成 169 的筒后，你别说还真行了，转数、声音都达到了国家标准，纤维拉丝的产量，一下子从原来的 20 到 24 公斤，提高到了 30 到 32 公斤，增加产量30%。接着我就研究自动换筒，就是这个筒满了，"哗"那个筒自动上去。过去它筒小，一会儿就落下来。工人一天得老在那儿瞅着，它断一根丝得拿一个玻璃棍儿给挑上来。那个东西是高温作业，太烤人，眼睛烤得受不了。我又琢磨弄了两层钢化玻璃，夹上木头条，用卡子给它卡起来，再装上水给它挂在那儿，用玻璃挡着，中见有水，这样就凉了，就不晃眼睛了。这些技术改造和发明很快就推向了全国纤维厂。

这个矛盾解决了，下道工序又有矛盾了。什么矛盾呢？就是落砂。前边儿产量上来了，后面的工序也得跟上，要不你咋整，跟不上趟。当时是并捻落砂机，有三四个筒，三四根儿线儿，把它集中在一起。再下道工序就是落锭，把它成型。原来它的设计是中间有一小块儿鼓一点儿，两头尖的。我就跟管工艺的孙师傅商量，把凸轮儿改了一下，使成型的卷轴量大点儿，这样落砂机不就够用了嘛。这一改，用户可满意了，很受欢迎，这道工序的问题也解决了。

六〇年是咱们国家最困难的时候，三年自然灾害，苏联还撕毁合同撤回专家。鞍钢的轧辊原来用的是苏联的，不给我们了。买也行，高价卖，一个轧辊要 300 斤的猪 200 头、80 圆以上的苹果要 20 吨，就这样卡我们的脖子！沈阳各个厂的能工巧匠组织起来，成立了技协，专门搞攻关难题，我也参加了。后来，咱们技协自己搞出来了重型机械轧辊，苏联方面一听，这回五头猪就卖了，要不然往哪儿销啊。这叫什么？这就是志气。中国人就得有中国人的志气，没有中国人的志气不行！60 年代还有保卫南海的事情，就是越南人在南沙、中沙那儿挑衅。那时候咱们歼 -7 上去有点儿困难，需要歼 -8，我是搞机械的，正好参加了生产歼 -8 的会战。那时候我从家早晨五点多走，骑车六点半到那个地方，晚上十二点才回来，一天只睡四个小时的觉。歼 -8 上天了，飞起来了，保护南海发挥了作用，这里头也有一点我的贡献。这件事干完了，脚都没停就去帮助轮胎厂解决技术问题。他们的打眼机不行，打出来的都是废品，堆了一大堆，厂长急坏了，就是找不出毛病在哪。我

20 世纪 60 年代中期，与岳父、妻子和儿女合影

带着两个徒弟，到那儿天都黑了，也没休息，借着灯光逐个检查，最后把难题解决了。我那个时候自己定的规矩，到了谁家解决问题，不吃、不拿、不要，不为名、不为利，就为了美好的社会主义！那时候想的就是为了这个，所以那个时候厂长请俺们吃饭，俺们坚决不吃，俺们是自己带的饭，自己坐火车去，搭火车回来。

为了革新技术，工作这么多年家里啥事我都不管。我老伴有气管炎，有一回病犯了，下午四点钟，给我打电话告诉我去托儿所接孩子。我正在那儿试验，干起活儿来就把接孩子的事忘了。到了晚上，试验成功了，正在高兴的时候，俺们车间的王师傅闯进来了。我说："王师傅，你怎么这么晚了还来看我来呢？"王师傅说："我把孩子给你送回家去了。"哎呀！我这心里"咯噔"一下，才想起来孩子的事。一看手表，哎呀，十点多了，孩子还不到一岁，扔到托儿所，六个小时没吃东西了，这不坏了吗！我十二点才回到家。我老伴从来没跟我发过火，这回带病给我发火了！反正她知道我不是故意的，发完火，气儿也就消了。后来，我老伴说，人家托儿所看孩子的，打电话找了多少家，才找到王师傅家。王师傅是俺们车间岁数最大的，人家半夜三更把孩子给我送到家就走了。当时我们在八马路租房子住，没有路灯，那么晚车也停了。老伴还犯了哮喘，抱孩子也抱不动。真的，从我来说内心里感激不尽啊！所以，人不能光想着自己，得多为别人，人家才能为我。

（四）"文化大革命"岁月

1966 年"文化大革命"开始的时候，我正在纤维车间。那时候就别提了，都去搞运动了，什么都弄不到，煤都供应不上，得我们自己上沈阳陶瓷厂那儿专储煤库去拉。为了保住生产，晚上需要晚上去，白天需要白天去，半夜三更去整煤。纤维那方面就更不用提了，要什么什么没有，连拉丝筒都弄不到，所以俺们就自己加工、自己整，要不我怎么就能有五百多项发明创造呢？造反派一看我不参加打、砸、抢，就拿着枪，到了俺们车间，"梆、梆"把玻璃都给我打坏了，吓唬我呗。

俺们厂子有三个造反派组织，"八三一""辽革站"和"辽联"。"辽联"是硬骨头队儿，是破坏生产的，"辽革站"是抓生产的。当时搞运动对生产有破坏，但是生产始终没有中断。我们厂长是一个老红军，叫沙居光，当时得有七十多岁了。造反派就说他是国民党什么的，把他弄到俺们纤维车间改造，叫他扫地。他一停下，造反派就踢他，完了我就说："你干什么呢，人家那么大岁数的老头子了，走道都困难了，你还叫他扫地，你叫他歇会儿不行吗？爱干点啥干点儿啥，不爱干就拉倒呗。要是你爹妈这么大的岁数叫来扫地，你看能行吗？"他不爱听了，急眼了，"啪、啪"地打上我了，给我打坏了。当时就是那样，生产没人管。但是造反派怎么干、怎么斗，玻璃厂生产一直还是比较稳定的，一点儿都没有停，大部分工人还是老老实实的，只是把两个厂长整起来了。其实啥事都没有，后来都给平了反。毛主席提出"抓革命、促生产"之后，俺们就更有主意了，他们爱咋整咋整，咱就按党的政策办，生产不能冷着。他们说我是不抓革命只抓生产，还说是什么保守派，说了一大堆。反正爱咋地咋地，毛主席讲了"抓革命、促生产"，你不促生产你叫啥事儿，没有生产你吃什么呀，怎么活呀？这是基本的东西，基本的东西你不能少。俺们组几个当造反派的，都跑了，就剩下我领着几个小女孩子。我们纤维车间算是保住了，一直坚持生产。

下面我说说平板玻璃掰切机组研制的事儿。原来，俺们的玻璃掰切全靠人工，那大玻璃拉到三米八，"咔嚓"，掰下来，完了放到摇车上。都是靠人工来抬板儿，温度又高，夏天都得带棉手套，一直带到手脖子上。15片一车，三块玻璃就是四五十公斤重，再推到二楼裁板车间。那是又辛苦又危险，损耗还大。工人一天搬来搬去，上来一张裁一张，不管白天晚上，成

1979 年，在玻璃厂

1980 年，荣获省先进生产者称号

天在那儿盯着，一天要拿几十吨的重量，非常苦啊！还有个关键问题，就是有时候，人工切的案子上整不干净，有一点儿玻璃碴儿，玻璃一拉，就有个白道，这产品就成了残次品了，人家谁也不愿意要。因为人工切割慢，所以常常压楼，就是货积压了，手工切不出来呀。一压楼了，一车一车的玻璃整个都卸在地上，全厂的干部都调去帮忙。我就成天琢磨，搞个什么机械化解决这个问题，不让工人这么苦呢？

那个时候正赶上我老伴儿怀孕，我也顾不上她，一天就整这个方案，饭吃不下，觉睡不着，脑子里就像一团乱麻绳儿，不知道从什么地方捋起。等她生孩子我也顾不上送她去医院，一天就在厂子琢磨这个事儿，可以说走道都能撞树上。孩子出生第二天我到医院去看她，她就掉眼泪了。生孩子对于一个女的来说是大事儿，对于一个家庭来说那也是大事儿，一看她哭，我也掉眼泪了。那时候反正家庭生活是苦点儿，吃得困难点儿，都是苞米面大饼子，没有细粮。等她们从医院回来，有一天我看老伴儿炒菜，第一步她把油倒里头了；第二步把葱花、花椒什么的搁里头；第三步再把白菜倒里头炒；第四步倒一点儿水；第五步再把豆腐往里边儿一加，白菜炖豆腐就做成了。这对我有很大启发，我一边看一边琢磨，我搞这个方案，应该搞个流程图，把流程先搞清楚了不就容易了。第一步是掰板儿，原来是人工掰，解决它要用机械手，就是用液压传动的吸盘代替，"啪"！吸上去，就不用人掰了；第二步是输送，搞个流动生产线，把吸起来的玻璃摆到滚道上，送到下一个工位；第三步是冷却，因为切割玻璃要求温度不能超过60度；第四步是切割，先是进行纵切，纵切完了以后再进行横切；第五步是压边儿，就是把两个自然边儿给捻掉；第六步是顶开分片儿；第七步是码垛。这个流程图出来了，下面就好办了，一道一道工序逐个设计出来。安装运行后大大提高了生产，节省了劳动力，掰板、切割、运输等四个重体力工种全部不用了，同时减少了损耗。这项攻关从1975年搞到1977年，用了两年多时间。1982年，九台引上机全部应用掰切机组。这可以说是一次技术革命，填补了咱们国家玻璃生产自动化的一项空白，很快推广到整个玻璃行业，俺们厂为此也弄了几百万。

（五）为工人阶级争光

我从60年代就开始当劳模，1987年获得全国"五一劳动奖章"，1989年被评为全国劳动模范。这个模范选得可不容易，先要当选为车间模范，不出车间劳模就不出厂劳模，选为厂劳模才能评局劳模，然后是铁西区劳模，当不上区劳模，你就没资格上市劳模，然后才能是省级、国家级。经过几十年的努力，才一步一步评上全国劳动模范。

我是搞机械的，我的贡献主要在机械革新、发明这方面。举几个例子吧。80年代末，在沈北三棵树建了一个煤气站，有四个还是六个高压大罐

获得的荣誉奖章

1989年获颁"全国劳动模范"证书

子，每个罐容量有 400 立方米。大球罐后来用超声波和 X 光一检查，焊口不合格，有裂纹。修理它必须把焊缝取出来，但罐子的材质要求不能用气割、也不能用电焊，找了多家单位，没人敢承担，后来找到技协，技协就派我去了。那个大罐老大了，上面一个罐口，下面一个罐口，站在罐口，看不见焊口在哪个地方。按要求取下 200—300 厘米长，55 厘米宽，35 毫米深的 V 形环，难度很大。哎呀，我回来是饭也吃不下去，觉也睡不着，老伴儿一看我吃不下饭，知道肯定又有难题了。那个时候都快要过年了，我怕影响家里人，就到厂子里去琢磨方案去了，老伴儿领着孩子给我送饭去，给了我很大力量。我设计了一个大摇臂，由沈阳高压开关厂供给我们铣子，一点一点往下铣。那年春节特别冷，刮大风、飘雪花，穿着一身大棉衣在灌子里头都感觉冻得发抖。手都不敢沾那个罐子壁，贴到那个上面能给你粘一块皮去，都冷到了那个程度！我跟我的两个徒弟用一天半的时间把它给铣出来了，把这个大罐的毛病解决了。当时，这一个大罐就是 70 万，大罐得救了，就算捡回了 70 万。

1993 年，沈阳金杯汽车公司，从意大利引进了一个 3200 吨的双动机械压力机，价值 498 万美金。从意大利向我们运输的时候这个船出了毛病，就

1990 年，参加中共沈阳市第八届代表大会（摄于大会召开地沈阳八一剧场前）

是漏水了。由于海水长时间浸泡，四根大轴都锈死在机器里面了，怎么也拔不下来。金杯公司请了市里的多家安装队和科研单位也拔不出来，没办法，又找了意大利的厂家。意大利方面回信说，你们中国一点儿能耐都没有啊，就是这四根轴都拔不下来呀，真是"不可思议"。意方派了两名专家，带来了最先进的拔轴工具，采用最先进的拔轴方法，拔了一个多月，大轴纹丝没动。后来，他们说把机器运回去，用镗床把大轴镗出来，来回运费由金杯汽车公司负责，得 6 万美元。金杯公司急坏了，那哪行啊！耽误一天公司就要给银行 1.2 万元的贷款利息。这么着，他们找到了技协，技协又找到我。我和技协的两位同志到公司去考察，公司的总工程师给我介绍了这台机械的作用，轴是怎么回事，介绍了国内国外拔轴的情况，另外介绍了设备贷款一天得给银行交多少钱。这些情况对我影响很大，拔轴的重要性我都了解了。我又考察了设备，难度确实挺大，这个大家伙有一房多高，像楼板式的多层组成，每层外面还焊了轴套子，主要是为了固定大轴，以免运输中晃动，影响大轴的精度，现在都锈在一起了。了解了情况后，我心里还真有点胆怯，因为大轴的精度要求很高，垂直度不能超过 0.003 道，这对拔出大轴很不利。

　　我下午就没有回家，直接回了厂子琢磨方案。外国人做事虽然挺精的，但是它有几个事儿没有做到。首先，你要起这个设备，拔这四个轴，必须把这个设备垫得非常平，不能斜歪了，歪了，拔这个轴的力就消耗 80%。哎，这一点他们没有做到。第二点，这个轴露在外边儿的已经锈黑了，你还不把它处理到原精度？你得处理干净呀，要不有阻力，这一点他们也没有做到。第三，就是这个楼板的力，你不能把这个力加到一层上面，得把力分开，分到各层上，叫它每个楼层都吃力，不就轻巧了吗。最后一点呢，你必须用反正螺丝，把每层楼板都连在一起，防止受力不均变形。为什么用反正螺丝呢？就是它一转的话，两边儿都受力，把所有的楼板儿所有贴着这个轴的地方都拉到了一起。完了以后我从厂里借了六台千斤顶，每个千斤顶上画上小格，五毫米一个小格，作为统一起高的标尺。到时我说起一个格，就起一个格，我说起两个，就起两个，多起了可不行。都准备好了，最后我进行了检查，做到万无一失。这是大事儿呀，人家设备那么多钱！

　　第三天早晨八点八分开始拔轴。我是第一个喊的，我问："千斤顶都准备好了没有？"大家异口同声地喊："准备好了"。我喊："每个千斤顶起一个格"，然后都喊"起一个格"。起完了，我一看，哎呀妈呀！一动都没有动。我的汗"哗哗"地就下来了，哎呀，心里也是蹦蹦地跳。我觉得起 5 毫米应该行呀，怎么就是不行呢？两头套都拧紧了，上一点儿力，应该是行的呀。我又反复把那个格子一一测量，未发现一点异常，这心里就有了底。我喊这回各千斤顶准备起三个格，这三个格就相当于 15 毫米那么大了。哎呀！这一起，就听到里边儿发出"咔嚓"一声巨响，大轴穿出 30 毫米。哎呀，这下大伙儿乐得跳了起来。最后，没用一天半的时间把四个大轴都拔了出来。哎呀，这金杯厂就传开了，有的说："姜还是老的辣，经验多、计谋多！"金杯汽车厂的领导亲临现场来感谢，市总工会主席也到现场看望我们，《沈阳日报》头版头条作了报道。意大利厂方又录像又测量，发现同心度都在 0.003 以内，竖起大拇指，赞扬咱们中国人真行，了不起！还让我到意大利去旅游。他们来了两个专家，没有办法，又派了两个专家来，带着国外最先进的拔轴工具，用最先进的拔轴技术，结果一个月也没有拔出这个轴来。我们的目的达到了，就是给中国人争光，给沈阳的工人阶级争气！后来，这项成果

2010 年，与全国劳动模范张成哲（左）合影

被评为全国职工技协（中国职工技术协会——编者注）优秀成果。

1995 年，我们厂又上了一条浮法玻璃生产线。它最早在河南洛阳实验以后，才在全国推广。改浮法玻璃，窑的砌筑完全是美国专家来指挥，我负责窑炉的整个设备。他指挥什么东西呢？第一步是砖材加工，要求瓦工不准用刀砍，也不准用锤凿，要切开，否则不齐整，有缝子不行。为这我搞了一个能移动的金刚石切割机，砖切得又齐又平又干净，速度提高了 15 倍。砖的加工质量上去了，窑炉的质量才能保证。第二步就是铺窑底大砖，大砖四百多公斤一块，美国专家要求每个边儿都是 3 毫米的缝，目的就是热了膨胀以后把这个缝儿给胀死，同时还要求平整度，所有的角都不准碰掉，就这么严。俺厂长说这怎么整啊？太难了！怎么垫怎么捆，都难免碰着啊。为这我又研究了一个吊车，专门用来吊砖。这个吊单吊能达到 410 公斤重，保证了砖起运、摆放不受损，还解放了人力，提高功效 30% 到 50%。窑砌好了下一步就等着烤窑了。原定也是美国人来烤，但是后来他撒手不来了，为这事差点闹起来。这咋整呀？我就提出来咱们自己烤，咱们自己做个燃烧器。做这个燃烧器我是受飞机的启发，原来在沈阳飞机厂我就接触过飞机，仿效它的发动机原理，我研究了燃烧器，一共分为三层，一个是加液部分，一个是混合部分，一个是射程部分。它的射程达到 30 米以外，为什么要长呢？因为窑长有七八十米。原来我们烤窑，就在窑底下，像烧炕一样用大炉子烧煤烤。哎呀，那个烟呛得受不了，到了 900 度再放大火，一到放大火，这个砖材，"咔、咔、咔"就炸了，窑就可能歪了。这回我说坚决去掉那个老工艺，用热风烤窑。我负责领了几个徒弟，黑天白天地做，要不是学过铆工，我还做不出来那个玩意儿，那全都是铆的，都是不锈钢的高温材料。在大伙的配合下，就把这个燃烧器给研制成功了。这个烤窑非常好掌握温度，烤到 900 到 1200 度的时候就开始放大火了，窑里头全都红了，砖材没有一点儿坏的地方，窑体变化非常小。这样，窑龄可以提高到一年半到两年。玻璃生产提高一年半、两年可了不得了。美国那个专家说，中国真有能人！然后这热风烤窑就推向全国了，我也没报专利，没挣一个钱儿。

对俺们厂子我一直都是这样，从来没有想过个人挣多少钱。俺们厂子后来安装新生产线，整个生产线全是我领着几个小年轻安装的。要是请外面安装，这个安装费用得要多少呢？最少得要1000万到900万。我跟厂长提出我来承包这个项目，厂长说安装完了以后按照30%来提成，那应该提三百万左右吧。最后生产线安装完了以后，一次性投产成功，没出一点啰唆，我跟厂子一个钱没要。我在玻璃厂工作四十多年，一直在生产第一线，有人计算过，我在厂子内外共进行技术革新五百多项，创造价值两千多万元。

三、郑明久：人送外号"小转轴"的实干家

访谈者：姚力

受访者：郑明久、陈永珍（郑明久老伴）

访谈时间：2012年8月22日下午、23日晚上

访谈地点：沈阳市铁西区工人新村劳模楼

[访谈题记] 郑明久，中国人民解放军三三〇一厂退休干部。1951年，他从农村考入三三〇一厂，成为一名铣工，在该厂一直工作42年。在风华正茂的年轻岁月，他把对党和国家的感恩之情，转化成巨大的工作热情和干劲，全身心投入到了生产工作中。他爱动脑，心灵手巧，为此，工友们称他"小转轴"。但肯吃苦，爱岗敬业，才是他取得成绩、赢得认可的关键。用他自己的话说："我工作之后一直是劳模，之所以能评上劳模，靠的就是实干。"1956年4月，他出席第二机械工业部第一次先进生产者代表会议，又被推荐出席全国先进生产者大会，23岁荣获全国劳动模范称号。后因积劳成疾，患肺结核，离开铣工岗位，从事质检和行政管理工作。

（一）学徒

郑明久（以下简称"郑"）：1933年，我出生在铁岭县熊官屯公社黄石砬子大队袁家沟屯。这是一个四面环山非常偏僻的小山沟，全村二十多户人家。我家是穷苦家庭，有半亩多的山坡地，没有房子。每年一过了正月初几就开始找房子，这家住一段那家住一段，都是住人家小北炕。家里有爸爸、妈妈、姐姐、我、弟弟五口人，生活来源就是靠爸爸给人家扛活、榜青。榜青就是给人家种地，完了收获的时候四六分成。我从小就和父亲一起干活，冬天农闲的时候成天上山打柴火，年龄小的时候一天打三四捆，供家里做

饭、烧炕用，十五六岁的时候一天能打三四十捆，除了家里用，还卖一些换粮食。打柴火得往山里走好几里路，打完了再从山上往下背，一回背十捆，一天往返几十里山路。我这手上这么多伤疤，都是干活伤的。记得有一回我和我爸去割高粱，我小不太会干，一下子拿镰刀把手割了，哗哗淌血。我爸拿土把伤口糊上，又从靰鞡上撕块布给缠上了。哎呀，痛得不得了，但还得坚持干。家里穷，当地也没有学校，所以一直没上学。1949 年解放，我 16 岁了，家里分了田、房子、牲畜，吃饭有指望了，生活有了保障，这才让我去上学。我个子挺大，上一年级不好意思，直接上了三年级。学校在黄石砬子，离家挺远，得过一个岭，中午自己带点高粱米饭、咸菜。大概上了半年吧，学校说你这个子太大，在三年级也不合适。我就跑到熊官屯乡去上高小，反正人家只要不撵，咱就学，能学多少学多少，要不然没机会学了。这个学校离家更远，得住校，自带口粮，每个月交 30 斤高粱米、40 捆柴火。在那儿念到 1951 年 6 月份，就算五年半完小毕业了。

中国人民解放军三三〇一厂，原址位于沈阳市铁西区肇工街北四马路三段四号，是沈阳解放后由东北军区军工部接收的十个敌伪修理所和我军大栗子修械厂合并组建而成的。中华人民共和国成立初期，厂名和隶属关系几经变化，但其性质一直是中国人民解放军的军械修理厂，生产任务始终是以火炮、枪械、军事指挥仪的维修、研制为主。20 世纪 80 年代后，由于军需品生产任务不足，工厂开始生产照相机、洗衣机等一些民用产品。

我老姑夫在沈阳五四兵工厂工作，家里托他帮我找个工作。五四兵工厂在中华人民共和国成立前就有，大概是 1948 年沈阳解放的时候叫这个名。1950 年改名为一二九兵工厂，1952 年左右改名为中国人民解放军七〇一兵工厂，后来才改名为三三〇一兵工厂。有一天我老姑夫来了一封信，叫我去，说我家庭出身好、政治合格、有点文化，现在工厂正在招人，让我快点来。来到厂子人事科一报到，问我多大年龄，我说 17 了。人家说："17 岁长这么大个子，念这么点书？"我把我家情况说了，"能念这点书，那都是强对付。"这么的，我就参加了考试，考的是政治和数学，平均得了 67 分，又有人介绍，厂子就同意我进去了。

1951 年 10 月 19 日，我到解放军第一二九兵工厂报到，给我分在分厂的铣刨组，工种是铣工，师傅叫张兴国。跟师傅见面首先得敬礼，给别的老师傅也得敬礼，对师傅特别恭敬。哎呀，农村孩子来到城市里，那就像井底之蛙这回可见天了，参加了工作，生活有依靠了，虽说挣得少，但工厂供吃供住，跟在农村比那是天地之差了。一个月厂子给62分，合12块钱，厂子扣8块钱饭伙，三顿饭随便吃，此外还有4块钱零花钱，那心情老高兴了。我来沈阳的时候我爸借钱给我买的火车票，背个小破行李，就一个薄薄的小褥子，周围都露着棉花，穿着空心棉裤、空心棉袄，没有衬衣衬裤。我先在我姑父家住了一年，后来安排了独身宿舍。在工厂工作心里高兴，干啥都认真干，起早贪黑地干。我们是早晨七点半上班，我是不到七点就到。那时候机床都是皮带床，一个大皮带带动二三十个床子。每天早晨一来我就先上梯子，给大吊挂上油，所有的床子都得上好。那活又脏又累，衣服都是油渍麻花的，但是我天天坚持干。然后把床子打开，师傅来的时候床子都热了，给上电就干活。再给师傅饭盒送到锅炉房，中午再给取回来。我就是认干，拿厂子就当自己家。师傅们都说："这个孩子可真能干，是个人才，得好好培养。"大伙也都挺服气。师傅们对我很关心，看我困难，还送给我帽子、手套，都认为我不错，挺重视我。

我们那个小组一共有二十多个学徒工，我是月月都评为一等，就是爱干、听话、不闲着，凡是我能干的我都干。我的想法就是，我家翻身了，有了房子、有了土地、有了牲口，翻身不忘共产党。我是一个农村苦孩子出身，能到工厂这么好的环境，当工人最光荣了。那时候是工人阶级领导一切，所以能不使劲干吗？因为表现突出，1951年年底我加入了工会，1952年3月8日我就入团了，1953年4月4日又入了党。你看，我这进步多快！我的入党介绍人，一个是我师傅张兴国，另一个是罗福经。他们经常找我谈话，提高我对党的认识。那时候工会、团的活动特别多，在组织里自己思想上进步很大。入工会、入团、入党，这些都不是我自己能想到的，都是师傅、领导、组织上找我，培养我。一个人没有别人帮助，没有组织培养，自己很难进步，我的进步都是党的培养和教育的结果。

1953年，我满徒了，自己就要单独承担生产任务了。那时候，厂子生

1951年，刚刚踏入解放军三三〇一厂

产有计划，个人工作有定额。正赶上抗美援朝，厂子生产特别紧张，支援前线的任务都特别急。当时，咱们全军一共有五个军械修理厂，咱们厂子归总后军械部管，就是维修枪炮，制造还没有条件，仓库里堆积了大量的武器。咱厂子还派了一百多名技术工人到朝鲜前线，武器有毛病，及时在前线就修了。为了保护他们的安全，工人都在山洞里维修，平时不让出来。人家美国武器先进，咱们都是晚上出来打。我们在国内工作任务也很重，按照规定，每个工人一个月工作208小时。我表现好，任务更多，人家下班了我还干，我自己要求自己要干到300小时。即使我的任务完成了，或者没有我的活，我也每天走得最晚，在那儿帮着师傅们打下手，打扫卫生。我们班组的零活都是我包下来了，师傅们挺感动的，有时候看我累了，让我休息，还给我吃的，但我不能要。

（二）成家

我们是1952年阳历年成亲的，当时是父母包办。我在外面工作没考虑结婚的事，突然有一天我父亲来了，我问他："为啥这时候来了呢？"他说："你也老大不小了，给你找个姑娘成家。农村有个说法，如果过了20岁不结婚，就得25岁才能结婚了。"实际就是家里困难，老人怕定不上媳妇，着急让结婚。我爸说："双方老人、姑娘都同意，就看你的意见了。"我说："依我的意见，还是晚点结婚，但你们都同意，我也没意见。"我们都是一个堡子的，也是知根知底。我爸说："不能再晚了，定下来就结婚。"我老伴家是富农，土改以后，她家正房的一半分给我们家了，她家就住西厢房。但是我们没接触过，中华人民共和国成立前我们家住东街，中华人民共和国成立后在一个院，但我一直在外面上学、工作。那时候即使见面，大姑娘、小伙子，一说话脸就红，哪好意思接触呀。我父亲这趟来就是通知我，让我1952年回去结婚。

陈永珍（以下简称"陈"）：我父亲是富农，原来家里有十几垧地，九间房子，两个大牲口，一架大铁车，农忙的时候雇一个人，我父亲赶车，我母亲也干活。土改以后家里的正房给贫农、雇农住了，他家和老郭家住三间正房，一家一间半，我们自己住三间西厢房，三间东厢房给了姓李的一个地主家，他们被撵出原来的院了。我父亲是富农，不出院但只能住厢房，这都是土改时的政策规定。我们家里姊妹三个，还有爷爷。我是家里老大，体质好，就拿我当小伙子使，是主要劳动力，农活都会干，没少挨累。我也是中华人民共和国成立后才上学，16岁念一年级，总共念了两年书。

我们两家住上下屋，关系挺好，我经常上他家去，跟他父母唠嗑。他父亲托个媒人找我父母说和，我妈说："可也行，能把姑娘送到沈阳大地方去，挺好，省得在家里搬土咔啦。"我妈问我同意不同意，我说你们看着办吧。这么的，双方父母都同意，就把这事定下来了。再加上当时谣传，说中苏友好，要是打仗就把中国姑娘送给苏联换大炮，我妈吓坏了。现在想想，哪有那回事呀！

这里再讲个笑话。我们分了这个劳模楼之后，把老房子给了二儿子和孙

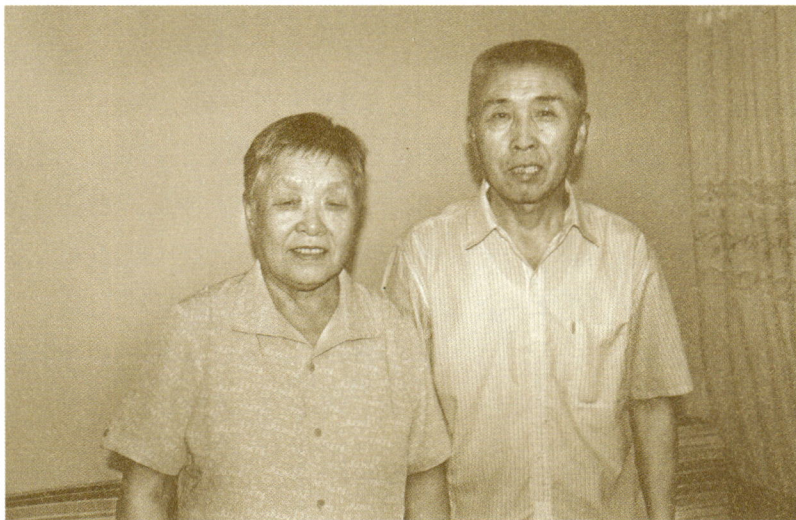

2012年8月22日，夫妻二人在家中接受访谈

子，他离婚以后没地方住。房子过户的时候要我们的结婚证，那也没有哇！当时农村才解放，手续也不全，我二叔公赶个毛驴车，拉着我们到熊官屯登的记，也没有结婚证呀。人家民政局要求我们回原籍档案局开证明。哎呀，结婚五十多年了，又补办了个结婚证明！

五二年春节的时候，我跟着他来沈阳老姑家拜新年，拿了面、粉条、野鸡什么的，"四彩礼"嘛，之后就没回老家。来沈阳的时候，坐火车得有身份证明，我从农村来哪有证明啊，就用他的身份证明又排大队给我买了票。哎呀，那时候铁路热线都得有证明，大队排老长了。刚来沈阳的时候没房子，就在老姑家住一段，后来又租人家一间地方住一段。1954 年生的大儿子，后面是两年一个孩子，十年生了五个孩子。现在想想可后老悔了，肠子都悔青了！孩子多，挣得少，生活困难呀！生老大的时候在老姑家北炕住，自己开伙，他从独身也搬过来了，啥也没有，就一个用板皮钉的小箱子，所有的东西都在那里装着。那时候他一个月挣五十三块九毛八，因为劳模比别人还多涨了两级工资。全家七口人，三个半大小子，粮食不够吃，得买议价粮。他开工资了，一个小口袋"吧嗒"往那一放，你就支配吧，买粮食用多少、议价粮多少、豆油多少、烧的多少，人家就不管了，我都得计算着花。我每天早起做好饭，挨个孩子答对，还得给他装好饭盒，他吃完饭就走，家里事啥也不管。他上班挺老远，连个自行车也没有，快走得半个多小时。要不我不愿意提以前的事，提起来心里不好受哇！没想到今天还能享福。

郑：俺们老家铁岭那地方是山区，上哪去都挺困难的，我上小学还得走五里路，那山陡哇！所以，能上大地方工作，上奉天生活，那还是挺羡慕的。五二年阳历年我回家了，但没和班组说要结婚，也没告诉我姑父。回来以后班长说，你咋回去这么多天呢？当时阳历年一天假，串个礼拜天，一共两天。我只好把情况说了，先斩后奏。班长说："有喜事咋不说呢？怕我们吃你喜糖啊？"那时候结婚三天假，这么一算正好，就没算旷工。

（三）评劳模

我工作之后一直是劳模。之所以能评上劳模，靠的就是实干。当时国家提出社会主义总路线，多快好省地建设社会主义，号召生产节约，技术革新、技术革命，开展全国先进生产者运动，目的就是提前完成第一、二个五年计划。那时与美帝国主义斗争相当激烈，战备需要挺紧张。毛主席提出：我们军工企业的战士必须把国家建设放在第一位，我们要提高警惕，提高产品数量，搞好产品质量，保卫祖国，加强祖国建设，国家安定了才有我们，国家不安定就没有我们。所以，军工企业生产任务特别重，干不完地干。我就想办法搞点小发明，提高效率和质量。军工产品质量太重要了，直接关系到战士的生命，关系到仗能不能打赢。我的文化水平低，搞个东西费劲哪，反反复复地画图，琢磨。每一次都仔仔细细地计算，产品出来用一个尺子量完再用另一个尺子量，生怕有一点差错。

1954年厂子来了一批加工探条的任务，任务量很大，一捆一捆地垒在那儿，起早贪黑也干不完。这就逼着我动脑筋了。我发明了个卡具，不用老虎钳子一个一个地夹，效率提高了3—4倍。当时工作任务都是应急性的，不固定，总变化。这个活干完后紧接着就是修理准星的任务。瞄准要三条线，准星是关键。准星有四个口，干一个活要分四次完成。我又琢磨了一个新工具，一次性完成，用八个月时间完成了预计两年零七个月才能完成的任务。这样我就出名了，有这么几个条件：第一，我是起早贪黑干活；第二，我保持三年百分之百出满勤；第三，我生产效率高；第四，产品质量好，没出过一次事故。所以，1954年我被评为沈阳市劳动模范，被推为市"青年社会主义建设积极分子"；又推选我参加了省青年社会主义建设积极分子大会，从沈阳到大连开的会。评选"青年社会主义建设积极分子"活动，也是全国为完成第一个五年计划展开的。

1955年3月，军械部下达了维修步骑冲锋枪的紧急任务，这个枪的刺刀是锥形的，卡不好卡，干不好干，任务还挺急。我们班的高天敏班长帮我搞了一个卡具，我用高速切削方法，把机床转数由原来的75转一下子提高到950转。原来一天只能干几个，用了这个工具和这种方法后一天能干49个，效率提高了六倍。人家都夸我，外号管我叫"小转轴"，说我文化虽然不高，但挺能钻研，小改小革挺能整。五五年我出席了沈阳市劳模大会，哎呀，厂子大喇叭成天广播我的事迹，几条街道都能听到，可光荣了！当时，我一天就想着怎么多干、快干。1956年，我们接了为大炮补助立管的任务，工作量也很大。工段长、组长把我找去说："这个任务要求急，把它分给你，因为你是共产党员，你要尽快加班加点把它完成。"我一宿没睡好觉，画图、琢磨，就想如何提高效率把它干好。我操作的是苏联万能铣床，干这个活特别费工夫。我又改进一个综合卡具，一下子能卡十个立管，一个月完成了四五个月的任务。经过这四年工作，我出了名，市里、省里、二机部都知道了。

1956年，获颁"先进生产者"奖章证书

1956年4月，我上北京出席了二机部先进生产者代表大会，朱德、彭德怀都出席了会议，作了讲话。4月25日下午四点钟，毛主席接见了我们。在会上推选我参加全国先进生产者代表大会，一起推荐的还有蔚凤英，她是冲压工。5月1日我就出席了全国先进生产者大会，住在西苑旅社。那大会可真隆重，大伙都特别激动。我们二机部的代表团都是军工企业的先进人物，相比较别的行业的代表还高一级，照相的时候都是靠近毛主席的。大会在北京体育馆开的，那会儿还没有大会堂呢，这就是最高规格了。全国总工会主席赖若愚主持大会，刘少奇致开幕词，毛主席出席了大会。我当时年龄小，人家都管我叫"小弟弟"，思想简单，比较幼稚。我就是觉得高兴、激动，一个从农村出来的苦孩子，能得到这么高的荣誉，特别荣幸！说不出对党、毛主席、工厂、师傅、同志们有多感谢呀！感到自己只有加倍工作，忘我地劳动，再接再厉，把先进生产者运动进一步推向高潮，才能回报党和人民给我的荣誉。大会给发了奖章，奖励了床单、毛毯。我们在北京开会前后有一个月的时间，活动安排挺满，除了开会，还安排看剧、游览名胜古迹，都是集体活动。会议结束时，总后勤部部长王树声大将还接见了我，专门用小车把我接到总后的。回来以后我在沈阳桥梁厂俱乐部，还有好几个地方作过报告，介绍劳模大会的情况和自己的事迹，目的就是促进自己，教育别人。报告我自己写不好，是我口述，专门请人帮着写的稿子。

陈：他在北京开会的时候，我正在家生孩子。丈夫在外面干得好，心里也是跟着高兴，再挨累，伺候他，也是愿意，觉得值。回来以后他把开会的事给我从头讲到尾，还拿回了大毛毯、大床单，可高兴了，就觉得应该支持他。回来以后他长了两级工资，全厂就他一个人，那解决老大问题了。

郑：从北京回来我就病了，吐血，就是累的，营养也跟不上。书记、工会主席都很重视，厂子送我到大连瓦房店结核病医院住院、疗养一年，卫生科派专车把我送去，特别关照。在那儿休息、饮食都很好，早上喝稀的，中午、晚上六个菜，四个人一桌，一个月 27 块钱的伙食费。在

1956 年，荣获"全国劳动模范"称号

那儿住了一年多，去的时候 109 斤，回来长到 140 多斤。因为治疗及时，加上生活改善，这就算痊愈了。出院的时候，医院放鞭炮欢送，厂子派了小车，工会主席亲自到车站去接我。

出院以后，因为身体的原因，我就从一线转到二线了。我入厂工作一共42 年，8 年当工人，之后 1958 年到 1970 年主要做产品质量检查工作，1970年到 1985 年在厂部做办公室秘书、主任。这中间经历了多次政治运动，厂

子跟社会上一样。我个人没受什么影响。"文化大革命"闹得最厉害的时候，工厂停产了半年左右的时间吧。厂子分三大派，80% 是"辽革站"的，"辽联""八三一"的是少数。当时主要是保卫工厂，防备把厂子武器抢走，所以装好的枪都卸开了，各个部件都分开放。最害怕造反派冲击弹药库，那要弄去了可了不得。我们自己组织了小分队，天天巡逻。我虽然是劳模，但这个时候已经很平淡了。做厂部主任工作挺忙，对我很锻炼。就说支配小车吧，我手上有八台小车，谁需要、派给谁，这每天早上就得支呼一阵。全厂三个大门，保卫工作、电话总机工作、档案文书工作，很琐碎，紧忙乎，很多事还真不好处理。

从 1986 年到 1992 年，我到分厂做过厂长，到厂子办的服务公司做过总支书记，后来又到厂子下属的山陵公司做经理、总支书记，党政一肩挑。这个公司有旅店、饭店、汽车维修厂等六个部门，我在任的时候还是挺红火的，在那儿一直干到退休。

1986 年，担任解放军三三〇一厂分厂厂长

回首自己为党工作 42 年，算是奋斗的历程吧。2007 年分了这个劳模楼，我觉得政府能盖这个劳模楼，说明没有忘记我们这些在工业战线上的老

劳模。过去说中国的工业看东北，东北的工业看辽宁，辽宁的工业看沈阳，沈阳的工业看铁西。能在铁西盖这个劳模楼，这也是对我们老工业基地的肯定，体现了党对我们的关怀，让我们能老有所依。这几年住在劳模社区，我们成立了劳模党支部，组织了劳模巡逻队，按期过组织生活，每个月的20号大家在一起学习，不管刮风下雨都坚持。我们还积极参加社会公益活动，力所能及地做一些维护环境卫生、治安巡逻、扫雪、指挥交通的工作，这也是学习郭明义，传承雷锋精神。现在觉得思想上特别敞亮，有一种重新入党的感觉。

四、李成坤：“党的恩情永远报不完”

访谈者：孙庆忠
受访者：李成坤、李成坤老伴、李成坤女儿
访谈时间：2012 年 9 月 3 日
访谈地点：沈阳市铁西区工人新村劳模楼

[访谈题记] 李成坤，沈阳标准件厂退休干部、工人工程师。1959 年，他以优异的生产业绩和吃苦在前、任劳任怨的精神品质，被推选为全国劳动模范，出席全国先进生产者“群英会”。他 17 岁入厂，在 43 年的工作中，无论是做钳工，还是任工人代表、档案处长，他都把工作放在第一位，努力把工作做到最好。深究其中的原因，只为一个理由——报答党恩。口述由始至终，处处洋溢着他对党、对国家、对工厂的无比深情。正如他所说：“工人是劳动人民，要是再选择工作，我还当工人，以工作报答党。虽然今天干不了了，心有余力不足，但心还向往。”

（一）从农村娃到新工人

李成坤（以下简称“李”）：我是 1935 年 1 月 6 日生人，老家在沈阳市辽中县潘家堡乡张家窝棚村，现在叫张家村。咱家是贫农，家里可穷了，没房也没地，啥也没有，只靠父亲给人扛活挣点钱。1948 年沈阳解放，才分了房和地。当时分了一间房，给了点好地，再配点洼地，村里按人平均分。

1950 年发大水，区政府给我开了介绍信，到沈阳找工作。那时候我虚岁才 16 岁，个子矮。我姥姥在城北西瓦窑住，她也是逃荒逃到那儿的。我就到了我姥姥家，在那儿等着招工。有一回去市劳动局一看机械八厂招人，它的艺徒学校，就是现在的技术学校招生，学习一年，然后分配工作。当时机械八厂是沈阳最大的厂，我就报名参加考试了。那次招了三百多学生，全是农村来的。

我这辈子总共念过五年书，都是中华人民共和国成立后念的，之前我没上过学。1951年这个时候，其实还没怎么上学，因为书领回来后就发大水了。考试的时候一个女老师问我："为啥要抗美援朝？"我就说："那美国把朝鲜当跳板侵略中国，所以我们得援助朝鲜，打它！"那时候小，也不知道细菌战啥的。就考了这么一个题。考完看公布的大榜，看了名再看学号，怕有重名的，一对是我。这么的，次年3月21日我正式入厂，先在艺徒学校学习了一年，既学习政治，也学习技术。一年以后，分配到厂的工具车间学钳工。这个厂相当于机械八厂的分厂，原来伪满的时候是日本人建的麻袋厂，有几栋日本式、屋顶是斜坡的厂房。以后，这个分厂改名叫沈阳螺钉厂，生产黑皮螺钉，就是把铁块先搁炉子里烧，再搁压力压，螺钉上面一层氧化皮，不是标准件。后来，全国机械厂统一排名，俺们厂子改名叫机械第二十六厂。再后来又改为标准件厂，现在是标准件工业公司。这么大变化，我都亲身经历了。

我从农村出来就一个报恩的思想。没有共产党能分地、分房吗？政府能给我开介绍信来沈阳找工作吗？所以说，始终不能忘记党的恩情。参加工

生活照（摄于1958年）

沈阳标准件厂，原址位于沈阳市铁西区启工街3号，前身为1933年日本在沈阳开办的大阪精机工业所、满洲捻子制作所、东亚酸素株式会社等12个日本小工厂。1948年11月2日沈阳解放后，由中国人民解放军东北军区军工部从国民党政府手中接管。此时由于经营管理不善，生产基本处于停滞状态。1950年，该厂划归东北工业部机械工业管理局机械八厂。1952年10月，又从机械八厂划出，成立东北机械工业管理局第二十六厂，划归第一机械工业部第一机器工业管理局领导。1953年，改名为沈阳螺钉厂。1953年2月，上海螺钉厂并入沈阳螺钉厂，而将沈阳螺钉厂的铸造、机械加工和装配三部分划出并入东北机械十九厂（后来的沈阳拖拉机制造厂）。1958年，沈阳螺钉厂下放，归沈阳市工业局领导。1959年，改名为沈阳标准件厂。

1962 年，该厂被上收，归第一机械工业部第二机器管理局领导。20 世纪 80 年代，企业经过整顿，生产局面出现欣欣向荣的良好势头，各项经济技术指标均达到历史最高水平，并以产品质量高、品种多、规格全，保持了在行业竞争中的优势。产品销往全国除台湾、西藏外的各省、市、自治区，并远销美国、法国、联邦德国、日本、意大利和香港等国家和地区，成为机械电子工业部下属规模最大的标准紧固件专业厂，为国民经济各部门提供各类紧固件和配套服务，同时为国家创造丰厚的经济利润，被辽宁省政府命名为"大庆式企业"。[1] 1996 年 6 月 12 日，该厂破产倒闭。[2]

[1] 参见沈阳市人民政府地方志办公室编：《沈阳市志·3·工业综述　机械工业》，沈阳出版社 2000 年版，第 217—218 页。

[2] 韩耀先：《回眸：亲历沈阳企业破产》，沈阳出版社 2002 年版，第 247 页。

作的时候正是抗美援朝，工厂都加班加点、捐献、保家卫国。当时，在党的培养下，我在政治上进步很快，技术上认真跟师傅学，自己也肯钻研。我入厂后，跟了一个姓海的回族师傅，跟他学徒得天天帮他看着水碗，不能让别人喝，因为厂子工人回族、汉族都有呀。当时我不知道，生产大干的时候去食堂给师傅买饭，买了一盒红烧肉，师傅不吃。我们的大组长在那边就叫我："小鬼，拿来给我。"我说："不给，你自己有徒弟让你徒弟给你买。"我当

时也不知道民族这些事。他说我师傅是回族，回族不能吃猪肉，我这才明白。往后，我就看着我师傅的碗和筷子，谁要动我师傅的水碗和筷子都不行。这样，我师傅也感动了，在技术上就细心地教给我，我的进步就快了。有的徒弟和师傅关系没整好，就站在那儿看着不教你。

1956 年，周总理在全国报告要搞第二个五年计划，全国要大搞工业，要上去。在那个思想指导下，咱们更加好好干，一定按照周总理政府报告的要求干工作，动脑筋、想办法、搞革新。五八年"大跃进"，国家号召提合理化建议，大搞技术革新、技术革命，改变生产的状况。我自己就琢磨，怎么才能改进，提高生产效率，后来陆陆续续提了五十多项合理化建议，最后实现了三十多项，最高的效率提高了 130 多倍，最低的 4—5 倍。这些合理化建议实施的结果是，我提前跨入了六〇年。当时是算工时，按照一年多少工时算工作进度。通过搞技术革新，效率提高了，我提前三年零四个月超额完成第二个五年计划，为国家多创造财富 71.87 万元。

举个简单的例子，卡嘴原来是用车床切撅工艺，后来改革用冷镦工艺，这个革新不仅省料省工时，而且产品质量还好，提高老了效率了。再比如，加工一个工具叫弯柄丝锥，它是专门绞扣用的，做它必须得撅弯，这个撅弯相当困难。得把丝锥放在炉子里烧，再赶快拿出来，用手一锤子一锤子打弯。火大了废了，火小了撅不动。我就琢磨，能不能改进一个卡具，叫

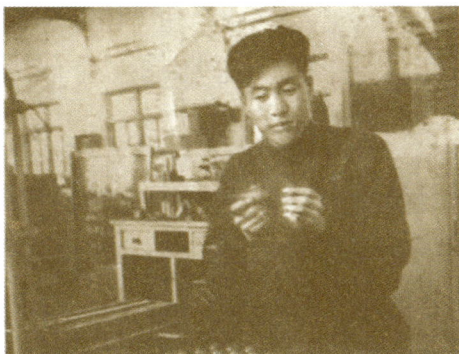

1958 年，搞技术革新

它火候正好，不软不硬，撅弯好撅还不变形，速度还快。因为当时任务要得急，车间里好几十台绞冒机，消耗相当大。后来我做了一个胎具，又找我师父、技术员请教，那个技术员就说了："哎呀，你可别显大眼了，老师傅都没整呢。"有一个八级钳工，叫杨贵才，他帮我整，最后到底把撅弯器做成了。就是把锻工的大火炉上面放个大铁板，底下有个撅弯器，哗、哗，一整一个、一整一个。原来生产一个要 11 分钟，用了这个工具以后 5 秒钟就生产一个，而且质量还好。哎呀！做这个胎具试验了多少回呀，反反复复遇到老多困难了，也有灰心的时候，但最终还是坚持下来了。搞革新大干的时候，成天在厂子车间里滚，都不回家，孩子也不管。那时候生活还困难，就吃苞米糙子，但觉得特香。

当时，我们有五个同学一起进厂分在一个组，我的技术进步最快，我的活都免检。可有的同学不行，检查不合格气得把产品都给砸了。为什么我的技术高，高就高在师傅手把手教我，我自己也认真学。那时候八点上班，我六点就去了，拿那个锉刀练。大锉 14 寸，小的一点点。练锉不能弯，得平着练，铁末子一锉锉一堆，那得多大劲呀！这个锉刀练平、练稳了，加工的部件就好。那时候讲究误差不能超过三道，一根头发丝还七八道粗呢。以后很快我就出徒了，自己在那个组里独立干活。在省、市评"双革"能手的时候我都评上了。评革新能手必须有项目，又必须有效率，解决生产关键问题。辽宁省的"双革"会议在北陵省政府院里开的，宋任穷接见了咱们，还

放了一场电影。五九年我就评上了全国劳动模范。

李成坤老伴（以下简称"大娘"）：我们是五七年元旦结婚的。厂子照顾，给俺们分了一个 7.5 平方米的房，是人家里面的一个小间，还得走人家的门。那时候俺们两家都特别困难，我也没上班，就他挣那么两个钱儿，结婚什么也没有。后来有了四个孩子了，六口人还在那房子里，搭的上下铺。他整天在厂子忙，啥也不管，我挺生气的。有一次和我们家情况相似的一个工友的老婆找我，叫我一起找车间主任要房子。我可不敢去，我怕他呀。后来去了，我就在旁边站着，没敢吱声。结果，他回来就问我是不是去厂子了。我说："没去"，没敢说。

李：咱们住的是困难点，但不是还有个地方嘛。有的人还没有地方住，比咱还困难呢。

2012 年 9 月 3 日，在老伴和女儿陪同下接受访谈

李成坤女儿：我家四个孩子，我大哥是五八年生的，最小的是六九年的。我妈总说，我爸技术革新的时候净在厂子，家里什么都顾不上，自己胃弄得都不好了。

（二）群英会的前前后后

李：五九年我出席全国群英会，那是国家最大规模的先进、劳模表彰大会，工业、交通、财贸、农业，各行各业的全有。那阵我才二十多岁，也没想到自己能出席这个大会。厂子的工会主席找我说："现在上面评你出席全国群英会。"咱们企业工会给我一块上海花大呢的料子，让我做一套服装，那是最高级的了。又给我一套秋衣秋裤。那时带队的是辽宁省总工会主席金直夫，他任团长。当时，厂里开着车、吹着喇叭、打着鼓，一直把我送到了沈阳站站台，坐的是专列。这趟车沿路还上来一批又一批劳模，有个人也有集体代表，一直开到北京。咱也没坐过火车呀，从农村里来到沈阳，就在厂子周围活动，六马路都不敢去，怕走丢了。那时候铁西区落后，到处都是乱坟岗子，哪有这么多房子。到了北京，一下火车，心里怦怦直跳，咱也没见过大世面。俺们住在西苑旅社，两个人一个房间，给发了布鞋，那里都是地毯，这样走路既没动静又干净。

大会是在人民大会堂开的，辽宁代表团在中间左边靠前的位置，离主席台近。九点钟宣布开会，国家领导人排着队上主席台。我那心情，不知道怎么的，啥都没了！就瞪着眼睛一直看着领导。那时候总理还比较年轻，专门给咱作了一个报告，从下午一点一直讲到六点。周总理啊，太辛苦了！总理讲了国际形势，又讲国内形势。那年国际上，咱们没进联合国，总理就讲为啥没进联合国，因为台湾在那儿占着位置。总理说，咱不进更好，咱随便，咱乐意怎么干就怎么干，没人管得着，联合国也管不着，咱不是联合国成员。关于国内，讲了五八年"大跃进"全国生产的情况。那年正好是西藏叛乱嘛，接着他就讲西藏为啥叛乱，怎么叛乱的，为什么要平息，不平息行不行。哎呀，那给咱讲

1959年，荣获"厂先进工作者"称号

的……总理作报告，听哪儿都对劲，讲的都是咱们心里话。最后，总理讲：请你们吃饭。是便宴，在 8000 人的宴会厅吃饭，那么多人，多大的宴会厅！总理说："你们一样尝一尝，别吃多了，要不最后上饭吃不了啦！"总理多实惠呀！咱们都是工厂去的，都是年轻人，都能吃。哎呀，精粉小馒头、花卷、包子、水果、点心，全有，大米饭都沾嘴唇。宴会之后特意给我们演的苏联芭蕾舞剧《天鹅湖》。好看，就是看不懂，但心情激动得了不得。那是苏联名剧，专门给咱们这些劳模演！

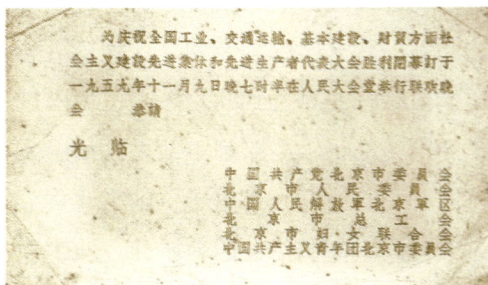

宴会邀请函　　　　　　　　　　　　　　　联欢会招待票

　　完了开了十几天会，一机部部长赵尔陆把咱机械方面的劳模召集在一起开会，还合影。那次大会印象最深的是总理。总理去世的时候，我大哭一场，想念他。一提总理我心里就不好受，那真是一心一意地为中国人民献身的，那是毛主席的助手。要没有总理，毛主席也不行呀，那了不得！

　　大娘：总理去世他哭得不行，开会时候见过面嘛，有感情。总理讲的那些话，他一回忆起来，更悲伤。

　　李：那次开会他讲了那么长时间，讲得多细呀，每一句都讲到咱心里了，是咱们心里想的，不停地鼓励。所以就想回来好好干，什么都不要，什么荣誉也不要，就是黑天白天地干，感谢党的培养、教育，没有党就没有我的这一切。开完会回来，厂长、党委书记，还有厂子职工代表都来接我，都来站台等着呢，开着轿车一直把我送到家门口，吹喇叭，比结婚都热闹。邻居大伙都说这家干什么呢？后来轰动了整个宿舍，大家都知道了这个劳模，以后就出名了。人家都说，这人住七平方米的房子，五六口人，人家给房子

1959 年，参加全国先进工作者群英会时游览北海公园（左一为李成坤）

还不要，上哪去找这样人呢？上北京开会，和国家领导人坐一起谈国家大事，这了不得，这也是咱们全厂职工的光荣。

回来后到各厂子传达群英会的精神。那时候我年轻，脑子好使，不用拿稿，实话实说，大伙爱听。给我准备稿了，我没按着念，要是照稿念的话，大伙不都睡着了。我把参加大会、参观北京的建筑、宴会、和主席坐在一起的事儿，都讲了，鼓励大家。当时最深刻的感受就是党和国家对工人阶级的重视，的确工人阶级是领导阶级，是主力军、主动脉。再一个感受就是我文化不高，书念得太少。所以，思想上就是一心一意的，党要我干啥我就干好啥。见荣誉的事就让，见困难的事我就上，宁可不吃不喝，家里的事不管，工作必须得干好，对得起党的培养。所以，工作越干越有劲，越干脑袋越开窍，继续搞改进、革新。六〇年，厂子就提我工人工程师。过去这都是没有的。当时，全厂就提两个工程师，另一个是沈国良，他是上海人，大学毕业的；我是农村来的学徒，和人家一起提的工程师，平级。这在沈阳很少，那一年我才 25 岁。

（三）"文化大革命"岁月

李："大跃进"之后就是困难时期，原来定量四十多斤粮食，降到 28 斤。那就得勒紧裤腰带，还得干活，还得供孩子吃。虽然生活上困难，工厂没停产，没事就找蔬菜、树叶子吃，没有怨言，没影响工作，因为国家困难，毛主席也节食给老百姓。提了工程师以后给我调到厂办了，到技术科管产品工艺。"文化大革命"的时候就开始乱整，咱厂有一个总工程师朱锡根最惨，自己上吊自尽了，还说我是政治投机分子，就是因为我的先进劳模事迹。我在车间是团支部书记、工会主席，说我是保皇派。大字报贴到厂子大门口，"火烧李成坤""李成坤是你悬崖勒马的时候了"。一张大纸上一个字，那老大的字了。我不服气！我咋了？成天干活，啥荣誉都不要，还说我是保皇。保厂长、党委，我能保得了吗？大字报还写："政治投机分子李成坤"。我投啥机了，劳模不都是大伙选的吗？后来军宣队进厂，搞大联合，他们就做各派的工作。军宣队的张永利当头，做革委会主任，他比较老练，这局势才慢慢稳定。

"文化大革命"的时候我做过工宣队工作，到过沈阳三十六中学，还有苏家屯鱼种厂。那会儿沈阳有八个国营农场，苏家屯鱼种厂是其中的一个。市革委会主任王崇周要求必须给八个农场派军宣队、工宣队。所以，从苏家屯区陈相屯驻军派了一位军人作为军宣队，从咱们厂子派五名工人，组成一个工宣队，进驻鱼种厂。进厂之前，这个厂长就被逼投鱼池自杀了，他还专政了一批人。以前军宣队进来都被厂子造反派撵走了，行李都撕得一条一条的。咱们进去了，那里两派斗争挺厉害，另外还有一些犯错误的老干部在那儿接受改造。当时我们不管哪派，专政对象一律放了，重新派人调查。各派整的那玩意我们不是不相信，不实，有水分。我把军宣队、工宣队全派出去调查，只留了一个女队员搞内勤。工作该开展还得开展，跳忠字舞、上鱼池养鱼、挑鱼种、放鱼苗。在那儿干了一年，回来的时候，啥感觉？他们都"呜、呜"地哭啊，20 斤的鱼给我送到家里。如果我没做到工作和他们贴心，就绝不会有那种感情。他们都恋恋不舍的，以后到沈阳还来看我，给我送鱼，送点大米。所以说，做什么事一切听党的话，按党的要求去做，就能得到人民的拥护，啥事都能解决。

哎呀，知青那段更热闹。那是七六年，标准件公司成立了，派带队干部管理知识青年上山下乡，就选上我了。我当时体格不好，有胃病，但不能因为胃病不去，必须坚持完成。我就在家买了点饼干，带了胃药，公司开车把我送到法库县红旗公社，青年点在西房身大队，离公社有五里路。大队书记是个老太太，她用马车把我接到大队。我当时心情也挺激动，因为这是党组织信任我。这些青年全是咱们厂职工的孩子。原来宣传说，青年点吃的、穿的都可好了。我就按这个思想去的，但到那一看不是这么回事。青年点十间大房子，一扇玻璃窗户都没有，晚上睡觉就用青年的秋衣秋裤挡着。这一看，哎呀，心里一下凉半截，怎么跟宣传不一样呢？这一着急，胃病就犯了，疼，我也得坚持着。这些青年真可怜，正是生长的时候，没人管，条件这么困难。我到青年点的时候，就一个做饭的在家，其他四十多个人都干活去了。一进屋呢，这边屋子是女青年住，那边屋子是男青年住，都是两铺大长炕，男女分开。我一看什么菜都没有，咸菜都没有，就贴苞米面大饼子就白水，十分困难。咱自己也有孩子，你再看这些青年，造得都没孩子样了，女生像四十多岁的妇女，男的整得像小老头似的。我和青年都住在一铺大炕上，这火上得不行。

待了几天，我赶紧回厂子了。到了厂子就把孩子家长召集到一块，告诉他们孩子说的话都不实，他们太艰苦、太困难了。我说，他们不缺钱，不用给钱，给钱他们就到县里喝酒闹事，得帮助孩子们解决实际困难，一个是缺烧的，一个是缺玻璃。咱厂有个女同志，她爸爸是玻璃厂厂长，我让她帮着批了两箱玻璃。我跟厂子要了车，把玻璃拉去了，把青年点窗户都上了玻璃。我下去走访的时候，发现那里的学校也没有玻璃，窗户都是报纸糊的，屋里黑乎乎的，凳子都是土坯砌的。我当时心里"咯噔"一下子，咱孩子在沈阳条件多好，这里孩子太苦了。我给学校把玻璃全安上了，可亮了。学校孩子多，到处宣传。这老百姓可感动了，都说："青年点缺啥都支援，没吃的、没烧的，都上咱那儿拉去。"我的工作开展顺利透了，只要我这李师傅去大队办事，立刻就办。后来公社知道我了，要我上公社工作。住的屋子，南炕是公社党委书记，北炕是我。我没同意，我不能离了我的那些青年。后来党委书记下令说："李师傅有啥困难必须得解决，解决不了到公社反映。"我对公社也一样，看见有啥困难帮着解决啥困难。我发现他们缺打浆机，就是把青稞搅碎做饲料的那个机器，我就给他们改装了两台，苞米秆子这边进来那边就碎了。厂子支援点部件，派来一个电焊工，也没要钱，公社可感动了。青年点养了一头大肥猪，杀猪的时候我就和青年们说："一头猪杀了咱也吃不了，又不能卖，把大队、小队干部都请来一起吃，和人家也别提条件，别要这要那，就是感谢。"大伙都可高兴了，一个个干部都表态："你们没有烧的随便拉，下猪崽你们看哪个好随便抓。"后来组织家长去参观，大米饭，菜都有，肉不缺，家长都感动，也都表态："只要李师傅提出的事，家长都办到。"后来厂子支援也不少，给每个村子都打了一眼井。所以，那

1974 年，与妻子、孩子摄于沈阳市劳动公园

边发动家长，这边依靠大队、公社，把这些青年当自己孩子管理得相当好。

开始我去的时候，这帮孩子不听话，有的穿着喇叭裤，不干活，就在村里街上晃，偷鸡摸狗，老百姓老大意见了。我在那儿待了不到一年，高粱出四个叶的时候去的，冬天回来的，孩子们都变化了，我说啥事没有打横的。我走的时候，大队的人还有青年，一直送我到县里，十多里路。生产队做的"感谢李师傅"的大镜框给我送到家。青年都哭了，难舍难离的。我当时都不想回来，胃也好多了。后来咱厂子又派了一个人去，他回来后对我说："李师傅，你这底子打得太好了，我到那儿享福了。"当时知识青年上山下乡的目的，一是为了锻炼，二是缓解国家困难。经过知青这段教育，这些青年吃了苦，得到了锻炼，后来才可能成才。这些孩子回城多数都回咱厂工作，见我可亲了，家长更亲，见了我找我去吃饭，我都不去。

（四）把劳模精神传给儿女

我是1952年入团，1956年6月末入党的。那时候我性格内向，不爱说话。领导找我谈，说我联系群众不行。后来我改了，见着谁都打招呼。我从农村来就一个思想，共产党给我分的房和地，好好干，报答党。入党宣誓时老激动了，心里直突突。我属于年轻党员，我师父都没入呢。当时我爱看电影，看电影《赵一曼》、战斗片、抗美援朝的影片。那些共产党员多让人感动、佩服呀，咱就得向人家学。入党以后就以党员的标准更高要求自己，群众看着你呢。评上劳模后，更得好好干。

"文化大革命"后期，邓小平要求整顿，企业也得整顿，我就调到厂子档案室做档案管理工作。当时档案有技术档案、文书档案，还有一些资料。80年代初的时候，我做档案工作最大的困难就是国家要求统一管理，但厂子缺少库房。咱们厂有防空洞，上面是车库，下面是空的。我一琢磨能不能利用地下室存放档案，关键问题是防潮和防漏水。我去市档案局汇报了情况，领导很支持我，档案局长来看了一下，提出必须要买去湿机，随时抽去空气中的水分，再加上防潮层。我跟厂里领导说了，他们也挺支持我，定下来先修地下防水层，然后去上海买了四台去湿机。后来，提升我担任档

1990 年，在沈阳标准件厂档案处

案处处长，处里人员也从 5 个人增加到 17 个人。我又把新盖的科技楼的二层都要过来做办公、放文书档案用，因为文书档案查找频率高，其余档案一律下地洞。厂子给买了二十多组四箱的档案柜，全部实现了统一集中管理，之后又搞档案升级。我做档案工作做到退休，1995 年 2 月退休的。

　　我这一辈子，成绩是大家的，荣誉是党给的，工作都是自己应该做的，做得再多也报答不完党的恩情。我对子女说，爸爸是你们的样本，不能见荣誉伸手，要见困难就上，见荣誉就让，按党的要求去干。自己的付出很值得，党给的荣誉和待遇太高。我工资都够用，每年工会还给补贴，搬到这个劳模楼区工会还给了一个大彩电，免费安装的电话。现在也不能给党作什么贡献，不给党造成麻烦就行了。所以，只能发动儿女做好工作，少取报酬。要善于团结和自己意见不同的同志。我对奉承的人很警惕、反感。人家提意见就要反省自己有没有做得不妥的地方，人家说过头了，也是对你好，敲个警钟嘛！

　　在评劳模中间，我也走过一段弯路，犯了一些错误。啥错误呢？这我也可以讲，我不隐瞒。就是在困难时期，我父亲在农村修大坝摔了，住院，需要钱。我自己子女多，生活比较困难，但再怎么困难，我自己想办法克服，不向党伸手。我回农村老家，我老婶说我傻，不能心眼活动活动，人家卖点破衣服还换俩钱呢。我说那怎么行，咱是党员、劳模，能干那事吗？但生活困难，想来想去就把自己的手表给我老婶，叫她卖了。那时候手表紧张，可珍贵了，卖了一百多块钱。我老婶让我给买暖壶。买暖壶得要购物券，我兜里揣了几张券就上南站太原街去了。那个地方乱糟，卖粮票、布票，卖啥的都有。那阵儿国家困难，也没人管，管不过来。我就卖了几个券。可能有个同志看到我了，回去向领导汇报了，领导就找我谈话。那年，先进生产者什么也没评上。我想，完了，多丢人呢，见不得人啦！上班我都早点去，就怕见同志。当时有一个老劳模，就是沈阳气体压缩机厂的吴家柱，把我找家去了。我一进屋，心里"咯噔"一下，他正生病卧床，后来很早就走了，可人家有病还把我找去了。他跟我说："人哪有没缺点的，没有不犯错的，有错改了，还是好同志。你站起来，重新好好干。"他的这几句话，我回去合计好几天哪。人家为了啥？不是看见同志有困难了，伸出手帮助咱嘛。我下定决心，改！把我这缺点、毛病晾开，在大会、小会上讲，见见太阳。结果这一讲不要紧，不但没坏，还变成好事了，第二年又评上劳模了。后来，市里领导知道了情况还批评了厂里，说我家庭生活有困难，厂里该关心怎么不关心，应该帮助，又没投机倒把，还是为了糊口，这不算什么。

我退休后，俺们厂子搬走了，原来的厂房都没有了，现在都是居民区。我还老往那儿去，就在建设大路启工街，现在世星宾馆那儿。我非常留恋那个老地方，原来厂房在哪儿，我都清楚。厂子拆迁的时候，还是高兴的，厂子规模扩大了，全是新厂房了，不是日本鬼子留下的那个了。厂子工会过年过节常来看我，送油、送面，还有购物卡，每个月给 70 块钱的劳模津贴。厂里没忘了我，我怎么能忘了厂呢。我 17 岁就来这个厂，一直干到退休，厂子的老面貌，我脑子里记得贼深，哪个厂房在哪，各届领导、各种运动都记得清清楚楚的。

工人是劳动人民，要是再选择工作，我还当工人，以工作报答党。虽然今天干不了了，心有余力不足，但心还向往。咱们国家这么大，国际、国内多少

1984 年，荣获"厂劳动模范"称号

事呀。我只能尽量给国家减轻困难，教育自己的子女好好工作，报答党。我那时候是计划经济，现在是商品经济，讲钱，用金钱来交换嘛。改制也好，转型也好，是国家在调整，但毕竟也会遇到困难，也可能有失误，这都正常，这得理解。我对现在的生活挺满意，儿女都有工作，住这么大的房子。我觉得还没完全报答完党的恩情，还不够，还差老远了。

五、杨玉兰：郝建秀式的纺织女工

访谈者：姚力
受访者：杨玉兰
访谈时间：2012 年 8 月 28 日下午、8 月 31 日上午
访谈地点：沈阳市铁西区工人新村劳模楼

[访谈题记] 杨玉兰，女，沈阳水泵厂退休职工。她生长在旧中国一个极度贫困的家庭，新中国的成立改变了她讨饭娃的命运，进入纺织厂当上了一名光荣的纺织女工。她带着对共产党和新社会的无限感恩和热爱之心，勤学苦练、开动脑筋、忘我工作，同时认真学习"郝建秀工作法"，掌握了高超的纺织技巧，成为技术一流的纺织工人。1953 年，她凭借优异的生产业绩出席第七次全国工代会，受到毛泽东主席接见。同年，她被评为全国纺织战线劳动模范，跟随第三届赴朝慰问团前往朝鲜前线，向"最可爱的人"介绍国家建设情况和自己的优秀事迹，与很多志愿军战士结下了深厚友谊。至今她还保留着近百张，当年志愿军战士赠送的照片。尽管她的生活十分坎坷，但她始终不认命，以坚毅的品质、乐观的态度笑对人生。

（一）苦难的童年

我叫杨玉兰，1936 年出生在营口的一个贫苦家庭。那时候，家里有爷爷、奶奶，有姥爷、父母，还一个哥哥、一个妹妹、四个弟弟，家里一共12 口人。在那万恶的旧社会里啊，十多口人家，靠我父母和哥哥卖水来维持生活，当然是吃不饱啦。后来水也不好卖了，因为取水的那个大观塘，死人太多，水都被污染了。不能卖水，生活就一天一天没有出路了。

这时候家里实在困难，母亲就抱着我的小弟弟，拉着我的手，开始沿街乞讨。日子越来越困难，要来一点饭，家里一人分点儿，弟弟妹妹饿得直哭，我也大哭。吃不上饭那是常事，要想吃饱那更难以奢望了。有一次，我去要饭，来到一家有钱的人家大门口，不但没给我饭吃，还把狗放出来了。我那时才九岁，举个棍，挎个小筐。我说："好心的大娘、大爷，给小姑娘一口饭吃吧。"我没料到他把狗放出来了，大狼狗一下就把我腿咬了，现在还有个疤呢。哎呀，我哭着爬到家里面，疼得我直叫妈！我说："妈呀，你快过来吧，你瞅瞅，我腿叫狗咬了。"邻居也都到跟前了："哎呀，玉兰啊，这怎么叫狗咬了呢？"哎呀，这血流的，邻居就说："快点，快点，叫你妈上那家有钱家剪点狗毛，用火燎了给孩子糊上，能好得快。"我妈妈就去了，过一会，我母亲回来了，哭着说："人家怕狗受风，死活不让咱剪。"就在这个年月，我的姥爷先走的，他走的时候，就用我家的一个炕席，给他卷走了，后来我爷爷奶奶死的时候，连炕席也没有。我的两个小弟弟，那阵子有点病，吃不上饭，浮肿，也活活饿死了。

我们家实在没有办法活下去了，不能都等着死啊。有一天，黑山那边来的人贩子到我们营口市，我父亲和母亲商量，把玉兰换成粮食吧，能救咱们全家，也让她逃条活命。我妈妈就问那个人："我有个女儿，要逃条活命，换你的粮食能给多少啊？"人贩子说："女孩子多大呢？""九岁了。""能给五斗粮吧。"我父亲就抢着说："能不能多给点啊？我家人多，孩子也多，给六斗吧。"这时候我妈妈就抚摸着我的头说："孩子，你去吧，逃条活命，你姥姥在黑山呢。"这时候我就知道了，我妈四岁就没有母亲了，我懂事的时候我母亲就给我讲过，我哪来的姥姥啊？人贩子说："不行，六斗不行，你乐意换就换，不换拉倒。"我妈妈跟我说："玉兰啊，去吧。"这时候我要饭刚回来，说啥我也不去，我拎着筐，拿着棒子就跑了。我那阵已经懂事了，我哪有姥姥啊？大车上是卖粮食的，我妈妈还一劲儿哭。我跑了，晚上在人家房檐底下躲着，挡挡雨，白天就出来要饭，有时候要着饭了，要得多了，就往家门口那儿放，怕爸爸妈妈哥哥弟弟他们饿死。过了差不多五六天我回来了，我妈妈就抱着我的头大哭："孩子啊，你这几天上哪去了？妈妈以为你饿死在哪了。"我说："没有，妈妈你再别给我换粮食了，我哪也不去，我要在爸爸妈妈跟前。"

我记得最清楚的一件事是有一年大年三十，妈妈要回来的饭是黑豆子，哥哥要回来的是玉米面，我要回来的是豆饼和高粱米。父亲很开心地跟我们说："要过年了，咱们也吃顿饱饭。"这时候父亲就说："福林、玉兰，你们去拾点柴火去，咱们把这烩了，三十晚上，咱们也吃个饱饭。"我和哥哥拾回柴火来，把火生着了，熬了一大锅饭。父亲开心地跟我们说："孩子，一会就要好了啊，待会儿吃饭。"我和哥哥，还有弟弟，乐得直蹦高，都张着小嘴，瞪大了眼睛，在那儿等着爸爸和妈妈把饭端上来，我们好吃。我爸爸端着这一大盆稀粥啊，一脚门里，一脚门外，还没等迈进去呢，这一盆粥全扣地下了。因为那个盆老长时间不用了，盆边一圈都坏了，粥又装得多了点，结果盆掉下来了，我爸爸手里就剩个圈。我爸爸说："老天爷啊，我们怎么活啊？过年了，我们想吃顿饱饭都没吃上。"这时候妈妈就说："玉兰啊，你把这豆子和豆饼拣起来洗洗，再搁锅里熬一熬，你和你哥哥、弟弟们吃。"我就把这都搂起来，又熬熬，弄好了盛在碗里。这时候我爸爸就问我："你妈呢？"我说："我不知道啊。""快去看看去！"我出门就哭着喊："妈呀！妈呀！"我妈妈正在那大观塘河沿那儿哭呢。我赶紧跑过去把我妈妈扶起来，我说："妈呀，咱回家吧，妈呀，我们不能没有你啊。"妈妈跪在那个河沿哭着、喊着："老天爷啊！"我把妈妈搀回家，我哭着说："妈，明天我要多多的饭。"我妈妈看爸爸没在家，赶紧跟哥哥说："福林啊福林，你看看咱门口那个绳子在没在？"哥哥一看门口："没有了！""没有了？"妈妈忙说，"你快点上那空房子去，看看你爸是不是在那呢。"果然在那儿，我看到爸爸倒在地上，那个空房子房檩子断了，绳子还套在爸爸的脖子上。我和哥哥喊："爸、爸！"我妈妈也喊。我爸爸嘴念叨："我活够了，我想死都死不了。"

那时候我每天都必须去讨饭，看到有钱的人家孩子，上学念书，羡慕极了，打心里啊想上学，可是家里穷得连饭都吃不上，哪有钱上学啊！有一天爸爸说："八路军要来了，咱们要有好日子过了。"1949 年正月十六，天刚蒙蒙亮，我听外面传来喊声："解放了！解放了！八路军来了！"我就跑出去看，看见好多人啊，有的人拿回来衣服、被子和一些值钱的东西，还有人喊："捡洋漏，发洋财，一个枪子儿回不来。"我也跟着跑去了，小丫头也不知道害怕。那时候营口有钱人家都住在小平横岭，一趟玻璃房子。我看到一个有钱人家屋门那儿正好放着豆饼，就拿了一块往家骨碌，到家就喊："快起来吧！"那阵天刚亮，都睡着觉呢。我说："解放了！妈妈呀，爸爸呀，快点起来吧，起来吧。"妈妈看我回来了，抱块大豆饼，高兴极了。全家人都守着这个大豆饼，"快拿棒子，找块砖头，给它砸了，咱们吃，哎呀，快点！"爸爸也高兴，总算盼解放了，吃顿饱饭吧。那会儿，成天饿得一点劲都没有，再待两天啊，我们全家都得饿死。

（二）郝建秀式的劳动模范

1950年3月份，东北第五纺织厂，就是后来的营口纺织厂招工，我和哥哥就考工去了。那阵儿我刚14岁，人家不要求别的，就要求你把家庭地址写上，家里人口写上。我没进过学堂，不会写啊。我就跟一个比我大一点的姐姐说："你帮我写写，我挺困难的，我想考工厂。"这位姐姐给我写了，我就问她叫什么名字，她说："我叫胡凤玲。"我说："姐姐，太谢谢你了！"我给这个姐姐跪下了，磕了好几个头啊，这个姐姐帮了我大忙。我个子小，检查身体量身高，我就翘起脚来往上，那才够高。一个星期后发榜了，我去看了，有我的名字，哎呀，我高兴极了。3月14号，我就上班了。上班的时候，正好是3月份天挺冷的，妈妈用一个大棉袍，也不

营口纺织厂始建于1932年11月，系民办股份制企业，由绅商王翰生、李子丽等出资50万元在原私营生生织布厂的基础上创办。1934年8月，与日资朝鲜纺织公司合并经营，更名营口纺织公司。其后由日方多次增资，一再扩充规模，大权遂入日本人之手。1941年起，产品渐次转为日本军用。抗战胜利后，日籍人员离厂。1946年11月，中国纺织建设公司派天津分公司的吴之江接管，改为独立经营，称沈阳染整厂。[1] 中华人民共和国成立后，纺织厂获得新生，逐步扩大生产规模和品种，到20世纪80年代，已经成为全国纺织行业的重点厂家。

[1] 参见《中国近代纺织史》编辑委员会：《中国近代纺织史（下卷）1840—1949》，中国纺织出版社1997年版，第279页。

知道是我奶奶的还是我爷爷的，给我补好，改成一个二大棉袄，我就穿着去上班了。那阵儿家里没有钟，我爸爸就看那星星，天还没亮就去。要是阴天下雨就完了，我爸爸就不知道几点了，早早领我就走。那个厂子挺远，得过九道弯，那是法国人住的房子，然后才到那个纱厂。开始时，父亲送我，后来呢，我们家附近也有考上的，我们小姊妹都一起走。有时候去早了就在大门外头等着，一直等那个鸣笛响了大门才打开，那个响笛的声音就像现在"九一八"晚上拉的警笛声。到了下班的时候那还都搜腰呢，摸你，看你偷厂子什么没有，都那样。

考到纺织厂上班，生活就逐渐好了。我被分配到了细纱车间，开始是养成工，就是学徒。我还记得那时候挣 19 分，那阵儿五分钱就能吃顿饭。有时候上班妈妈就给我五分钱，吃一个饽饽二分，买一碗粥一分，再买个小菜二分，正好五分钱，够吃一顿饭的。刚进厂学习细纱机械操作，有师傅专门教给我们，等慢慢掌握了机械性能和各种部件的操作规律，就要自己看机器了。我是苦命的孩子，这会儿当国家主人了，这是共产党、毛主席给的，学习就特别认真，学得也快。开始时我看一面细纱机，就是 216 个锭。由于我肯学、肯练，注重机械清洁，纺出来的纱均匀，质量也好。我摸索出来管理机器的方法，由看 216 个锭增加到 432 个锭，这就是一个龙挡了。那龙挡老

1952 年，荣获营口市劳动模范称号

长了，你得看着走，来来回回这么走，把它擦干净，完了转过来，完了再看这面。我只用六个月，就赶上老工人的水平了。后来又由一个龙挡增加到两个龙挡，两个龙挡这就八百多锭了。在工作当中，我大胆、细心地琢磨，创造出双手扫除法和二指掐头法，使产量和质量大大提高。这个阶段正是第一个五年计划时期，每年我能给国家创造 3400 吨的粮食财富，那都是厂子算

出来的。到年底，我就被评为车间的先进工作者。后来呢，又被评为厂子的先进工作者。那阵儿厂领导和工人都是敲锣打鼓往家里送喜报，往车头上给你贴大红喜报，向你学习什么的！

我工作越干越有劲，因为领导和同志们都对我那么好啊！那我就越要进步了。领导找我说："你加入工会组织吧，加入了成为会员，就是你当家做主人了。"我说："行啊！"我就加入了工会组织，后来又入了团，共青团员。无论在工作上还是在思想上，我都严格要求自己。我深知自己是苦命的孩子，是党给了我学习技术的机会，我就必须刻苦地学习本领。我常说："共产党救了我全家，也解放了全中国，我一定要搞好生产，以实际行动感谢共产党和毛主席。"仅仅两年时间，我因表现优秀、工作成绩突出，就火线入党，成为了一名"不满18岁的刘胡兰式的共产党员"。这话是我入党宣誓大会的时候党组织这么讲的。

我高兴得都哭了，心里想："哎呀，我入党了，我是一名党员了，人家刘胡兰铡刀拿到跟前要铡她的头，她就是永不叛党，为党牺牲一切。要真有那么一天，中国要是真有战争的话，我也能做得像刘胡兰似的。"从此呢，我就更严格要求自己了，为党多作贡献。

在厂子开展生产节约运动中，我开动脑筋，想办法，找窍门，提合理化建议，提出了分段换粗纱，就是宝塔式的换纱法，减少细纱开花现象，速

1953年6月25日入党留念

度也快了，获得了"一等窍门奖"，当时采访报道挺多的，纺织行业都知道。1951年10月份质量大检查运动中，我得了质量一等奖。1952年的6月份，我被评为"郝建秀模范工作者"，得了一等奖。当时厂里推广"郝建秀工作法"，车间主任跟我说："杨玉兰，你看看人家青岛的郝建秀这个工作法，人家也是细纱工，你看看人家干的！"我看了郝建秀工作法的书，非常受感动，挺佩服人家。我想虽然我不能创造出这样好的工作法，但是

我一定要做一个郝建秀工作法的好学生，我就积极学习郝建秀工作法，并在工作中认真地执行。我是厂里第一个掌握郝建秀工作法的，并成为郝建秀工作法的模范工作者。1952年10月份质量大检查，我又被评为一等模范。这一年我被评为市劳动模范，上了市里的光荣榜，大照片都放在光荣榜里。

1953年，与营口市市长白介夫合影

1953年1月到5月，我的平均皮辊花（废品）率是0.33%。三年里，我一直保持车间质量最好、产量最高的优秀成绩。由于我懂得，一个人力量有限，你就是再能干、干得再好也是小的，大伙都干那才是大的，是不是这个道理？所以我就积极帮助别人，把我的好方法和心得告诉大家，手把手地教、手把手地帮。但是就有个别的人不服气，就出奇地说："你棒花（废品）出那么少，你是不是把那棉花藏在哪了？是不是扔在厕所里了？小黄毛丫头卖什么狗皮膏药？"因为我纺出来那纱，没有坏纱，都是好纱，那皮辊花就少呗。有的人嫉妒你，你小毛丫头为啥这么能干？有的人天天瞟着我，都下班了也不回家，在车前车后瞅着你，还说："她的机器好纺，要不好纺能这么好？"后来厂子领导知道了，怕我受不了打击，就跟我讲："每当有一个新鲜事物出现，必然有些人说一些这个、那个的。小杨，你接受能力强，这个工作法掌握得好，一定巩固，不要泄气。"我相信党对我的支持，我还得努力，克服一切困难。有的工人说她看的机器不好纺，开大花，不能执行郝建秀工作法，我就主动跟她换机器，我看她的机器，照样纺得还是那么好，车开得也是瓦亮。后来让我上那火烧机试试，我看了还是那么亮，也不多出废品。这时间久了，大伙也不说闲话了，都挺服气的。那阵儿我就看三个龙挡了，三个龙挡来回跑，一天要走老多路了。大伙就说："哎呀，杨玉兰哪，你一天得走半个地球啊。"俺们工会主席说话可赶劲了："这小丫头，能干！你不服，不服你们谁跟她较量？你说她车好纺，你上她这看来，叫她上你那车看。你看看，你服不服？"我以实际行动说明郝建秀工作法是先进的，用实际行动说服了那些不执行郝建秀工作法的人。在我的影响下，全车间上下都团结向上，都坚定地学习郝建秀工作法。俺们班组是模范组，那阵有个歌："模范组里出模范啊，她是一班五组，名叫杨玉兰，学习郝建秀，她不怠慢……"就是唱这个。有几个同志都拜我为师傅，像刘淑芬、孙桂君，在提高技术的基础上，扩大了看锭能力，也不开花了，产品质量也提高了。在我们共同努力下，全车间大大提高了产品质量，并且得到了厂领导的好评，我被评为郝建秀工作法的先进工作者，先后被评为了市、省、东北局，还

1953 年 8 月，参加中国纺织工会第二次全国代表大会（左二为杨玉兰，居中者为郝建秀）

与郝建秀合影

有中国纺织行业的模范。那阵儿，咱们厂是东北局第五纺织厂，归辽东省。劳模都是一级一级选拔出来的，从厂里到市，市里到省里，省里到东北局，东北局完了再到全国。反正都是实干出来的。

那阵儿我一个小丫头，就知道踏踏实实地干，感谢党、感谢毛主席，就是报恩思想，实现入党誓言，没想争名夺利，根本没有那个念头。在中国第一个五年计划开始的时候，迎来了全国第七次工会代表大会，我在生产竞赛中被选上了大会的代表。我高兴得不得了，说实在的，热泪盈眶啊！我合计自己当上劳模了，又选为工会代表，代表工人阶级，那可不是马马虎虎的，当时心里暗暗保证：我一定以实际行动做好代表的表率，要超额完成生产任务，去见毛主席。我知道自己在旧社会里是一个吃不上、穿不上、要饭都摸不着大门的穷孩子，今天能在工厂里做了国家的主人，这都是共产党教育培养的。我感谢党的恩情，决心要不停地继续前进，攀登高峰。

（三）在党的关怀下成长

1953 年 5 月 1 日，我以优异的成绩向第七次全国工会代表大会献礼，到北京上了天安门观礼台。毛主席和十大元帅都在，俺们一个接一个排着，人家跟咱握手，我和毛主席握手了，觉着可高兴了。这回来后同志们都握我的手啊，说是等于和毛主席握手了。我们和毛主席、十大元帅还合了影。这次去北京我三次被毛主席接见，第一次是在五一观礼台上；第二次是在国宴上，和毛主席一起就餐，摆那老长的大桌子，一排排的，那小猪都是整个的，都用刀叉，完了看京剧；第三次是和毛主席、十大元帅合影，我离着毛主席不太远。那照片照得老大老长了，现在放在沈阳市档案馆。我想，放那儿也丢不了，大伙都能看到，多好。

　　当年 8 月 4 号，我去参加了全国纺织行业大会。① 大会是在天津开的，全国总工会主席赖若愚去了，还有陈少敏，她是咱们纺织工业的头儿。在那儿我第一次见到了郝建秀，就认识了郝建秀。那时候，我拿她就是当姐姐似的。那阵儿学习她创造的这工作法都没看见这个人，这回可看见了，可高兴了，我们手拉手。《人民日报》记者看见了就说："来给你们两个合个影，看你们俩这个亲切劲儿。"后来，我在青岛学习，暑假的时候我没回家，郝建秀还去看过我。她和孙淑珍一起去的，孙淑珍是俺们组的组长，她干得也好。她们都考的是人民大学吧。后来孙淑珍头疼，念了一年左右就跑了，没念下来。

　　这年的 10 月，我又参加了由贺龙带队的第三届赴朝慰问团，慰问人民志愿军。那阵儿朝鲜刚停战谈判。我们在丹东凤凰山那儿培训了有半个多月

在朝鲜前线与志愿军战士签名留念

---

　　①　1953 年 8 月 5—10 日，中国纺织工会第二次全国代表大会在天津召开，来自全国的纺织职工代表和列席代表以及纺织工业劳动模范，共计 376 人出席了大会。大会总结了第一次全国代表大会以来的工作，制定了中国纺织工人在国家开始进入有计划的经济建设时期的任务，选举了中国纺织工会第二届全国委员会和经费审查委员会，对全国各地评选出来的 106 位纺织工业劳动模范和 24 个模范单位的全体职工，颁发了荣誉奖和物质奖。

吧，学些普通话什么的，还有眼巴前的朝鲜话，像叫"大娘""大爷"啥的。还给我们做了朝鲜族衣裳，都是黑的，黑衣裳、黑裤子。一人给发了个鸭绒睡袋，就是往里一钻，带拉锁的，又轻快又暖和，可以在隧道里睡觉。参加慰问团的大部分都是劳模，也有志愿军。我和一个姓朴的朝鲜人住在一个房间，记得还有爱国老人宋传义。

与志愿军战士座谈

志愿军看到我们从祖国来的人啊，哎呀，那对我们可热情了。人家说了："还有个小姑娘呢，来了个小丫蛋呢，你瞅瞅去，看看去。"我们就是宣传祖国的大好形势，经济形势、发展形势，完了讲讲个人的先进事迹。这一晃都五十多年了吧，我还记得当时在朝鲜学唱的歌："亲爱的志愿军同志们，你们是世界上最可爱的人，当我们遭受灾难的时候，你们的荣誉打动了我的心，我的粮被鬼子抢去，感谢你援助了朝鲜人民，我的房被鬼子烧光了，竖起门瓦啊让我安身，瓦罐里泡出了一片浊酒，高山上采来了鲜花几朵，表一表朝鲜人一片心。"我还学会了当时流行的朝鲜语的歌和朝鲜舞蹈，都是赞美咱们志愿军的。回国以后，志愿军战士来信啊，一天那信来老了，有的时候都上百封啊，还寄了那么多照片。

那阵儿我也没有文化，给人家回信我也写不上来。那阵儿还没上学呢。咋办呢？我就去找厂子研究个办法，组织部说："玉兰，你别着急啊，你也别上火，你好好工作。你看组织给你安排好不？"组织上都统一写的稿，都是打的字，上边再写上给谁的名字，下边落上我的名儿。人家来信，不能不给人家回信呀，都是这么回的。来信的内容也是什么样的都有，问你工作怎么样，让你多介绍中国的大好形势，也有问你有对象没呀？结婚没有啊？后来，也和个别的战士有过比较长期的联系。这位战士叫赵元岭，当时是排长。这张照片是他负伤后照的，还没有完全好呢。

赵元岭出院留念

他记忆力好，后来把在朝鲜记的日记重新抄写寄给了我，还有他写的诗。1991年，厂组织部叫我帮厂子催款，我到北京见到他，去了他家，也看见了他的老婆和孩子，一起回忆起在朝鲜见面时候的一些事。

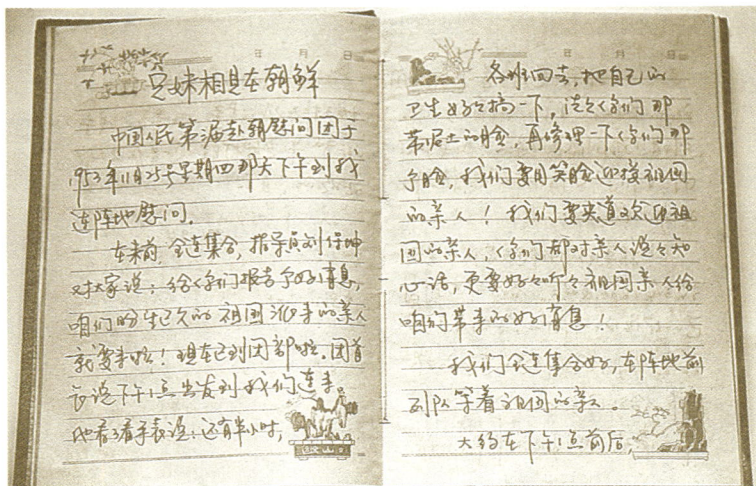

赵元岭的日记

1955 年 8 月份，厂组织就准备让我考学，叫我考辽大。你说我没有文化能考上去吗？我说不行，我考不上。组织上说有点保送性质，问我想上哪？我说："我一点也不会，那我交白卷，不是给厂子、给领导抹黑吗！"厂组织部就派一个老师专门教我，教数学、语文啦，天天教我写小楷，练习写字，完了还参加速成班，一天认识老多字啦。当时解放没几年，速成班就在大车间、厂子的空地上，挂一个大黑板，找个老师，弄个砖头，完了就给咱讲。过了一段，组织部又说："这样吧，你考那个青岛纺织学校吧，你以后在纺织这方面钻一钻，成为专家。"这就是组织、党培养咱呗。我就去考了青岛纺织工学院。那里有一个干部班，有点保送性质，我就考上了。上学以后，老师就教给你"横、竖、弯、钩、撇、捺"，搁那儿我才真正开始学习。我就暗暗地想，自己考上学校，厂子给拿工资脱产学习，一定好好学，不能辜负组织。那时候每天我都早早起床，每天的功课都给它认真完成，作业在晚自习的时候都给它弄明白，弄懂。当时学过什么三角、物理、阿基米德定律，现在都就饭吃了。每天晚上，人家都睡觉了，我特意买了个手电筒，在被窝里照着看，背定义，要不老师到时候一提问你，你不会，你说这多难瞧？二十来岁的人了。在学习当中，我基本都是 5 分，那时 5 分制，5 分就是 100 分，3 分就是 60 分。总而言之挺努力，早起晚睡，刻苦学。我总觉得吧，党培养了我这么多年，我必须得严格要求自己，应该发挥自己最大的潜力，更上一层楼。在青岛学习那个阶段，我身体不太好，就是一到来例假的时候，肚子疼得没法，满头大汗，干脆就不能上课。所以，放假我就不回家，在青岛纺织医院治疗，也不收费，还省了回家的路费。以后，就把这个毛病治好了，没有后顾之忧，学习更上进了。在青岛学习了三年，1958 年毕业以后我又回到了厂子。

（四）来到沈阳

1959 年我就结婚了。丈夫是中国空军雷达 15 团的一名军医，叫潘道才，那时是大尉，也是个共产党员。

结婚以后俺们一直两地生活，他在沈阳，我还在营口。那时候我在车间

里，主要做技术工作。1972年，我
随军到了沈阳。当时还想去纺织厂，
但我爱人在于洪飞机场，离纺织厂
太远，这才不得不去了沈阳水泵厂。
领导说有两个工作让我挑，一个是
托儿所，一个是子弟小学教导处。
我寻思着我这文化也不行，还是当
孩子头吧，就到托儿所当所长了。

结婚照（摄于1959年）

水泵厂是个大厂，托儿所里有
一百多个孩子，我拿着都当自己的孩子一样，关心、培养，受到妈妈们的尊
敬和赞扬，也受到了厂领导的表扬。在托儿所我什么工作都干，没有做饭
的，我就去做饭，没有采购的，我就去采购，哪位阿姨缺班，我就去顶阿
姨。我接托儿所工作时，制度不健全，不管多大孩子都在一起，像放羊似
的，阿姨都是职工家属。我接管后对托儿所房屋进行了改造，制定了各项制
度，分了五个班次，又聘请了幼儿教师教大班孩子，给上学打基础。托儿所
管理好了，家长才能放心工作。那阵儿吃粗粮多，细粮少，咱沈阳那阵儿不
是有个"陈三两"吗，就是每个月每人只给三两油，给二斤白面，还有几斤
大米，剩下的都是粗粮。为了保证孩子健康，我就跟孩子妈妈商量，我说你
们家的细粮就少吃点吧，给孩子。那会儿孩子都多，一个母亲都生好几个孩
子，就拿我来说，我就四个孩子。那时没有啥避孕方法，就是叫他随便养。
我就叫她们把细粮拿来，拿二斤细粮，我给她们舀回二斤棒子面。孩子在托
儿所吃两顿饭，早晨一般来说就喝大米粥和腐乳，或者炒个小土豆丝儿，中
午就是小面片。过去都是熬棒子面粥，现在喝大米粥，改成细粮，这不挺好
吗！孩子妈妈上班工作，小孩有时候你拉了、尿了就不叫她们来，由阿姨来
处理。一来二去，孩子妈妈都说："新来的这个所长，真能干，处处都为孩
子妈妈着想，对孩子可好了。"

我不管干啥、不管领导对我是什么态度，一直是按照劳模、党员的标准
来要求自己。来沈阳工作后，孩子小，上班时候用个小车推着两个小的，中

间领着那个老二。在托儿所当所长，我给别人做工作，劝人家别生那么多孩子，结果生完这个老丫头后又怀孕了。我怎么蹦啊也不行啊，也不流啊。那阵儿都得两口子一起去到医院人家才给你往下拿，我老头到长白山去采药去了，一时半会还回不来。我自己就到了医院，跟医生说明情况，自个偷着做了人工流产。做完了我就上班了，大夫给开的 21 天假也没歇，结果托儿所大扫除，我也和大伙一起搞卫生，造成大流血，差点丧了命。

后来，因为工作需要，也是干部下放，我就被调到库房去了，反正组织分配你去哪儿，我就上哪去。我负责的仓库主要是劳保用具、自行车零件，一共有五百多种。那阵儿是学大庆、搞战备，要求账目和数量完全一致。经常来检查，有问必答，需要的时候你闭着眼睛得拿到它。我把货物五个一摞摆放整齐，都铭记在心。我记得上我那儿查去，抽出五笔货，我对答如流，货物和账目符合，蒙上眼睛都能拿来，因此多次受到领导的好评和表扬。后来我又调到引进办公室，当时引进德国 KSB 公司的一些资料什么的，人家那资料都是外国字，钩钩弯弯的，你也不认识啊，你不学能行吗？我就学英语，那都 42 岁了，学完以后进行考试，达到初级水平，就是及格了吧。在引进办待了有两年吧，又给我调到厂长办公室做文书。你瞅瞅，我这工作调动多频繁啊。后来把我又调到引进办企管处，就是搞调研、做工资、管理资料等工作。反正我都听从组织分配，因为我是一名共产党员，也是革命的一块砖，哪里需要就到哪里去。我在水泵厂，工作周转比较频繁，待的部门比较多，无论在哪吧，我都是尽我最大的努力把工作做好，要做得出色。我都是本着干一行，爱一行，无论在哪个部门，我都是虚心学习，把自己的全部光和热献给伟大的党和伟大的祖国。

80 年代，我丈夫转业到沈阳于洪区医院工作。本来部队组织上说让他做院长，但结果让他在外科做主治医。我跟我老头说："咱们共产党员，组织已经这样定了，认为你能胜任主治医，你就做主治医得了。虽然说当院长名头挺好，那多操心啊。这主治医是掌刀的，那你好好做呗，谁有病你就给人家好好做。"后来他得了阑尾穿孔，手术后出血。他是 B 型血，当时医院里没有血，从八院借来的血。八院的血都是"献血队"的血，输上了以后没用半个月吧，我丈夫浑身就起黄，就像个铜人似的。我们就要求院长转院，院长就不同意上外面治疗，说："咱医院什么都有，为什么要上外面？"往后那黄一直也不下，院长没法了才给转到医大去了。在医大用了一种药，黄虽然下去了，但造成肝腹水，肚子越来越大，这就转到东陵肝炎病院，上那儿治去。后来，在那儿治也没治好，就死在那儿了。我丈夫死的那年才57岁，孩子都没出去，我就领着四个孩子过。那时工资低，医院给点生活费补助。我们水泵厂领导挺够意思，我也没申请，每个月多给我50块钱。

（五）做生活的强者

1992年我退休了，这是一个大的转折。我是一个劳模、一个共产党员，不能老叫苦，我就把我丈夫有些书和旧衣服卖了做本钱，在厂子外头摆个书摊，租书、卖书。后来扩大经营，就是弄点花生、瓜子，推个小车，在外头卖，给厂子、给国家减少负担吧。那阵儿执法人员老撵你，动不动就把你车给搁了，不让你卖。后来有个老姊妹，她在于洪那儿推小车，也让人撵得不行，就和我说"大妹子，我就在你家外面摆摊，从你家借电，给你交电费。"我说："我家啥也没有，一个月才交一块来钱电费，你要搁我家接就搁我家接吧，不用给电钱。"以后这老两口不想干了，就跟我说："大妹子，我这个小店都兑给你吧，我也不找你多要钱，两千块钱。"两千块钱我也没有啊，我就跟孩子商量。孩子说："妈呀，人家都干不了，你干能行吗？"我说："这在家附近，是不是？这管咋有个屋，比在外头强，在外头冻得不像样。"不瞒你们说，在外面推车卖东西，吃那个馇馇都冻了，又没人换我，孩子都上学。

为了兑这个小铺，我找了我们邻居老吴太太借的钱，人家家庭富裕，老两口都退休了。这条件慢慢好一些了，孩子也都毕业了，结婚了，都是靠这个小铺攒点钱。1998年，我这个小儿子才结婚。虽然我退休了，也没忘了学习，我那时候也弄个小半导体，经常听，也不断充实自己。现在吧，虽然自己已经77岁了，眼看奔80岁了，但是思维还比较敏捷的，不糊涂，算小账啥的都还行。我再困难也不牵连孩子。孩子们说："我们就剩这一个妈了，我们也得多疼妈，这个妈妈把咱们都培养起来也不容易。"我说："你用不着，妈妈虽然年岁大了，但我不会拖累你们，我会自己安排自己的老年生活。"现在孩子们都挺好。我儿子在沈阳鼓风集团上班，是装配钳工。他肯干、技术好，被评为高级技工，经常受到领导表扬，带了好多徒弟，每年都被评为厂劳动模范。平时我经常跟他说：不管在哪干活，要多工作，少说话，这是咱的本分。别人对领导说啥，咱不要搁里头给溜缝儿，咱要看到群众对领导有什么反映，咱个别找领导唠一唠，千万别犯自由主义。我儿子今年才入的党，这还没转正呢。儿子拿回劳动模范这个大奖状，我可高兴了！我说："儿子，行！你按照妈妈的这条路走下去啊，好好干！"就是鼓励鼓励他。

原来我住丈夫单位给的房子，是 53.6 平方米的房子，南北套间，大伙还选我当楼长，谁家有什么困难也都找我。2007 年，党给了这个房子。买这个劳模楼的房子花了大概是 16 万多。当时是把我那个房子卖了，卖了 13 万多，大伙又帮着凑了 3 万多。一开始给这个劳模楼啊，我不想要，一个工人家庭，你哪来的那些钱啊。人家说这党给造的房子，一平方米才 1900 元，改善了住房条件，多好啊！我就合计，这党啊、国家啊，没忘了咱这劳模，这房子管咋的也得要。

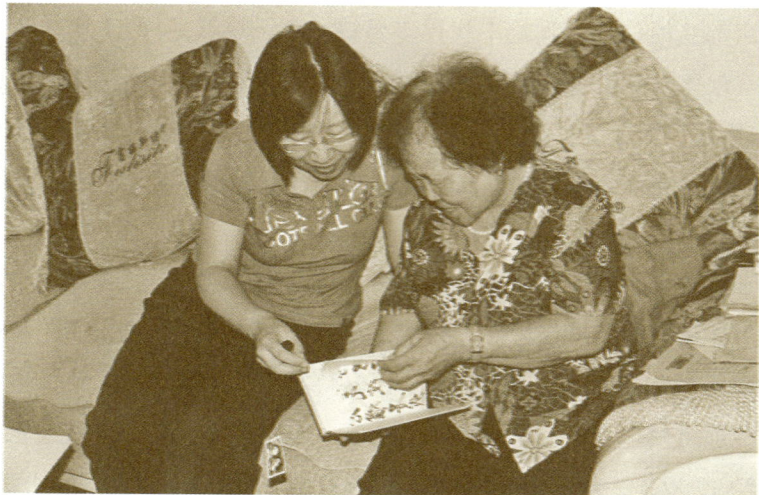

2012 年，在家中接受访谈

前些年，省里给咱们 50 年代的劳模每人一个 5000 块钱的存折。这说明党啊，没忘了我们这些劳模，还想着俺们，咱都表示感谢！作为我来说吧，退休以后月月都给开劳保，就知足吧，还得有一分热，发一分光，帮助街道、社区，能做一些力所能及的工作。有时候去巡逻、执勤，像中华人民共和国成立 60 年、建党 90 年大庆，街道组织咱们，咱们都去。这两年我每天早晨都带着一群老太太锻炼，天天去，不迟到，这也是守信用。你说图什么？什么也不图，就一个理想，就是为党为人民吧。我这一辈子，为党做工作就是活着的奋斗目标。虽然做了点工作，但是觉得做这点工作太平常、太平凡了。我曾经看过一本小说《钢铁是怎样炼成的》，保尔·柯察金的那段话一直是我的座右铭：人最宝贵的是生命。生命每个人只有一次。人的一生应当这样度过：回首往事，他不会因为虚度年华而悔恨，也不会因为碌碌无为而羞愧；临终之际，他能够说：我的整个生命和全部精力，都献给了世界上最壮丽的事业——为解放全人类而斗争。

六、关敬安：甘做厂子的"老黄牛"

访谈者：姚力、孙庆忠

受访者：关敬安、温淑英（关敬安老伴）

访谈时间：2012 年 8 月 29 日上午、8 月 30 日下午

访谈地点：沈阳市铁西区工人新村劳模楼

[访谈题记] 关敬安，沈阳电缆厂退休职工。从 1953 年至 1993 年，他 40 年工作在电缆厂生产第一线，把自己的青春年华和聪明才智都奉献给了它。工厂哪里有困难哪里就有他，工友谁需要帮助他都有求必应，唯独不把个人的利益得失放在心上，为此人送绰号"老黄牛"。他多次获得车间、厂、沈阳市劳动模范称号。1979 年被评为辽宁省先进生产者。1993 年荣获"全国技术能手"称号、全国"五一"劳动奖章。

（一）

关敬安（以下简称"关"）：讲起我的经历大概可以分为三大段：调到沈阳前一段；到沈阳后去学习一段；参加工作生产一段。下面我开讲。

我是 1932 年 12 月生人，老家在辽宁省凤城县镶白旗村，满族。我八岁开始上学，在镶白旗的小学念了四年。那时候念书不怎么爱念，也不正经念。四年下来我就 12 岁了，就在家里务农、放猪、放牛，跟着家里面瞎干。有时候帮家里种个地，种完地没事就放牛，帮家里干点零活，忙活忙活别的。家里生活条件还行。土改的时候我们家被划为中农，当时有马就算中农，我们主要是揽点别人的地种。划为中农之后，就得分你的东西，就是你家里有啥，都给你拿走分了，分完了我们自己再种重新分给我们的地。

姚力（以下简称"姚"）：定中农的时候你家都有啥东西？

关：家里有牛、有马、有骡、有驴，驴是推磨磨米使的，还有一辆花咕噜的车，都给拿走分了。分完了之后家里就剩米，还有应当得的地。土改后，我就是二十来岁了，正赶上凤城有个农具机械厂招工，我就考上了，1951年1月份就到凤城上班去了。

温淑英（以下简称"温"）：我们五二年结的婚。

关：当时那个厂主要做的是铁犁，原来咱农村用的是木犁。还做洋炮，就是土枪。还有震压器，就是开荒震地、平地用的。再就是锅，反正就是农村用的东西。当时那厂建得挺好，还想扩大生产，发展了五百来人。但后来它有一些问题，铁犁当时农村不太认，所以那玩意就销售不出去，销得很少。土枪呢，中华人民共和国成立后就不让养土枪了，结果也卖不出去。它是县里建的厂，资金有限，就缩小规模了，被锦州的纺织机械厂调走了20个人。那时候我年轻，就想有发展、有前途，所以，我就和领导说，等再来调人我也走。正好沈阳电缆厂来调人，那厂子是156项重点之一，我就想去，但是领导不爱放我，因为我在那儿干得挺好。我五一年进厂，五三年就带徒弟了，装铁犁、土枪试验，都叫我去。但领导看我真想走，就让我去了。这我就上沈阳来了。

我记得清清楚楚的，1953年9月14日，俺们一共50号人一起到了电缆厂。那时候电缆厂正由苏联人改建，原来厂子都扒了。新调来的人都上学习班学习，那名字叫得挺好听的，叫"干训班"，实际上也有老工人，再加上俺们这帮新调来的人。一开始学习点政治、纪律方面，后期就学习技术了。那时候像俺们这样的都是徒工，

沈阳电缆厂，原址位于沈阳市铁西区兴工北街34号，是国家"一五"计划时期，苏联援建的156项首批重点工程之一。它由日伪时期"满洲电线株式会社"残址改扩建而成。1937年至1945年，日本企业接连多次投资建成"满洲电线厂"。1945年9月1日苏军进厂，将库存产品、部分半成品，以及80%以上的设备、原材料、技术资料、书籍、药品等陆续运往苏联。1946年3月苏军撤走，国民党资源委员会代表入厂接收，将其更名为"经济部沈阳电工器材厂"。1948年11月3日，人民解放军进驻工厂；11月16日，苏立、张乐代表党和人民政府接收该厂。1949年6月，电缆厂从沈阳电气制造总厂独立出来，改名"沈阳电线工厂"。

1954 年 6 月至 1956 年 9 月，在苏联援助下该厂进行了改扩建，历时两年多，1956 年 9 月 12 日举行竣工典礼。该厂作为第一机械部的下属企业，在计划经济时期为国家的社会主义建设作出了重要贡献。改革开放后，沈阳电缆厂加强经营管理、技术升级换代和企业改革，生产出现蓬勃发展的势头。1986 年 7 月 23 日，以沈阳电缆厂为主体的沈阳电线电缆联合制造公司成立。[1] 1998 年 7 月，经过资产重组后，该厂转制为沈阳电缆有限责任公司。[2]

[1] 参见《沈阳电缆厂》厂志编纂委员会编：《沈阳电缆厂志 1937—1986》，1988 年印刷，第 3—8 页；沈阳铁西区文史委员会编：《铁西文史资料第一辑》，2004 年印刷，第 55 页。

[2] 北京国经联经济研究中心编：《中国招投标管理年鉴》，企业管理出版社 2002 年版，第 491 页。

我学的是钳工。学习完了以后，这 50 号人都到电工机械厂继续学习，就在铁西广场公安局后面那儿。我这个人到哪都吃香，我和另外一个姓周的，就弄到电工机械厂的二车间。这个车间最好，就是对外加工织布机，再一个是做冲压机，有万能剪床，就是方钢的、扁铁的都能剪。剩下那些人都弄到一车间了，装煤矿用的防爆测试器，就是煤矿用的，一旦有瓦斯，它就爆炸，那个活不好，

没啥技术，老整那破玩意。俺们那个活挺好，有时上白班，有时上夜班，来回倒班。晚上上班还供饭，就是大米饭、大米粥、小咸菜、炒菜，还可以在休息室休息、睡觉。你说那老些人就俺俩人弄到这个车间，多幸运！大概半年之后，俺们就上高压开关厂了。高压开关厂为什么用人呢？因为它做的那批高压开关柜都不合格，都给返回来了，在那儿露天搭个棚子，都堆在那里。他知道俺们这里有人，就上厂里要人，让俺们修那玩意。在那儿干了有半年吧，没学到啥。弄完之后，又把俺们给送回来，这就到了五五年上半年了。回到厂子后，俺们继续学习，厂子是 1956 年投入生产的，不能把这帮人再放回去。厂子食堂地方大，俺们就在那里学习，一天上班下班的，多少反正学点东西。

（二）

关：1956 年厂子正式开始生产，安排我到设备车间，负责全厂的修理、安装。车间不小，一共二三百人，什么工种都有了，算万能车间。俺们钳工分三个组，一开始分配我做样板，就是模子，那活比较好。但从电工机

械厂一起过来的有个李叔，他把我要到二组去
了，二组是管修理、安装的。到那不长时间，
还没等正式干活呢，又把我调走了。那时厂子
有化铜、化铝的，就是把破铜熔化了，完了弄
个铜锭。熔炼那玩意都用煤气，那阵没有油。
咱厂有个熔铜车间、压碾车间，煤气炉就供这
两个大车间生产。这厂子就成立了煤气救护站，
这是苏联专家设计的。苏联专家向俺们设备车
间要大工匠，要好人，就是高级工。俺们车间
有几个大工匠，像夏聚富、姜松和，都是六七
级工。他们都是丹东技校毕业的，从凤城机械
厂跳厂过来的，技术都挺高。当时跳厂过来得

生活照（摄于 1956 年）

考工，人家挣钱多，咱们挣钱少。我们一共调去五个人，三个大工匠，我
是初级的，年龄也最小。

人家懂行的知道煤气救护站是干啥的，咱农村来的还不懂。主要就是
搞救护，发生事故时应急处理，背背、扛扛，查找原因、修理。那玩意还
有毒。知道是咋回事了，就不想在那干，加上那会儿老是闹病，不是胃
病，就是这病那病的。果然，不长时间就不在那儿干了。在救护站的时
候，救护站有个站长叫徐锡昌，他是从煤气公司来的。煤气公司是小日本
时成立的，那时候他就在那儿。他是大工匠，但他是"白帽"，就是没文
化。我们那阵儿去的人有文化高的，也有文化低的，他就看中我了。他
说："你啊，就跟着我干这行。"其实我也没啥文化，不比他强哪。那时候，
工作就是打个箱子、柜、板凳、衣服箱什么的，再就是做各种器具，有救
护器具、输氧器具、输氧的泵。再就是养鸽子，有毒的地方就先放鸽子去
试验。我就在煤气救护站张罗这些琐碎的事。俺们救护站还养了自行车，
那自行车都是新的。救护站的车子可以随便走，到哪都行，没人管，别的
车不行。

那时候我年轻、岁数小，跟着领导跑跑搭搭的。你说那些人领导都不

要，就要我，不也觉得挺光荣。到1956年下半年的时候，厂子开工生产，煤气站也建成了，发的气够全厂使用四年。但煤气站的人和咱又不一样，咱是管救护的。煤气站归动力，救护站是一个独立单位。俺们还管煤气发生站，就是你哪不合格，俺们监督你。煤气发生站发出来的煤气供全厂生产，主要是熔铜、压碾这两个地方用。我上白班就跟着站长，缺啥跑啥。另外，那帮人一天吃饱饭没事干就训练，有杠子，还有跳箱、跳马。我没事就检查仪器、修理仪器，也跟他们锻炼身体去。后期我就开始搞技术改造了。那阵救护器具都是从抚顺来的，其中有个充氧泵，就是给救护器具里充氧气用的。他们给的样子是电动的，但咱买回来的是人工的，得用人两边压，挺费劲的。我就考虑把这玩意改造一下，咱也搞个电动的，就设计了一个电的传动轴。这一改造，不仅节省人力，而且充氧速度还快了。但是要搞这个机械加工，不是说你随便就能做的，没有零部件。怎么办呢？俺们厂大，专门有一个垃圾站，里面要什么有什么。各种铁、钢、电缆、包装的零件，什么都有。我缺什么就上破烂站那边找，做完了以后还涂点色彩，和那电动泵一样，挺好看的。

在救护站搞改造还有一个目的，就是节约。我们生产的煤气里面出来一种油，那油就像柴油似的。一开始咱都把这油放扔了，顺着下水道放。后来不能放了，因为卫生局规定只能放废水不能放油，卫生局污水检查不合格就罚你，现在也是这样。不准放怎么办呢？正好工厂开展节约运动。咱们就在污水管下边放个大桶，那油轻，在上边浮着，水在底下，咱就往外撇，出一层油就撇一层。那油还好卖呢，就像柴油一样。卖多少钱咱不知道，反正都给厂子了。再就是我对煤气管道也进行改造，避免存水，影响送气。1958年"大跃进"，全国的电都不够用，住家经常停电。咱厂领导号召生产节电，俺们就想办法用煤气办电，凡是用电的地方都改成用煤气。你比如说，全厂有四台压铅机，就是把铅块加热融化，绞成绳再压，再包上装铠，它全靠电，用电量很大。咱就把它改成煤气，节约不少电力。紧接着装铠、涂蜡、水封软化炉也都改用煤气了，反正电缆厂改了不少样，用煤气解决老大问题了。别的单位也想用这个办法，变压器厂还请我和老站长去帮忙。

温："大跃进"的时候白吃饭。不但是厂子白吃饭，咱住家街道也办的大食堂，吃不两天就吃黄了。厂子吃得好，大米饭、红豆干饭、大馒头、大白菜、豆腐，随便吃。一到吃饭的时候人们就像老虎似的。那时候家庭条件不是太好，早上有的在家不吃饭，到中饭可劲吃，那碗摞得老高，从肚脐一直都摞到脖子。咱厂子食堂确实好，谁也比不了。还做肉皮冻、拌小咸菜，早上煎饼馃子，爱怎么吃就怎么吃。那时候电缆厂有钱，条件挺好。但有钱也不能这么造啊，最后食堂都吃黄了。

姚：那时候全国电缆厂是不是很少？

关：上海一个、哈尔滨一个，全国就这三个。产品供不应求。要货得提前订货，要不你得剜门子盗洞，不卖给你，买不着！那会儿厂子有 8000 人的样子，后期发展到两万人。两班倒、三班倒，任务还完不成，人不够用。厂子是苏联建的，机器有苏联进口的，也有德国的，产品质量好。

孙庆忠（以下简称"孙"）：您对苏联专家还有记忆吗？

关：苏联专家帮着改建工厂，分好

搞革新

几种专家，有搞机械的、有搞电缆的、有搞煤气的。建煤气炉有一个专家，叫马尔克夫，腿有点瘸，脑瓜后面还有个大包。咱们说专家，其实就是老工人，经验比较丰富。1955 年咱电缆厂基本建完了，苏联专家就撤出去了。我看见送他们的车了，专门有两人护送，还有专门的保镖。

姚：电缆厂原来的基础怎么样？

关：原来叫电线厂，那是日本人建的。我来厂子的时候那厂子还没啥变化，房子顶一级一级的，像锯齿，前面高后面低。厂房一个连一个，有楼房，还有个锅炉房，据说原来是德国产的锅炉，那锅炉好，煤直接可以粉碎成面往外喷，火烧得硬。苏联进来以后把锅炉给拉跑了，好东西它都给拿走了。苏联专家帮了咱不少忙，但也有做得不合适的地方。他们给咱厂建了露天吊车，但建错了，不够高，矮了两米。咱们起电缆往火车上装的时候起不来，后来又弄槽钢加高了。

姚："大跃进"之后，到了六〇年厂子也很困难吧？

关：对，虽然 50 年代也困难，但六〇年的困难那才叫真困难。那阵儿厂子已经不像厂子了，吃也吃不上，活也不那么多了。工人的供应是一天四两粮，一个月三两油，那哪能吃饱。没有吃的怎么弄呢？就得自己搞。我三班倒，下班了就到外边挖野菜，什么天根、白宫草，白宫草挺好吃的，掺在面里蒸窝头吃。到了秋天就到农村地里捡小茄子、捡地瓜。那时候合作社，有的人不好好干，地瓜收得不净。那时候也没车，扛个铁锹跟着人家去挖地瓜，那走老远了，但也不知道累，一天挖不少。赶后期就挖不着了，就捡苞米秆，那玩意拿火碱一咬就碎了，然后磨了、过滤、沉淀，那就是淀粉。吃的时候看不清，大便的时候就看出来了，擦屁股手都扎上毛刺，那真命大。就这还不好弄呢！动力车间管生活的叫张佩祥，要淀粉得找他，关系不好人家还不给你，回家掺着面搅糊糊喝。那时候我两孩子都能吃，瞅着他们喝，真要命！

姚：在那种情况下工厂还照常生产吗？

关：照样生产。单位食堂有吃的，就是吃得差，成天是熬疙瘩白（圆白菜）。食堂往车间送饭，有时候给你盛一大盘子，一看里面有虫子，你不能说不吃扔了，哪有不吃的，饿得慌！厂子有客人的时候，还吃小食堂，吃剩的骨头棒子扔垃圾箱里，咱就捡回来，洗了以后还熬锅汤。食堂上外边拉菜回来，夹带回来带穗的稻捆，扔食堂外面不要了，咱就把它捡回来，在水磨地上用砖头搓，稻粒有壳也能吃，比别的还好吃。你们没有经历过，但这一点不玄乎！

关：困难时期到六二年就好转了。六四年开始搞"四清"，清理阶级队伍。虽然我是上中农，但她是小地主，我跟她借的光，受点影响。自从我到电缆厂一直要求上进，那时候领导对我挺重视，什么事都离不开我，哪个头头来了都叫我去搞保安工作。你像朱德、贺龙，苏联的伏罗希洛夫，柬埔寨的西哈努克亲王，都来过。我跟药剂部一个叫杨正华的挺好，他比我入党早，老培养我。"四清"的时候，每年他们都上她家那边调查去，一回来就和我说："你这成分不行。"为什么年年都去呢？就是看有没有什么变化，有没有什么突破口。

温：我们家就地多，没人干活，都是雇的劳动力。三十多田地，一田地是六亩，就是200来亩地吧。我父亲没种过地，做买卖，又当村长。他是个好人，净帮人家，不然早就整死了。六二年他上黑龙江了，没迁户口，人家回老家凤城一调查，没起户，那就戴帽了，叫"逃亡地主"。实质就是困难，挨饿才走的。他走我就不同意，农村生活在哪不一样？那边还长大骨节，就是克山病，后来我把我侄儿、大侄女都整回来了。

关：就因为成分不好，我要求进步困难点。那阵我有上进心，要求进步，但是想入党是绝对入不了。那时候入党祖宗三代都得查，比干什么都难。尽管难，但那阵也有信心，做什么都努力干。等到了"四人帮"倒了，1978年邓小平提出不唯成分论了，我才入了党。

1976年，荣获"厂劳动模范"称号

姚："四清""文化大革命"时咱们厂子的情况是什么样的？

温："四清"运动主要是办班，整个黑屋，让你交代。等到六六年"文化大革命"就开始打人了。我上下班从哪个厂子过都看见打人，挂个牌子，拿皮带、棒子往屁股、腿上拼命抽啊，有不少是私人报复。我们老同志里这帮打人的人，现在一个没剩，打手全死了，没有一个活的，干坏事哪能有好报！

关：清理阶级队伍就是群众相互揭发。你要是平时说点什么，有人可能就给你找点材料。本来就是闲唠嗑，这时候都给你弄上了。俺厂里有个姓周的师傅，他平常就爱吹，说完就拉倒了，结果清理阶级队伍就给他弄上了，就挖他根。实际上他有点毛病，多少有点污点，但人家让他交代，死劲抠他、害他。俺们厂还有个看锅炉的姜贵臣，是和我从凤城一起来的。有一次坐在平台上休息，他拿着报纸，看写的英雄人物。他说："我要把锅炉崩了也能上报纸。"这不就是开个玩笑嘛，但人家记住了，清理阶级队伍就抠他了。"文化大革命"这点不好，确实搞得过分，冤枉了不少好人。不过，那时乱是乱，但咱们厂照样生产。

温：当时厂子一共分三派，"辽革站""辽联""八三一"。"辽革站"是保护工厂的，它管理生产、干活，一般就上午干，下午就待着去了。"辽联"造谣说"辽革站"打它，"辽联"怕打，后来就跑了，实际上谁打谁啊？"辽革站"是不打的，是文的。

实际咱也不懂啥派不啥派的。但你要是不参加什么派吧，人家就说你是保皇派、逍遥派什么的，不管怎样你都得参加个派，你看哪个派比较合适，就填表参加。我一衡量就参加"辽革站"了，完了就参加游行。东北局在北陵那边，我们从电缆厂走着去，够远了吧！方形队伍，各个车间挑个头高长得好看的，我就去了。到那啥也不能说，叫你站就站，叫你坐就坐，叫吃饭就吃饭。游行就是表示我们这派是正义、正确的，谁也打不倒。这一路上就是喊口号，有的游行车上面都带着武器，枪、炮、子弹。"文化大革命"就那样，群众就是跟着瞎起哄，保谁咱也不知道咋回事。我虽然成分不好，但"文化大革命"的时候没挨整。因为我表现好、干活好，干净利索，谁干活也干不过我。

（三）

姚：咱回过头来讲讲大爷的贡献，评劳模之前到底做了哪些工作？

关：1974 年，我们厂煤气发生炉取消了，也就没有煤气救护站了。那阵全厂建了四个大油罐，一个大罐装几十吨柴油。全厂化铜、压碾都用油，便宜、安全、还干净。煤气站黄了，我就到了动力处钳工组，又回到原工种当钳工了。干钳工我过去有点基础，抱着学习的态度，跟他们干活、检修。咱们那时候动力处三百来号人，设备多、任务重，主要管锅炉八台，送煤的、除灰的、送风的，都是 20 吨的；空压机八台，压缩空气的；再就是各种泵。这都是大型的，还有附属的小设备。反正我算了大大小小的设备二百多台吧。动力是供应全厂生产，水、电、风、气几大动能。所以你就得服务好、技术好，不能影响生产一分。俺们钳工分了两个组，一个组十多人、二十人，但总的还是一块干，哪有活干哪。我分在第二组负责，就像一个小组长。那阵儿主要工作是检修。我要强，干活不管脏、累，早上很早就走了，八点钟上班，六点之前就骑车到厂子了。

温：他天天早早就走了，有时候不吃饭就走。我五点钟起来做饭，我说饭好了，他不吃，就说"走、走"，把我都气死了。

关：干检修那玩意得早早去，得到各处巡逻。俺们厂子面积大，前院后院都有。早上去了就看一看，特别是空压机，空压机缺油不行，缺油就干了。再就是泵房，咱厂有十台油泵，大大小小的，有上油的、卸油的、送油的，油泵有时候容易坏。我跟大伙都比较熟，早点到，跟大伙唠唠嗑，看看设备，挺好的。我每天一早去巡逻，各个用户跑一遍。有事我就干，小问题就解决了，大问题向上级汇报，上级了解了情况，好分配工作啊。没啥事的时候我也不休息，就搞修理、搞革新、节约生产。厂里也号召节约，还给奖钱。我修理的设备、节约的材料不是光给我奖钱，是给一个组的，奖钱大伙分。我搞节约的东西多了，比如水泵、油泵，能维修的都维修上。一台螺旋杆油泵就是八九万块钱。还有除渣机，一台好几十万，有的报废了、不能用了，我就上垃圾站那捡零件，想办法维修好。反正我就是专门搞改造、技术革新，给厂子节约钱。有一回，厂子买了汽车升降的油泵，不好用，都扔垃圾站了。我把它重新改装，提高了分离效率，特别好用，这不就节约了。我专门搞技术革新，哪有问题我往哪掺和，都是利用业余时间，工作时间不能干。

我什么都干，什么都弄，还给大伙配钥匙，有时候忙得吃不上饭。人家找我，我还不好意思，都认识，你不能不给人家整。我们电工组有高压站，高压柜都是一个连一个的，那玩意要是发生事故可不得了。有个叫刘军革的电器技术员找我说："老关，你给我研究个链锁得了。"就是这个锁锁上了，才能开那个，这个不锁那开不开，反正你总得锁上一个开一个，两个同时打不开，防止送错电。我说："行！"锁这玩意没工具怎么做呀，做得可费劲

了。但是为了安全生产，克服困难，最后做出来了，他们还挺满意。

俺厂子有一些进口设备，一般人不懂那玩意，坏了就提出来上外边修，外头净糊弄你，修完回来还不好使，而且还花不少钱。后来，厂长邓超说话了："你们找动力老关啊！"有一回，一台日本进口的空压机坏了，有人就找我来了。说实话，原来我看都没看过，但是不管怎样它离不了原理。我说："行，给你整整。"日本那玩意主要在控制方面，它是自动控制，所以得在控制上研究。另外，就是它那排气阀复杂一点，太胀气不行，松了也不行。我反复研究、琢磨，有时间就修，想办法修，最后修

安装碎煤机

好了。那一台空压机八万块钱省下来了。再就是锅炉房，那叫俄式、对本式的，两个炉子不好使了，咱动力的书记张永顺就找我来了。锅炉不好使影响生产太大，要抢修。领导说："给你一个礼拜时间把它更换下来修好。"我说："这半个月的活让我一礼拜干完，扯淡嘛！"当时我直晃脑袋，这哪行啊，这么大设备，你就往外挪也得几天哪，那不是小玩意。他说："我大力支持你，你需要什么我给你什么。"书记都这么说了，那我说："行！"开始干上就没休息，白天黑天地修，没到一个礼拜真整完了。你那活干好了领导心里都有数了。一般有什么困难领导都找我，我怎么的都得硬着头皮弄。

姚：就这样您七九年评上劳模了？

关：我在厂里一直是劳模，年年都是，那奖章有的是，谁要就给谁一个。反正厂子对我挺重视的，大伙都叫我"老黄牛"。我也是自己要强，什么都干，谁找、有什么困难，都干！一年 365 天，献岗三四千小时，净在厂子待着。天天早早去，晚上下班大伙走了，我还得披个小破棉袄走一圈，看看有没有问题。厂子有事随时找随时去，有时半夜来找，一干干一宿，累了

就在车间破凳子上躺会儿。那时没什么负担，一心就想把工作干好，要不怎么能把全国五一（劳动）奖章给我呢？我技术革新多，得过全国的"五一技术革新奖"。那时候年轻，还真不觉得累，在凳子上躺会儿就好。就爱干活，干得高兴，觉得干活脑瓜子还能开窍、灵活。

七九年参加劳模会的细节就不用说了，就是高兴。电缆厂这么大就评我，那能不高兴吗？原来在厂子老评那玩意也不稀罕，但没有省劳模名望大，那心里确实高兴。当时是在中华剧场开的表彰大会，发了奖章和一套不锈钢锅，回来后大家都来祝贺。得劳模大伙都羡慕，但评上这玩意也不好，有的人嫉妒。人是这样，你做得再好也能挑出毛病。90年代江泽民来厂子，专门接见了劳模。江泽民握完手后，大伙都跟我握手。

我再讲讲俺们电缆厂支农的事。当时，和电缆厂挂钩的是新民县卢家屯公社。那个地方穷，盐碱地，咱们专门支持它，让它富起来。电缆厂名大、有钱，就给它投资了。咱电缆厂有送电缆的大汽车，买磷肥送给它，一送一大排汽车，那威风啊！谁看谁羡慕。磷肥那玩意挺贵，还得靠车送。后来咱电缆厂决定自己给它盖个化肥厂，生产磷肥。咱厂有个人叫包云龙的，他是当兵出身，支农队队长，专门搞支农。他上动力要人，就要我，动力就派我去了。我在卢家屯帮着弄水泵，浇地，挨个生产队跑。咱厂子不仅帮助卢家屯建了磷肥厂，还帮他们建了一个小电缆厂，还有一些青年到咱厂子干活，现在那地方可富了。

九三年我退休了，厂子领导都不让我退，都留我。我说："我退了不走，还来厂子干活。"动力处长还对得起我，一月给我250块。其实给不给、给多少就那么回事。

温：退完了来年就涨工资，大伙普遍涨了五六级。不过他也不吃亏，厂子奖励了一间房，放在现在也不少钱呢。他现在每个月2100块退休金，是少点。不过我们都80岁了，也没啥意思了。他那活干的……起早贪黑，晚上半夜不定什么时候来敲门，不管刮风下雨，来找就去。有时候干到半夜一两点不能回来，他就搁那大凳子上休息，饿得打晃。我说你兜里钱不多，块八毛钱还有吧，五分钱买根雪糕吃还填填肚子呢。他不买！一听说他不吃饭给我气得心都要跳出来，我都咒他"死了得了，还省了共产党的工资"。他还能活到 80 岁，我说真是天老爷照顾你，再就是你摊上我老关太太了。

关：那时候确实是一心就想着干好，别的啥也不想，自己一个人吃雪糕那哪舍得？我退休后一直干到九八年前后。当时提出清理机构，减人、增效。厂子的年轻人都买断了，我还能干吗？就回家了。

姚：那时候电缆厂效益怎么样？是不是闲人多，不少人没活干呀？

关：那时候电缆厂本厂有一万多人，加上分厂总共有两万多人。效益还行，有活，但不是很充足。一些小厂子都起来了，他们把产品都贴上俺厂子的商标，冲击不小。

（四）

姚：电缆厂那么好的企业后来怎么就破产解体了呢？

关：俺厂子苏庭科担任厂长的时候效益最好、最兴隆。他是工人出身，车工，没什么文化，但是有实干精神。那人办事能力强，对工人好，威信挺高。那时候厂里有钱，国家、市里不让分钱，他怎么办呢？他就请大伙吃饭，给票，票就是食堂整的，整十几个二十几个菜大伙吃。买秋菜的时候也借给工人钱，之后也就不要了。

要说解体的原因，那就是败家了。怎么败家呢？那时候厂子有钱，有钱就随便花。凡是头头都上外国跑一圈，那得多少钱啊？后来又搞集资，头头都往自己腰包里搂。盗窃电缆现象也特别严重，都搞大车往外弄。再就是开门市点，卖的钱都揣自己腰包了，然后给厂子打欠条，全让个人贪了。这些事大伙都知道，一点都不撒谎。厂子后来就没人了，设备都拆了、卖了，都完了。咱们那德国进口的自动的压铅机，买的时候花老多钱了，也都卖了。卖了多少钱，谁也不知道，反正都按车间卖的。

孙：您听说工厂解体了，一天天衰落的时候，您心情是什么样子的呀？

关：这说实话，在早都说工人是铁饭碗，谁曾想现在的工人都这样，哪有铁饭碗，饭碗都砸碎了。那电缆厂多好的企业，沈阳市也数得着，最后成这样。那回大伙碰到一起都哭了，呜呜哭。哎呀，不少厂子都那样，冶炼厂也丢了。工人怨气太大了，骂，没办法。

温：俺们上厂子要福利的钱，那眼泪都在眼圈里转。谁曾想，那么大的厂子一黄能黄成那样？说没就没了。电缆厂一垮到底了。现在都是私人的电缆厂了。我上厂子就骂他们，老太太骂他们不犯罪。

关：咱厂子现在啥都没了，都扒了盖楼房了，那心里滋味能好吗？就不说我了，人人都对厂子有感情。前几年，我坐车上厂子那儿看看，人家都不理咱，心里可难受了。真是家没了。过去上厂子看看，老朋友见见面，热乎！现在你想去走走，上哪找去？

20 世纪 90 年代中期，作为老工人接受厂子表彰

姚：大爷您在电缆厂工作了一辈子，厂子给了您很多荣誉，当您回首这么多年在电缆厂的工作、生活的时候，您有啥特别的感受吗？

关：说实话，我要在凤城那个小厂待着的话，哪能有今天这样？我到电缆厂得了这么多荣誉，现在的工资、待遇多好。这还是党的关怀、厂领导的关怀，不然没有那么高的待遇。咱厂对待劳模挺关心的。大连郊区的土城有个疗养所。俺们电缆厂领导与那个地方联系，春暖花开、水果下来的时候就到那儿去。每年劳模和领导去疗养一个礼拜，天天车接车送，待遇可好了。

我们这些劳模每年不是上大连，就是上北戴河、南戴河。那意思就是让我们玩一玩，歇一歇，干得挺累的。特别是有些新鲜的地方，比如长白山原始森林啊，都去过，林子树太大了，空气好。一个人自己再能干，领导不重视、不提拔你，也不行。你看我家庭多好、多幸福，三个孩子，两男一女，我俩都 80 岁了，身体还棒棒的。所以说，相对于党给的报酬，咱做得还是不够的，确实不够！

<h2 style="text-align:center">（五）</h2>

姚：大娘，您来讲讲和大爷成家、生活的故事。

温：我父亲把我俩一小就订婚了，就叫娃娃亲吧。1950 年 7 月我从老家出来，一开始到凤城缫丝厂工作。走的时候我爸就说："你出去可以，但人老关家要娶你，你得回来。"他五一年出来参加工作我都不太清楚，次年俺俩回来登的记，结的婚。五三年，我又出来了，又回了那个厂。人家一看我回来了就说："哎呀，听说你回家死了。"我说："没有"，没敢说结婚。那时候年纪小，能干，在那干了没几天，就把我调到丹东丝绸厂了，一直干到 1956 年。俺们那个厂是地方国营，他们电缆厂那不是国营嘛，所以左一个喊、右一个喊，调我去，厂子不放。后来一寻思，放吧，人家老喊。1956 年 4 月份，厂子人事科把我叫去说："你要实在要走，就放，档案随身带着。"给了我一个档案袋，都封好了，告诉我千万自己不能打开，那哪敢自己拆呀？过了几天我就走了，到了沈阳就上电缆厂的大门报到。人家问："你哪来的，怎么来的？"我说："有调令啊。"就把这个袋子拿出来了。这才让我到了厂子人事科。人事科一问，我说我爱人在这儿，有调令，这就给我送到铁西广场那儿。广场那儿有第二宿舍，是男的宿舍。我说："我也不能跟男的在一块堆呀，没有女寝室？"他说："有，第一宿舍是女的，在里边。"就给我送那儿住下了。五七年，过了阳历年厂子就给了房，就在十马路那儿，也是照顾结婚的职工。大伙都说："你来这多好啊，丹东市多小啊，沈阳多大，电缆厂还出名。"我说："哪儿也不如家好。"慢慢待习惯了，也行。我干编织工，编电线，三班倒。我就是没有文化，写字不行，干活行。

刚来的时候，我谁也不认识，没法和人家搭话。反正我穿得挺"港"，紫色、绿色带小白花的衣服，偏襟，挺好看的。她们说丹东人这穿得挺好啊，和咱都不一样。后来，大伙处得都挺好，就有人给写条，介绍对象的也有，这我才公开自己结婚了，要不不好意思，一问脸就红了。那时候俺们也出去玩，到礼拜天就上文化宫买票跳舞。有苏联专家，跳伴舞。

2012 年采访后，笔者与两位老人合影留念

到厂子时让我填表，我就填了个富农，谁乐意填地主呀。富农比地主不还差一级，地主不是剥削太大吗！后来"四清"的时候自己亮相，我就说了为啥填富农没填地主，就是出来工作怕填地主人家不要我。他们说冲你现在的表现，富农就富农吧。我要是成分好我也要求进步，后来我说他（老伴）："你好好干，别老背着我的成分，咱俩别都整得水裆尿裤的，我在家带孩子。"现在我可知足了，我参加工作早，工资相对高点，他工资也不少，不抽烟、不喝酒，俺俩生活安排挺好。平常不借钱，走人情还不次于谁。住的房子也挺好，十马路的房子是三楼，挺好。后来他干得好，工会又给他奖励了一间房，大儿子住。我们和二儿子、二儿媳妇一起住，儿媳妇耳朵背，没

寻思她背得那么厉害，这么重。后来，厂子卖商品房，我就写了申请。我说我出头去找，别让老爷们出头说这事儿，老爷们那是男子汉大丈夫，别弄这婆婆妈妈的事。后来给了房子，老二一家就搬出去了。这不都自己有房了。现在住的劳模楼是再后来给的，我们就把十马路的房子给孙子了。我俩一个月四千多块钱，挣得不多也不少，不能跟你们年轻人比，时代不同了。俺们月月给开支，还不是共产党给的，这就心满意足了！

七、石尚文：“我一上机床就像上了战场”

访谈者：姚力

受访者：石尚文

访谈时间：2012 年 8 月 29 日下午

访谈地点：沈阳市铁西区工人新村劳模楼

[访谈题记] 石尚文，沈阳第三机床厂退休工人，生于 1929 年，是本书劳模中最年长的一位。他 1950 年考入沈阳第三机床厂，六年后就因善于革新发明、敢想敢干、任劳任怨、一年内完成十年任务量，被评为第一机械工业部先进生产者。他是车工，最擅长攻克车工最怕的“细长轴”，在沈阳市技术协会担任车工组组长，义务为技协服务 30 年，专门进行技术攻关、解决技术难题、推广新技术。因此，他被称为“车工大王”“生产战线上的排头兵”。在工厂，他是最能啃硬骨头的工段长，哪个工段有困难，他就被派到哪里。回首过去，他自己评价说：“我这一辈子都是要强，就怕落后，落后的事儿一点儿都不干。”

（一）走上劳模之路

我是 1929 年生人，家离这儿不远，原来叫新城子区郭七屯，现在说就是沈北新区，紧挨着道义。为了建大学城，那个堡子都搬走了。俺们家生活也算挺困难的，我是老大，有一个弟弟、一个妹妹。我没结婚的时候我母亲就没了，就我父亲领着俺们三个孩子过。土改划成分，俺们家划的是下中农。那时候家里就一间半房，租亲戚家的两垧地种。家里养个小毛驴，有个农车。我小的时候在堡子里上了 4 年小学，后来到道义念了一年高小。俺们堡子离道义五里地，就在那儿住宿，还得往学校拿柴火，晚上得烧炕。那时

- 123 -

候高小不应该是两年吗，为什么我就念了一年呢？因为当时我都结婚了。我们是四七年结婚，我 19 岁，她 18 岁。我老伴都没念过书，是文盲。中华人民共和国成立后，她和大伙在一起学了点，但是孩子多，五个孩子，也没学会多少。

高小毕业以后我考的工厂，出来工作家里生活不是可以好点吗！我念书挺用心的，不然也考不上工厂。在高小学了四则运算，还有算数怎么脱括号。招工考试正好出的就是这种数学题，那道题我得了满分。当时机床三厂的录取要求挺高，市里面人家都是高中生才考上的。俺们一起有三个人来考，那两个都没要，就我考上了，我的考试成绩挺优秀的。当时不仅考试答卷，还要面试。我年轻的时候身体好，挺壮，长得好，所以到工厂以后人家就看上了。

我是 1950 年 9 月 1 号正式入的厂，那时候还没抗美援朝呢。咱跟人家市里的学生不能比，人家条件好，咱们农村出来的孩子能吃苦、肯干，在厂子里埋头苦干，挺努力的。因为我的考试成绩好，分工种的时候就分到了车工。那时候长春汽车厂刚开始建厂，咱厂子的任务就是把长春汽车厂需要的那些设备零件都包下来了，俺们全都干这个活，就给它加工螺丝、螺钉，那都是多少吨的任务。那时候盖厂房不像现在这么先进，需要的螺丝、零件特别多。那个螺钉都是特殊螺钉，往上拔的都挺长，都是用扳压套扣。用扳压套扣的时候，我自己就动脑筋、想办法，发明了绝招，干得特别快，效率高。别人套扣一天一般就套 50、80 个，最多也就 100，我一天起码能上千，不然能评先进吗？那时候套扣都是用豆油，我就往里参羊肝油，转速快，效率也高，出来的套扣光滑，质量还好。

机床三厂是伪满时候留下来的小厂，中华人民共和国成立后厂子归一机部管，规模扩大了挺多，那时候也得有一千人，都干长春汽车厂的

生活照（摄于 1956 年）

活。全厂比赛，他们谁也不行。那时候折合产值，我一年能完成十年的任务，那在车工当中我是数第一的。就这么的，我在厂子里就红起来了。

那时候提倡"七顶七、八顶八，不完成任务不回家"那个精神。就是从早七点干到晚七点，晚八点到第二天早晨八点。我身体好、肯干，从来没有请过假，成宿在厂子干，几乎就不回家，晚上就是在床子边上眯一会儿，醒了就干活。那时不拿家当回事，家里的事都是老太太管。我有五个孩子，三个儿子，两个女儿，大女儿是五一年生的。孩子有病我都不管，老太太一辈子也挺挨累的。

我搞的技术革新可老了。五四年、五五年的时候，俺厂子开始以效定产，给大连机车车辆厂加工背帽。这个背帽是实底儿的，扣由里头朝外走，

沈阳第三机床厂，原址位于沈阳市铁西区北二东路 10 号，前身是日本私人资本 1933 年建立的前田铁工所和 1937 年建立的协和工业株式会社。当时，主要生产锅炉、暖气片、特殊器械、精密器械、飞机零部件、自行车、手推车、军火等。抗日战争胜利后，国民党经济部接收该厂，将其改为沈阳机器厂第三分厂，主要生产手榴弹、机车、水泵、迫击炮等军工产品及其他机械零部件。沈阳解放前夕，工厂受到严重破坏，精密设备被卖掉，大批职工被解雇，基本处于倒闭状态。1949 年 5 月，东北人民政府工业部正式接管该厂，定名为沈阳第三机器厂，并开始恢复生产，当年生产机床 242 台。1952 年增至 390 台，占当年全国机床产量的 24.37%。1953 年 8 月，工厂改名为沈阳第三机床厂，隶属第一机械工业部二局。1959年，该厂成立自动车床研究所，配备仪器、设备和完善的试验室，开始走上自行设计、开发、研制我国独立系列自动车床的道路，使中国成为当时世界少数生产卧式多轴自动车床的国家之一。20 世纪 80 年代，该厂有 11 种研制开发的新产品达到国际先进水平，成为国家以生产自动车床为主的大型全民所有制骨干企业，为国家经济建设作出了重要贡献。[1] 1996 年 5月 10 日，该厂破产倒闭。[2]

[1] 参见沈阳市人民政府地方志办公室编：《沈阳市志·3·工业综述 机械工业》，沈阳出版社 2000 年版，第93~94 页。

[2] 韩耀先：《回眸：亲历沈阳企业破产》，沈阳出版社 2002年版，第 247 页。

是军舰上用的。任务量特别大，一来都是几吨，要得还挺急，全厂车工都干这个活，三班倒。我就动脑筋，革新车床，改造刀具，搁那里头往外挑扣，这就避免打刀，也算是一种发明创造吧。我干这个小帽，一天能干一千，别人一般一百都干不了。我一上床子就像上了战场一样，那铁末子

飞起来，脸上、脖子上都烫得不像样。在这当中我也算创造奇迹吧，那全厂没有不服气的，厂长都赞扬啊！那时候所有的工人、床子都较着劲干。这个业务属于军工任务，交活的时候有检查验收员，检查得严格呀。我干车工的时候身体好，那用卡子卡盘，一耷拉、一伸手，马上"咔"加工的零件就卸下来了，一个活不超过一分多钟就得下来。那都得革新，用那办法不用转刀架子。

1956 年，参加表彰会期间游览颐和园

1956 年 4 月，我参加了一机部的劳模表彰大会。当时心里那个高兴呀，就不用说了！我们机床三厂那时候也挺有名的，一共去了四个人，除了我还有一个工程技术人员、高级工程师，还有一个工人，工会副主席带队。表彰会是在北京开的。那时候去北京受重视呀，走的时候，机床三厂专门开车把我们送到市总工会，厂长和全厂的职工都到大门口去送，那真隆重！俺们戴着大红花，在车上一坐，多光荣，多荣幸呀，高兴！那时候年轻，到了北京以后，特别兴奋。会开了半个月。4 月 11 号通知说，明天毛主席接见咱们，那个高兴劲就不用说了！12 号下午一点，坐的大公交车，到中南海里面。当时是三个部一起开会，人也挺多，估计得上百台大公交车。进中南海里面一看，那个雄伟！照相怎么照呢？怀仁堂里面专门有个照相的地方，外面都站着岗。事前都把我们嘱咐好了，到那儿以后都得注意，不许你吱声，每个人都有指定的号。前排坐都摆好了，毛主席带头进来，跟着是朱德、周恩来、刘少奇、陈云、邓小平，好多领导都来了。毛主席首先给我们讲了话，完了之后照相。哎哟我天，那激动！回到宿舍，大伙连高兴带畅谈，那一宿都没睡觉。见着毛主席了，心里头老高兴了！大会发了奖状、奖章。奖状上写的是：积极学习政治、文化、技术，为建设祖国现代化的机械工业而奋斗。这就是咱们的奋斗目标。

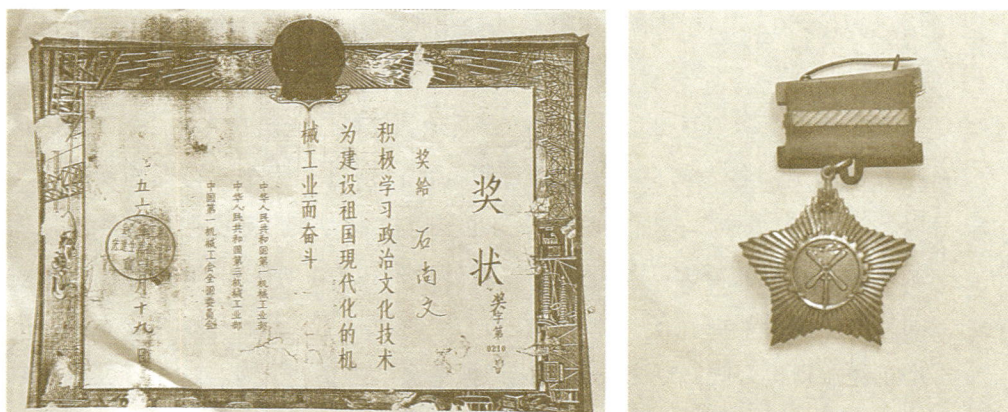

1956年，获颁第一机械工业部先进生产者奖状和奖章

从北京回来以后，我作了不少报告。那时候，厂子不让工程技术人员作报告，我是工人，得我讲。这大会小会，左一批右一批的徒工进厂，都要去讲怎么见着毛主席的。用那时候的话说，当工人的能见着毛主席，那还得了？那阵儿没钱，我一个月才挣四十五块八，所以为参加这个会还给了120块奖金。我在北京参加会的时候家里来电话，说生了我大儿子。回来后，厂子还给涨了一级工资。这是"三喜临门"！

（二）技协里的积极分子

50年代后期，辽宁省有一个机械工业先进技术表演观摩队，我和鞍钢的王崇伦他们那些劳模都参加了。五九年参加全国"群英会"的劳模，成立了"全国先进刀具推广队"，队长是倪志福，专门表演推广"倪志福钻头"。他们到辽宁后带出一帮徒弟。后来，辽宁省接了全国的班，组织全省12个技术能手，成立了省先进刀具推广队。我参加了，到全省各地推广先进刀具技术，互相学习，解决技术难题。那阵子，总头是沈阳变压器厂的王凤恩，他是全国劳动模范。当时是以沈阳为中心，从南边的大连到东边的丹东，从北边的铁岭到西边的朝阳，辽宁省12个城市各大企业全都走到了，整整跑了一个多月。我是专门表演细长轴的。车工最怕细和长，表演的时候我开的车床老长了，最高纪录是六米，用的都是我自己特制的工具，那都得有绝招。"刀具大王"沈阳重型机器厂的金福长，专门表演打深孔，王崇伦是表演"牛刀刨"。

为什么组织刀具推广队呢？一方面是到处推广先进技术；另一方面，这些劳模都是知名人物，本来觉悟都挺高的，再进一步培养，提高素质。所以，"文化大革命"的时候咱们主要也是以技术为主，基本上都没参加什么派系。那时候有好多厂都停产了，打砸抢的也有。咱厂子生产停了一段时间，但是停得不长，有一个多月左右。当时我就当工段长了，四十多岁，生产正经搞得挺好呢。后来不是提出"抓革命，促生产"嘛，这生产又搞起来了。那时候省里、市里以劳模为基础，到处宣传。我们参加技术协作的这些人，该学习就学习，照样活动，钻研技术，解决生产难题。技协沈阳市发起者有吴家柱、王凤恩、林海峰、金福长，后来像张成哲、李希东、沈延刚他们都是技协的。不同的工种在不同的组，得有十几个工种呢！技协攻关起了老大作用了。

那时候，这个队伍到什么地方推广交流经验，真叫一个隆重，都是副省长级带队，观摩的人老多了，从厂子大门排到车间，夹道欢迎。那时候，大伙对技术革新特别推崇，都想钻研技术。表演的最后一站是俺们厂，从早晨到晚上表演了一天，参观的人一伙接一伙的，老了。俺们厂的车工得有上百个，很多都是五〇年前后跟我一起进厂的，那时候年轻，谁也不服谁。我干完了有个打表的在那儿测量，结果这个轴确实直，误差小。后来，咱厂那几个老车工还挺佩服我的。那时候我是五级工，后来升到六级，退休时候就八级了。每次全厂涨工资、晋级都得比赛，到了车间以后真跟你比划较量，你比下去可不行呀，都较这个劲。那时候六级工是六十三块六，七级工是七十四块九。那比赛真得有东西，凭技术，真刀真枪。

后来，我们到全国很多地方表演，北京、天津去了多少次，全国各地的也都来学。我那时候有个特殊条件，就是我在北京还有个师傅，叫史洪志，他是北京二七车辆机床厂的，车工革新能手、全国劳模，后来还当过北京市企业局局长、北京市副市长呢。我是技协车工组组长，跟着师傅出去我都抢着干活，别人都靠边儿站，我就吃"偏饭"。史洪志、王崇伦跟咱们都挺有感情的。后来，我带着沈阳技协的表演队上北京，对咱们可好了。80年代毛主席纪念堂刚修好，还没对外开放呢，史洪志给咱们拿来一沓票，看纪念堂，那大家可高兴了，那简直不得了。那阵儿谁能去呀？纪念堂那可神秘了。

1969年，在北京天安门广场

我参加沈阳市技术协会很早，也是多年积极分子，九一年给我发了技协服务30年的证书。俺们在市工人文化宫活动，多少年里每个礼拜六晚上，下班后都到工人文化宫上课、活动。我是技协车工组组长，参加车工组活动的得有一百多人吧。那阵市里头的大工厂多，我们在一起搞技术攻关。

沈阳市这些大厂子，我几乎都到过，去攻关，都给攻下来了。你比如说沈阳市潜水泵厂，他们生产的潜水泵里面有个长轴，两米多长，他们厂就干不好，向市总工会提出了关键性的攻关课题。我就带队领着这伙人到潜水泵厂去了。那会儿潜水泵厂在棋盘山，新建的厂房。到那以后，厂子从党委书记到厂长、工人，全来迎接。干这个细长轴我有绝招，是拿手活呀，没费劲到那儿就攻下来了。这个轴车得又快，质量还好，笔直，误差不超过两道、三道。这算给他们厂子解决了一个老大难问题。他们写的大红纸感谢信，贴到机床三厂大门口，进场都能瞅着，挺震动。为这厂子给我的奖励也挺大的，给了一个毛毯，大伙也都挺赞扬的。那时候我在厂子大工段当工段长，车间有一百多台床子。俺们车间我带的那些小孩都干得有模有样，技术都呱呱叫。那时候厂子自己的攻关任务就老鼻子了，这边要完成生产，外边还老来车接，左一家、右一家的。

再举个五三工厂的例子。他们厂的大轴特别粗，六米长，就像鞍钢的那个大轴似的。这个轴属于轧辊式，材质相当硬，一般刀都干不了，刀打了无数。厂子工程师、车工都没招，拿到沈阳市作为攻关项目。我在技协跟那些高人学了不少东西。你像捷克、苏联来的技师，人家有专门的刀具，咱跟人家学。有的刀具人家剩下来了，咱偷着就给留下来，回去还得自己创造发明，琢磨这玩意。你像干这个轧辊大轴，这么硬，非得有特殊的刀不行，刀头要硬。人家捷克刀具先进，刀头好，我就动脑筋，把这个刀头整个立起来，这样力量特别大，它能顶住大轴。到那儿以后，他们的刀都成箱搬，车不远这刀就糊了。我根据自己长期在车床上干的经验，知道这个转速得多高。我这个刀上去，一下子从这头干到那头，通红的铁末子哗哗下来，刀头没咋地，成功了。五三工厂是军工厂，这个攻关很重要。后来，市里带队的挺赞美的，说："老石真他妈有东西！真他妈露脸。"厂子一看都眼馋，都说："这怪啊，我们的刀一上大轴就完了，他这刀怎么就有绝招呢？"哎！这攻关就攻下来了，也算给沈阳市立了一大功。

那时候，在技协课也没少讲。上课都在工人文化宫里头，都是晚上讲，技协发票，听课的全市哪的都有，主要是推广细长轴的先进经验。那时候我也不觉得累，家里啥事也不管，成天在厂子里，要不就去技协攻关，讲细长轴是什么方法，什么招。干什么轴有什么样的刀具，我自己发明了不少刀具。你比如车一个 20 到 30 毫米粗，1.5 米长的细长轴，一般人干的话得两三个小时，我 15 分钟就完事了，因为我发明了自动带弹簧的顶尖。再一个，我年轻的时候身体好，手快，不怕累。

沈阳有三个机床厂，算大型企业。但是和重型比小一点，中等大型的

1977年，在技协讲课（中间戴眼镜者）

吧。俺们机床三厂后来和机床一厂合一起了，几乎算是让机床一厂吞并了。机床一厂、三厂两个搁一起的话，最多的时候有一万多人，国营工人六千多，大集体、家属工四千多。机床二厂就是"中捷友谊厂"，为纪念中国和捷克斯洛伐克友好改的名。现在三个厂子合一起，叫"沈阳机床集团"。现在机床集团老好了，都是数控机床，那收入高，挣得多。

（三）专啃硬骨头的工段长

我是1956年入党，就是评完劳模，从北京回来以后就入党了。要不人家说我进步快嘛。"五一"节劳模会回来以后党支部书记就找我谈话，看看我对党有什么认识。那一说入党的事，高兴得了不得。那时候入党挺费劲的，一般的都入不上。我先当入党积极分子，干啥都卖力气，真肯干呀。人家看我这小孩儿挺诚实的，让我写写家世等等情况。12月份开会，宣誓大会是在会议室里搞的，那心里老敞亮了，真激动！想的就是一不怕苦，二不怕死啥的，那股劲头。大伙都佩服我，都说石尚文这小伙子不一般，马上就是预备党员了。那阵子士气真高，我什么都争先进。

入党以后，组织上就更培养了。很快我就当上了工段长，厂子哪个地方关键就安排我到哪儿，净找车间最难整的工段。因为我这个人能干，性子还急，说干就干，干得快。那会儿支部书记说我："这小子，别看他性子急，但是人家能干。他领导的工段都团结。"那时候我在三车间，先在轴套工段当工段长，后来到平杠工段、大件工段。我们的车间是封闭式车间，一进来从头开始到装配成品，一气儿完事。最后我还在后勤当过工段长。哪个支部书记都看中我，一有困难就说："不行，调小石子，让他干。"我这人还就不怕硬，哪儿有困难调我，我到那儿保证给你干好。我为什么能干好？一个是我体力好，肯干。我自己上白班，下了班不回家，得等八点钟二班大伙都安心吃饭了，我才回来。每天不到晚上九点钟回不了家，你在那看着那活不就干得好吗。有时候急眼了，我都不回家。二是我这个人干什么自己都没有私心，底下人都看着，咱就一门心思给他好好干，任务都是提前完成。

当工段长的时候遇到的困难太多了。开始我在轴套工段，轴套工段主轴是关键。那时候轴套工段床子多，将近五十台车床，光是大床干这个轴套就有二十多台。经常有紧急任务，比如生产毛主席像，就得组织大伙打会战。事前我给这些人都分好活儿，给他们开会都讲好了，咱们今晚打会战，晚上五点钟开始。要求大伙卖力气按时干完，完了你们把床子都收拾得干干净净的，我领你们上食堂去吃饭。我们加班打会战，厂长都支持我。然后我就去找生产科的科长，去他那儿要饭票，是食堂专用饭票，不用自己花钱，完了我再到食堂早早打好招呼。那时候会战不提奖金那些事儿，谁都没有报酬，都是平等的。那些人都能干，你给他们团结好，他们都卖力气，这个干完了帮那个干，完了把地呀、床呀，都收拾得可干净了，这屋里还像下班时一样。活干完了，大家都乐，高兴！等大伙都收拾得利利整整的以后，我就领着上食堂吃饭去了。那时候吃一顿饭都老高兴了！人家食堂饭菜给做得挺好，到时候都给端到桌上，大伙吃得热热乎乎的。吃得工人都乐，都夸我："咱们的段长真能耐！跟老石干没错！"我干活都向着工人，我们工段也是先进工段。

后来，把我调到了平杠工段。平杠工段刀架是关键，就是铣床多。原来那个工段的工段长懒，他没有咱这个积极性。铣床工作量大，到会战的时候全厂的铣床都借给我。除了大铣床之外，厂子还有电瓶车也得供俺们调用，必要时晚上汽车也得伺候着。那干罗马尼亚的任务，都是加班加点地干，白天干不完，晚上三班倒，什么时候要料总值班就得调度。所以，在平杠工段任务也都完成得很顺利，大伙都肯干，全厂也都支持我们。

1983年，去上海宝钢出差

大件工段原来的工段长和底下的工人整得不团结，后来调去一个书记。他知道我，跟厂子要求："给老石调过来换一下，让他先来帮忙协作几天。"我说："那没问题。"大件工段全厂都知道，有几个大工匠，技术厉害，都是党员。我到那儿以后，先见了工段长和党支部书记，开了个会。大件工段刨工的大床都是重型大床，有几个大孔都挺不好干的，孔的光泽度达不到标准。但是我有基础，我有好的刀具和磨刀的工具，我自己能磨刀，那套玩意我自己都会。我到那大床子上，把自己要用的刀都磨好、准备好。开工后把刀头往上一架，那大件的孔那么老大，刀头在里面"哗啦、哗啦"转，那孔打完一摸像镜子似的，又亮又光。大家都说："这老石是厉害，刀到了他手里就变了。"这活越干越好，任务早早就完成了，这些大工匠还有检查员都佩服，大伙也高兴，这个大件工段就顺顺利利地过关了。

我这个手受伤是在八四年，当时正当工段长。吊车吊铸件，我就指挥它，结果它的活没摆好，斜了，一下子倒下来，这手就轧在里边了。那是捡回一条命！我在厂子医院住了39天，但包扎后没怎么休息。医院跟厂子就隔一条马路，马路这边是食堂，过去那边就进车间。我来这边住院，挂着手还上班，什么也不影响，活一点儿都没耽误。因为正赶上俺厂子给罗马尼亚干"多轴"的任务，活要得急，任务重，我又是车间的主力，所以受伤后就到厂医院看看，都没上大医院，没当回事。你说那时候人多坚强吧，主要是人的思想好，有那股精神。这个手当工段长不影响，表演的时候照样摇摇把

儿。不过，如果当时仔细治一下，恢复的可能会更好。我的性子急、身体

1984 年，在沈阳机床三厂

强，工段上的活什么都会，什么都能干。活忙的时候大厂房的吊车我上去能开，说干就干，可痛快了！

（四）永不褪色

我这一辈子都是要强，就怕落后，落后的事儿一点儿都不干。

回想五六十年代的时候，一心就是干，几乎家事不管，每个礼拜六上技协，晚上得给人讲课，完了活动，礼拜天还出去。那时一心想着就是对党的恩情，就是始终不忘本。

给师傅当学徒的时候，对师傅都很恭敬，自己还钻研。那时候的老师傅，让你干着活还得挨着说。你得偷艺，师傅干活，看师傅怎么动作，要不然能学会吗？那时候的老师傅都保守，教会你了他自己不就不行了。所以，你得在边上瞅着，心里得合计人家怎么那么快。车工这玩意儿主要是灵活，看他的动作你就得学来，没有那个精神你还能当先进啊？学徒你得勤快，手勤脚快，懒蛋那就完了。你瞅着师傅拿着刀磨刀，磨刀有专门的磨刀房，你就得跟着，看人家拿那砂轮怎么整的，怎么磨的刀刃那么好，那么快。你的

眼睛得盯着，懒了不行。有的师傅不愿意教你，怕你学去，磨刀都不告诉你，偷着走了，咱就得溜溜在后面跟着，得把本领学会，要动脑筋。

我的师傅都挺有名的，在我们厂都是先进。人家那些大工匠在一起，有一拨人经常一起唠嗑。当徒弟你得会来事。我们那时候有水房，每天我早早给他们把水都预备好，把开水都倒上。我那时候瞅着挺傻，但确实挺努力的。这些老师傅一看就说：这小孩儿挺好，挺勤快的。这就愿意告诉你刀怎么磨呀，都有什么方法。

后来，我带徒弟的时候，那徒弟就多了。不光有男徒弟，还有女的呢。那时候都是从农村招来的学生，他们都愿意学。那时候我有名，徒弟也都肯干。跟咱们学徒都吃不少偏饭，徒弟教得好。我们那时候干活有产值，徒弟上床干活，干完了都算师傅的。你超出的产值有奖金，检查员来检查。所以咱徒弟带得好，徒弟都免检。那检查员都说：人家师傅硬，徒弟干得也好。

我总共有十多个徒弟，不少后来都当了省劳模、市劳模。我跟徒弟感情好，那时候的徒弟真为你服务啊！家有啥事儿徒弟都帮你忙。我这家七口人，打煤坯、劈劈柴，徒弟都上家里帮你干活。那时候老来家里，到家吃喝都不分你我，可好了，跟一家人似的。现在徒弟当中年龄大的都六十多了。

2012 年访谈后，笔者与老人合影留念（背后墙上的照片是 1956 年与国家领导人的合影）

我是"自来红",到老也一点没褪色,一直到退休!

我八四年退休,55 岁。我退休一是年龄到了,再一个这个手有点情况,退下来也给别人让点路,省劳模退休工资也是百分之百。我们那时候不少人退休是为了让孩子接班,我的孩子没有接班的。孩子们念书都挺好,老太太给这几个儿女教育得好,要求严格,孩子都挺成器的。退休以后我也不服气,在云峰、贵和街道社区工作,没闲着,帮他们做了不少工作,也得了不少荣誉。来到这个劳模社区以后,张玉仁是党支部书记,我和李希东俩人是委员,我们组织巡逻队。你们那个张姨人家是能说、能讲,有文化,出口成章,身体还好,做了老多工作了。温总理到李希东家访问以后,他比以前更爱干了,我们一起为社区服务。

这两年,老伴儿身体不好,我就累赘下来了。现在儿女都有工作,都忙,我就陪着她。我的儿女也老来,礼拜天、逢年过节都到我这来。我这房子大了以后,这屋子能搁两桌,那边一桌,这边一桌。人多,原来都是老伴儿做饭、做菜,她也是能人,年轻的时候家里从来不指着我,回不回家都行,孩子还都教育得挺好。现在耳朵、眼睛都不好使了。有时候我这脾气还不好,还说她呢,气得她说:"你变了,以前你啥都不管。"

现在这个房子有 86 平方米,还装修了。原来在云峰街那边我住的那个房子,也是劳模楼,但是可小了。分我这屋的时候抓阄,我的手气好,一下子就抓到三楼了。这院子我是第一户搬来的,那会儿都没盖好,有的还是空地呢。住这劳模楼,市里头、省里头都高看一眼。所以说,这辈子当工人、当劳模值得,太值得了!咱不能忘本。

八、张玉仁:"我要沿着共产党这条红线走到底"

访谈者:姚力

受访者:张玉仁

访谈时间:2012 年 8 月 27 日上午、晚上

访谈地点:沈阳市铁西区工人新村劳模楼

[访谈题记] 张玉仁,女,沈阳市铁西区美工理发店退休干部。她从小因生长在日本殖民统治的旅大市,接受了日本奴化教育。中华人民共和国成立后,在党的培养下,思想觉悟逐步提高。在家乡金县梁家店供销合作社工作期间,由于她做事泼辣、讲究方法,又不辞辛苦,把合作社经营得红红火火,还主动送货下乡,积极热情为社员服务。1952 年 3 月,她被评为大连市劳动模范,现在享受省级劳模待遇。按照当时对劳模重点培养的政策,她被保送大连工学院附属工农速成中学学习了五年。1958 年毕业后跟随丈夫到沈阳,始终在商业部门工作。她天生头脑灵、反应快,多年的工作锻炼进一步激活了机敏的思维,以至于退休后,在居委会搞副业经营也很见效益。从劳模社区组建党支部起,她一直担任书记,不服老、爱干事,八十多岁了,依然精力充沛、紧跟时代。

(一)童年

我是农历 1929 年 10 月 25 日晚上八点钟生的。我妈妈说,她做了一个梦,梦里天上下来一朵花,她就用围裙去接那个花,兜到她兜里来了,这时候她感到肚子疼,就生我了。我身份证上的生日是 1930 年 1 月 17 日。为什么弄了这么个日子呢?在我前面,我妈妈生了五个男孩,有的没有站住,我妈说这个小姑娘也不一定能活,晚两个月再报户口吧!这样就等到 1930 年

1 月 17 号，一看没死，活得挺好，才报了户口。1 月 17 号就是这么来的。

我老家的住址是旅大市金县梁家店镇北苍家屯，家里有三个哥哥，还有个比我小四岁的妹妹，一共五个孩子。我八岁的时候，就立事，挺能耐了。屯里屯外的都知道，说老张家他老叔家的小姑娘真咬尖，吃亏一点儿她都不干。

我们家是贫下中农，自己有一点儿地，还租了人家一点地种。我们梁家店种花生，刨出来的花生挑大的拣出来，给日本人搓成花生米，140 斤一袋，装大粒，用筛子晃，漏到底下的是小的，上面是大的。我妈妈就领着孩子去捡花生，我也帮着我妈捡，一天能捡一麻袋。有一年到了 3 月份，人家就不用我妈了，说我妈老了，就领了我去了。我家离那花生厂有二里地，我就哭了，说："为什么不要我妈呢？看我妈老了，你就喜欢那大姑娘小媳妇啊！不行！你不让我妈捡花生，我今天大鼻涕就甩你身上。"我哭的大鼻涕就往工头穿的大褂上甩。那人姓周，他说："哎呀，这小丫头怎么这么厉害，像小疯狗似的。"等到下午走的时候，他就说："明天叫老太太来吧！"

我十岁的时候，得念书了。那时候是日本人统治，我们不说自己是中国人，说是满洲人。1945 年，我高小毕业，念了六年日本书。初小四年，高小两年。高小的时候全是日本话上课，不在屯里面上学，上梁家店读的书。天天走，往返四里地吧。带着饼子、虾皮，虾皮夹到那个饼子里头，就是一顿中午饭。自己带点我妈烧的开水，用瓶子装上。那时候没有塑料瓶，都是装玻璃瓶。我日语学得挺好，老师说我个儿矮，脸蛋又圆又红，他叫我苹果，英语叫"Apple"。我站排在最前面，叫我掐着腰，后边同学站成一排。

1945 年的 3 月份，我考到金州女子高等学校，叫"女高"，是日本人管的，在沈阳叫"国高"。金州离我家 60 里地，坐火车得一个半小时。考上以后检查眼睛，说我有沙眼。日本人可讲究了，说沙眼传染，有沙眼就不能上学了。实际不是沙眼，就是上火了。离开家住在宿舍，能不上火吗？家里头还穷，穿戴都不如人家。在三四月份的时候，就闹腾说日本要投降。我们班教室前面挂着日本的国旗，这时候有的同学上去就给日本国旗扯下来了。那时我觉悟挺低的，不知道咋回事儿呢。完事儿说日本打败了，要投降了。叫谁打败了不知道，后来说是"大鼻子"。我礼拜六回家，就把书包背回来了，在学校扔了一床毯子没拿回来。我妈说："你咋就回来了？"我说："妈，不能念了。日本国旗都叫人家撕了，可别叫我哪天死在金州。"就这么，很快就"八一五"光复了。

回来期间有一件事。我们屯长叫李春朴，罗锅，人家都叫他李罗锅。他说："你家有个姑娘，得去做劳工。"我妈说："玉仁吧，咳嗽，有气管炎，不能去做劳工。"他说："不行，那也得去。"做劳工就是上梁家店纺织厂，给日本人纺纱，我就去了。人家一看我个儿矮，就问："你会干啥呀？"我说："你叫我干啥我干啥，反正我做劳工来了，也不挣钱。"他说："你到棉纱车间去。"我在那儿干了俩月，日本就投降了，那个纱厂彻底完了。

"八一五"过后，这就热闹了。大家都说："进来了老毛子，大鼻子要了小鼻子的命。""小鼻子"是日本人，"大鼻子"是俄国人。到处都是俄国人，太野，女孩子都不能出去，不敢梳长发。要出去就得化装，剪的小短头，穿的衣裳和男孩子一样。我就剪的小孩儿头，穿的小白褂，不敢穿花花的。八月十几号那天有个地震，大家不得不往外跑，我这才和俄国人见面，但始终是小孩打扮。为什么东北把葵花子叫"毛嗑"呢？因为苏联人爱嗑。我三哥比我大两岁，他说人家都炒毛嗑卖，咱也跟着做。就是把沙子放大锅里炒热了以后再放入毛嗑，完了用筛子筛掉沙子，倒到簸箕里头，凉了以后很脆。还有花生，也用一样的方式炒。我和我三哥背着筐，一块儿去卖货，可以卖到现钱，都是苏联币，也通用。这时我是苏联人打扮，围着三角围巾，穿着蓝布大褂、黑裤子、力士鞋。我三哥一包又一包地卖，我就帮着收钱，我俩一直卖到四七年。四七年大军要南下了，国民党当时在瓦房店。普兰店以北到沈阳是国民党统治，普兰店以南就是我们那儿，是苏军管辖地区。解放军受了伤就在我们家养伤，大家都爱戴解放军，家里做了小米加豆子的干饭给解放军送去。解放军的纪律真值得敬佩，都背着小包，上面绣着为"人民服务"，我可喜欢他们了。人家叫我参军，我妈没叫我去，觉得一个大姑娘跟着一堆男人一起不好，结果大军半夜四点钟就走了，我也没去成。这时社会上稳当了，苏联和咱们中国成立了中苏友好协会，大队的村长什么的都是咱们共产党的人了。但是那时候不知道他们是共产党，那时国共两党还打仗呢。我和我妹妹两个，上梁家店镇一家卷烟厂去打工。打工到四八年年末，这时候我就累咯血了。因为我性子急，天天使劲儿卷，一天能卷 400 根，获一等功，还帮老板记录，收入挺可观的。

（二）供销合作社里的营业员

四九年春天，我有一个叔伯大姐，叫张桂秋，是地下党员，在电话局工作。因为我在村里也挺出名的，我大姐就说："玉仁呀，你别去打工了，赶紧参加革命工作吧！"我说："大姐，什么叫革命工作呀？"她说："你现在都给私人干的，这回你给公家干去，就叫革命工作。"大姐说："玉仁，我给你介绍个地方，你上梁家店镇供销合作社，当营业员去。"这一年的 6 月 22 号，是我参加革命工作的正式时间。这一天，我就到梁家店镇供销合作社报到去了，主任是刘裕生，满脸胡子。我还带了我表嫂家的一个孩子，管我叫姑，比我小两岁。她穿一个蓝色大褂，我穿一个绿色大褂，边上有三道线，穿的小黑裤，力士鞋，剪的小短头，也挺精神的。去了我说："哪位是经理呀？"那领导就说："我是，你干啥来了？"老头挺横的。我说："我是张桂秋大姐介绍过来的，让我到合作社来参加工作，说是你们这儿要营业员。"他说："你叫什么名？写一个。"拿个纸给我，我就写"张玉仁"。我妹妹叫李玉凤，也写在一张纸上让他看看。我们有个会计叫赵德彦，他说："哎呀！这位（说我）这字写得龙飞凤舞啊！"说李玉凤："这个孩子还挺腼腆的。"我说："什么叫'龙飞凤舞'呀！那就我的名，我就这么个写法。"我的嘴当时很硬。他说："哎呀，这哼哈二将。那个'哼'（指我），叫她做营业上的，管那些个乱七八糟的去；这个'哈'就做出纳，收钱。"以后我表侄女坐在里面收钱，有个小窗户，我在外面卖货。

供销合作社是 1948 年成立的，第一批就我和我表侄女两个女营业员，还有一个男营业员，叫毕少丰，是过去旧社会做营业工作的。由此，我就正式进入卖货岗位了。这里插一段。工作之前，我和家里说："爹，桂秋大姐给我介绍到供销合作社去卖货，当营业员。"那时候咱们把营业员不叫营业员，叫"栏柜腿子"，我妈说："不行！大姑娘咋能去站柜呢，还弄个栏柜腿子，不能去！"我爹挺开放的，说："没事儿，现在都解放了，怕啥呀，这都是公家办的，没事，去就去吧！"我当时不会打算盘，我爹晚上就教给我，从那以后我算盘的功底就有了。我会写字、算数，这一教吧，好像一点就透了。我说："行了，爹咱睡觉，我明天就上岗了，没问题！"在供销合作社卖东西，就是加减法、乘法，不是那么难。我爹是旧社会的秀才，字写得可好了，十里八村的都来叫他写字，还会弹琴，但是我没有继承他的这些才能。我父亲在日本时期信佛，人家说是九宫道，五二年镇压反革命的时候属于反动会道门，给我父亲判了15年。后来他表现挺好的，在里头也帮他们写字，成为"五好"犯人，减了刑。冬天冰天雪地，他给大家倒尿，结果把骨头摔坏了，劳教所就提前把他放出来了，一直活到了71岁。虽然他有历史问题，但组织上对我确实没有歧视的眼光，就是"文化大革命"也没打倒我。当然，这些全靠我自己，一颗心对事业，从来没有一个反动言论、消极情绪，在工作上一直是上进。

来到供销合作社，我马上就投入进去了。我开始熟悉业务，一样一样熟悉这些东西。合作社的性质属于股份制，那时候叫社员入股，股东就是社员，所以要求营业员要热情接待这些股东。因为人家拿钱给你做买卖，你不得热情接待吗？要笑脸相迎。这个时候我什么都卖，尺杆儿往脖子上一插，笔杆儿往耳朵上一夹，像男的一样。人家说："姑娘，你给我扯上白布五尺。"就拿那尺杆儿倒布，倒五尺。开始不会弄，剪歪了，"哗"，扯坏了。刚去的时候我不会开发票，发票上有品名、数量、单价、合计金额。我把单价钱数写到数量上去了，这不就错了嘛。我说："哎呀！快作废吧。"作废不能随便作废，要找领导。我说："我写错了，把数量写到单价上了。"领导说："嗨！说你是哼哈二将，看你干的事！"就批评我。我说："我不是特意的，一着急写坏了。"我还不虚心，不接受意见。到了晚上的时候我脑海里过电影，想的全是卖货的事儿。

这时候，领导看我表现挺好，小姑娘什么也不顾，也不觉得是女孩儿，起早贪黑，把这供销社里外打扫得干干净净的，就挺欣赏我，挺信任我的。

这时候营业员就增加了，就不是我们两个了。有一天我们刘经理说："小仁呀，你过来。"我说："干啥呢？营业可忙了，有事儿啊？"他说："有事有事，忙不要紧，叫她们先干，你来你来。"领导说："我给你本书看看。"我说："什么书呀？"是一本《怎样做个共产党员》。他说："你看完了以后有什么想法，你再告诉我。"我看书快，第二天我就找领导去了。我说："刘经理，这书是说共产党员。"他说："是呀，你愿意做吗？"我说："我愿意。那里头讲了，当共产党员不要像一条臭鱼，腥了一锅汤，我不做那条臭鱼。你放心吧，我保证能做好。我要做一个名副其实的共产党员。"他说："好！你写申请吧。"我说："我不会写呀。"他就跟我讲怎么写，什么志愿加入、永不叛党、全心全意为人民服务。我从那时才开始明白"全心全意为人民服务"这个词。1949 年 12 月 6 号我就入党了。这儿有个插曲。我们合作社上面是地方贸易公司，有党总支。党总支里面还有团总支，小吕是团总支书记，他是老区来的。有一天他拿个入团志愿书给我们刘经理，正好我在场。刘经理对他说："这个入团申请书她不用了，她马上要写入党志愿书了。"小吕还不是党员呢，他就过来跟我说："哎哟，我的小仁同志，你太令人羡慕了！我还没有入党呢，你们领导还真培养你这小丫头啊！"刘经理说："她够，她不用入团，省一段时间，直接入党。"我档案里面没有入团志愿书，直接就入党了。

入党那天，屋里罩着红布，红布顶上挂着党旗，毛主席像在中央，大红色的灯。哇！我进去以后感觉那么庄严肃穆，身上都起鸡皮疙瘩了。他们叫我宣誓："我志愿加入中国共产党……"那时候那种心情，真是要我脑袋都给呀！那样的一腔热血。那时我站在党旗面前宣誓，在毛主席像前面，无形中责任加重了，觉得我就是顶天立地的，绝没有别心，就是一心一意为着党服务。我是中华人民共和国成立后的第一批党员，入党介绍人两位：一位叫宋福英，她是女会计；再一位是刘裕生，是我们经理。

预备党员转正后，梁家店成立了梁家店供销合作社第一分社，我当了主任。我领了一班人马，独立工作了。分社在梁家店火车站边的街上，有七间房子这么长的一个场地，大牌子挂上挺醒目的。门、窗子都是新刷的油，那时候商店是折叠门，晚上得上栅板，窗户也是，弄得欣欣向荣的。

（三）实干加巧干

刚工作的时候我不挣钱，一个月给我 40 斤苞米。从五一年开始我才挣工分，一个月给我 205 分。尽管我的业务特别熟了，但是那会儿提倡在生产过程中、经营过程中搞改革，就是现在用的"创新"这个词，所以咱还得精益求精。我们每个月 30 号要盘点，那时候就叫"点货"。看你的账货对不对，账上有多少个，实际有多少个，就点这个。所有的商品，包括布匹，一千多种吧，样样都得点出来。每次点货的时候都特别苦恼。会计赵德彦得来，业务经理也来，总务也来，都上我们分社来点货。因为分社已经当了先进，这个货必须得准，不能乱了，得账账相符、账货相符、账钱相符。就是说这东西得不丢、不少、不落。每次点货弄得人困马乏的，回回都熬夜，一点就点到凌晨两三点

生活照（摄于 1952 年）

钟，领导还都陪着。这边才点完，那边又拿出来了，又得再重点。一个月一次，焦头烂额，太闹心了。我就想怎么能解决呢？我灵机一动，有主意了，把这些东西化整为零。比如说布匹，那时卖的布匹有柳花青、海苍蓝、白布、条布，108 米一匹。你说光拿手"哗、哗"地倒，倒到半道上一说话，忘了，又得重倒。我就找了个办法，就用白纸条，写上：1 米，2 米，3 米，4 米……以此类推，一直到 108 米，贴到布上。有空的时候，就把整匹布打开，倒计时，从多数往少数贴。卖的时候，从 108 开始卖，点货的时候不用再用尺杆倒了，一看贴的数就知道了。

点货当中最头疼的事，一个是油一个是酒，别的没有液体的东西了，都是成件的东西，相对好点。我们卖的豆油是用大铁桶装的，卖时把大铁桶里的倒到缸里，也不知道多少数。我就合计这玩意儿怎么整呢？我说："有了！"他们说："你又有什么办法呢？"我说："世上无难事，只要有心人。"找

来一个木匠，我那会儿手底下管的有木工、理发店、药店，还有一个烧饼铺。木工里有一个姓赵的，我说："赵师傅，你找一个两米长的四六木方，把大缸里的油都倒出来，咱们重新计量。"你别说，有一点文化就是好使呀！把缸擦干净，拿一个小水桶，先搞 5 斤，然后把杆一插，这是一根白杆，插到油里面，是不是有一道油印？拿出来后在印子上写上刻度，"5 市斤"，再拿一个小水桶往里面倒 5 斤，再标上"10 市斤"，以此类推往上标，大缸里头总共倒了 380 斤油就到顶了，这样点货一看不就清楚了吗！完了按照这个方法还做了一个酒缸的标尺。这就解决了咱们月底点货时候的困难。我把这种方法起名为"快速点货计量法"。发明了这个以后，领导也觉得省事了，会计背着包，夹着账来了，也不那么费劲了。除了自然损耗，账是很准的。我们的业务经理姓曹，他说："小仁呀，这得给你记上，这是你的一功呀！"

再说说其他的东西。虾皮一包是 100 斤，你卖了 1 斤、2 斤，都没有记载呀，还剩多少呢？这又不知道了，还得拿到秤上重新称。我说："不行，这么重得来回抬，还是得科学管理。"我就让大家闲着没有事的时候，拆大包，重新打成小包。虾皮、白糖、小苏打之类的，按照 1 斤为计量单位，100 斤包出来就是 100 包，然后整整齐齐地摆在货架上。再包一些半斤一包的，要不人家要买半斤的咋办？1 斤装的放在这一格，半斤装的放那一格。像成盒的东西，比如一盒肥皂 12 块，那就整盒不动，10 个一摆，卖零的。点货的时候按摆数，那就容易多了。

我这个人服务特别热情，干起活来玩命。我把社员顾客看作上帝，背着包下乡去卖货，扩大营业收入，扩大我们商店的知名度，方便群众。我们周边的葛麻村、旗杆底村、大黄庄，我都去过。下乡订货，订完了我再背着包给送去。往返 16 里地，一天就能走一个地方。但光靠我一个人背也不是办法，我又开动脑筋了，就去找村长："咱们研究研究是不是在你这地方做一个驻寨？做个小分店？以后你赶着毛驴车去拉，我给你货，你给我代销。"他说："对呀！"他们也觉得挺好，完事在老百姓家弄了一个店，老百姓买东西也方便了。渐渐地我们就铺开了，各个地方都有供销站，我们的供销社是遍地开花了。那时写我的事迹，题目就是：张玉仁背包下乡订货送货。我

"假小子"的名从那时就传开了。

人做一点儿好事，别人就都知道。县里头来推广，找我唠。我说："这没有啥呀！我是实践当中出真知。人都是逼出来的，好的管理方法，就是动脑产生的。你们说我这个叫事迹，其实我就是在营业实践当中吃了苦头，所以就想办法怎么样解放自己。"我那时也没想太多什么服务不服务的，以后才一点点上升到理论上面来。我记得当时县里头的领导也都来了，我们的县长陈绍景，也是"地工"（中华人民共和国成立前中国共产党的地下工作者——编者注）人员。他问我："张玉仁呀，你为什么要这样做呢?"我说："我也不知道为什么要这样做，我只觉得自己在工作当中碰了不少钉子，费了不少劲儿，得到的效果还不好。货物点不清，你说我是贪污了还是盗窃了？我还没有那个事儿。所以这些办法是我在困难当中逼出来的。"我的方法一推广，全县的合作社都解放了。旅大市（今大连市——编者注）日报有个记者杨勇来采访我，我也这么说。我们那个店一共十来个人，大家特别团结，互相关心、同舟共济、同甘共苦。他的文章中说我服务态度怎么怎么地，那是上升到理论上了。叫我"假小子"呢，主要是因为我这个人说话不在乎，干活累点也不在乎。我没有休息时间，一年 365 天我始终在这儿营业。我也不回家，过年过节回一趟家，一两个小时又跑回来了。有一次我爹大年三十晚上跑了二里地来给我们送饺子。一送送了一大盆，我们大伙一起吃，大家都特别和气。我还记得有个画我的连环画，画我怎么样关心职工。职员有病，我就去食堂特意给他们做一碗面条。还有的家庭经济困难，孩子多没有衣裳穿，我就把我的衣裳给他们穿。我记得在大连工人俱乐部作报告的时候，我就讲：对于怎么样为人民服务，开始不懂得，后来我入了党，我才一点一点懂了。在旧社会，日本人管我们，不知道我们和他们是什么关系。共产党教导我为人民服务，所以我就好好做，尽善尽美，让大家都满意，我就高兴了。

对梁家店供销合作社我真是付出了心血。我都不找对象，五二年我都24 了，人家给我介绍曲区长。曲区长就找我说："张玉仁呀，刘经理介绍你跟我处对象，你怎么不干呢?"我就说："曲区长呀，我不能跟你搞对象。你是区长，我是一个营业员，现在我要想办法好好工作。"曲区长对我的长相并不欣赏，就是看上我的毅力，看我这人正派。我这人就是这么大大咧咧的，所以我还有个外号叫"铜铃"。因为我嗓门高，每次快到办公室一喊，他们就知道了，就说"铜铃"来了。

那时我在供销合作社就觉得特别高兴，我现在想想为什么我这么高兴，为什么在那儿工作那么呕心沥血呢？我想我以前念日本书，没有正式工作，这回有了正式工作，入党了，又当了旅大市合作社系统的劳动模范，金县的劳动模范，一直是先进，对我来说很受感动。这段工作我是双丰收：一是组织上对我特别关心，培养我，想办法提拔我，宣传我；二是我的共产主义思想牢固了，共产党为人民服务的宗旨坚定了。我对党是忠心耿耿，有多大力使多大力，能拿五斤我绝不拿三斤。我觉得共产党铸就了我，把我塑造、锻炼成了这么一个人。

1952 年 3 月，我评上了大连市的劳动模范，现在算作省劳模。1953 年，经过保送和考试，我到大连工学院上学去了，那是专门给劳动模范的指标。1956 年，以我的事迹，我们单位参加了全国群英会，接替我做门市部主任的王兰香去见了毛主席。那个暑假王兰香见了我就说："张主任，快来，我得和你握握手。毛主席握我的手，我再握你的手，把毛主席的精神传给你。"

（四）保送上学与恋爱完婚

我加入了共产党，组织上看我能吃苦又有潜力，对我特别关心和培养，决定送我去学习。学习地点有两个，一个是沈阳政工干部学校，就是培养干部，将来做干部的；另一个是大连工学院附属工农速成中学，提高文化。我想干部什么时候都能当，但是一个人没有文化可不行。所以，我就选择了大连工学院附属工农速成中学。速成中学的性质就是三年完成六年的任务，包括初中三年和高中三年。1953 年 10 月 3 号，我进入大连工学院附属工农速成中学 13 班，还当了班长。我们班学生 85% 都是党员，有转业军人、先进工作者、战斗英雄。上学之前要考试，我才发现我怎么不会列算术式呢？考试题是：1 袋白面 100 斤，2 毛钱 1 斤，1 袋白面是多少钱？请列式说明。我会算，但就是不会列式子。我就在试题边上写了："老师，这个题我会算，但我不会列式。答案是 20 块。"这件事被学校知道了，他们说这人胆子真大。后来，学校给我们供销社打电话，通知我被录取了，让我过完国庆节，10 月 3 号来学校报到。9 月份的时候，我们供销合作社就为我开了欢送会。我说："谢谢领导，我学好了再回来当营业员。"开学典礼在大连工学院礼堂举行的，教导主任说："张玉仁同学，你站起来叫大家看一看。"我不明白怎么回事，就站起来了。教导主任团团脸，戴着眼镜，胖胖的，是个南方人。他就把我的卷子公布于众了，你说多寒碜人！之后叫我坐下了，他说："这个人呢，

生活照（摄于 1955 年）

胆子挺大，还非常实事求是，不会她就用话说出来了。"散了会，把我安排成了 13 班的班长。你说我哪会当班长呢？

就在那里一点一点学了三年，初高中数理化都学了。1957 年年初应该毕业，但是学校又成立了一个文科班，两年制。一合计，我这文化水平还不够，史地文学这方面还不行，中国历史我不懂，于是又继续在文科班学习了两年。这两年学得可解渴了，历史学了古代史、近代史、现代史，地理也是从国内学到国际，经济地理和自然地理都学了。语文是一位叫李代波的老师教我们，他是两所大学的毕业生，一个是中国人民大学，另一个是东北人民大学。还有一位张老师，也是水平很高。他们就讲了："一个人要想有文化，你必须坚持学习，不学习得不来文化，文化是你一点一点积累，循序渐进得来的。"我记得我们学过《孔雀东南飞》，还有《采棉花的故事》。李老师还叫我上前面给大家表演采棉花应该怎么采，夸我表演得好。

在大连工学院学习五年，我处了对象。他叫宁学芳，比我小两岁，是我们班的团支部书记。他是从沈阳工学院转到我们大连工学院的，来的时候有一封沈阳工学院的介绍信，说宁学芳同学是入党积极分子，转来后继续把他

当成积极分子培养。1956年，他在我们班入的党。他为什么对我印象好呢？因为我比较泼辣，既是班长又是大姐，只要大家有困难，我就去帮忙。平时给他们补袜子、补裤裆，哪个同学的袖口短了，我都给接上，缝缝补补吧。那时抗美援朝需要输血，有献血的同学晕了，我就给他们买奶粉。我每个月开24块钱，都是节衣缩食，省点吃的，攒点钱，买这些东西给大家用。我为大家做这些事儿，我老伴都记在心里头了。

有一天我们该上自习了，我一看我的书桌里有一封信，绿色的格子纸，上面写着"张玉仁同学收"。我打开一看，老头写的："张玉仁同学，明天晚上六点半，请你到我们游泳池台子那儿等我，我有事情和你研究。"我看完这条，也没拿它当回事。八点下课了，我就说："大家赶快走吧，走完了我好关灯锁门。"我说："宁学芳你等会儿走。"他说："你找我有事啊？"我反问："你找我有事啊？咱俩都是班委成员，你研究事儿怎么还要跑到游泳池去研究呀？你就说吧。"他不说，要明天晚上再说。我说："你这个人一天到晚整得阴阳怪气的！"我也没多想，那就明天晚上再说吧。第二天是星期六，我们只上半天课，下午半天是大扫除。我吃完晚饭还真到了那地方，想给他点面子。我去了一看，他提前就来了。他老家是瓦房店的，说话比我还土。他说："张玉仁我找你有点事。"我说："你这人也真怪，跑这儿来干啥呀？"他说："我要和你处对象。"我说："哎哟我的妈呀！你太吓人了，什么处对象？咱们还没毕业呢。你来我们班才一年多，刚给你介绍入党。你不看我多大岁数，还和你处对象？我大你两岁。"但是说实话，我也挺喜欢他的。他长得比我帅，个子高，有一米七八的个子。我说："你考虑好了吗？"他说："考虑好了。"我说："说出依据，你为什么要和我处对象，咱们班比我漂亮的有好几个呢，你怎么不和她们处？"他说："第一个我欣赏你的人品、性情，你对同学热心。我来这一年多没干别的事，除了学习以外就观察你的行为。"我说："哎哟我的妈呀，我叫你控制住了。"完了他又说我怎么怎么关心同学。他说他们男生回到宿舍的时候就议论，咱们班里有五六个大姑娘，谁没有对象。有人问他看好谁？他说看好班长，"班长人不太俊，但是她心好。她直爽、率性、肯干、平易近人，和别人不分你我他，谁有困难她就帮，我就喜欢这样的。我家里有个老妈妈，我要是大学毕业和张玉仁两个成家的话，要把我的老妈妈从瓦房店接到我的身边，和我妈妈在一起共同生活，这样我就放心了。"我说："你可要知道，我比你大两岁，现在学生中间哪有娶大媳妇的，旧社会包办的时候才娶，你不嫌我大呀？另外我也长得丑，这玩意也不能弄个假脸戴呀，领出去你不觉得掉价吗？"他说："我知道你大我两岁，我属羊，你属蛇。这些事都不用考虑。"我说："我家庭也是农村的，我父亲还有一段历史没给你讲，我父亲信过九宫道，镇压反革命的时候被判了刑，在大连劳教所服刑改造。我是在这之前入的党，要是在这以后我入不上党，我属于反革命家属。"那时候突出政治，你找对象家里有这个事儿能不告诉人家吗？他说："我都合计了，主要还是得看人的表现，以表现为主吧。"我说："这三条你可考虑好：第一，我比你大两岁；第二，脸丑；第三，家庭成分是这样。"他说："我不怕，我都看准了，没有事，重在表现。"我就说："那好吧！"他问我："你对我有什么看法呀？"我说："我对你的看法就是你比我小两岁，你是白马王子。"他长得很白，很漂亮。我说："人家都叫你大姑娘，我是假小子。没有啥。就是你家庭好像是太困难了。"他有

结婚照（摄于 1959 年）

一个妈，没有爹，哥仨，他妈妈的生活太孤单。

1957 年年初毕业的时候，我说："你毕业了你走吧，我还得再学两年文化，这玩意儿你代替不了我，我也代替不了你，学文化要靠自己。"这个时候他报考了军校，没有录取，他自尊心也挺强，不录取就不念了。我们在工农学校都是带工资在职学习，他就回到他原来所在的沈阳高中压阀门厂，担任团委书记，以后他就当领导了。1958 年"大跃进"，周总理说过一个革命化的春节，不放假。可是，我和我对象都快 30 岁了，就商量在我毕业前夕把婚结了。于是，我们就在春节结婚了。我自己拎包坐火车从大连到沈阳，

结了婚，住了三四天，又回去了。这三四天住得可不好了，我怀孕了。9 月份我正式毕业，拿到了一张文凭，就叫大连工学院附属工农速成中学毕业证。这五年那可真是黄金时光，让我从一个学日本话的小孩子，变成了一个高中生，自己也觉得文化上行了。我报考了辽大历史系，也被录取了，但是检查身体查出来怀孕了。这捂也捂不住，已经 30 岁了，想流产也不行，结果辽大历史系没上成。我哭了好几回，现在想起了还是特别后悔。

（五）改派到沈阳

我从学校将档案调回到大连市供销合作社，那里有个姓段的科长，听说我怀孕了，准备把我安排到大连市内工作。我告诉他我丈夫在沈阳。他说："那你就回沈阳市内吧，你回去等着，我把你的档案转到辽宁省商业厅。" 8 月的二十几号，商业厅给我来信了，叫我到厅里面谈，我就挺着大肚子去了。一位姓葛的处长原来在大连供销合作社工作，比较了解我的情况。他对另一位侯处长说："她是大连市先进工作者、劳动模范，在大连学习了五年，提干也耽误了，工资也没上去，咱们就给她定成 21 级干部吧。"那时我的工分是 205 分，折合人民币四十元左右。21 级干部是 62 块钱，那是个好大事，涨了好多钱。我说："给我分配到哪儿呀？"她说："原来想给你留在厅里头，因为你有文化，在厅里做些人事工作什么的都挺好的，但'大跃进'，机构合并，商业厅和合作总社合并，现在不行了。"就把我安排到沈阳市废旧物公司供销经理部做文书。

双胞胎儿女（摄于 1963 年）

干了两个月我就生孩子了，生孩子有 56 天产假，之后又回去上班。工厂给个宿舍在苏家屯，市物资局有一个托儿所，在市里辽宁日报社对面，孩子就送到那儿，我就天天抱个孩子跑通勤。六〇年，公司就提我上去做职工业余教员，讲语文课。这一年，我又怀孕了，生了一对双胞胎。

六一年搞社会主义教育，搞"落改"，把我又调到公司人事科，抓教育。一看我孩子小，住在苏家屯，就给我调到苏家屯收购站了，让我做人事经理。因为我是党员，苏家屯区委叫我参加社会主义教育运动，帮着做记录，记录完了，再汇报给财贸部的部长。后来，苏家屯财贸部门成立了一个职工联校，又把我调到那里去当

生活照（摄于1963年）

教导主任，一直干到六三年。后来，我又挂到沈阳市服务业公司，在理发照相进修班当主任，这就叫当权派了。

河北桃园搞"四清""四不清"，说社员都缝着大胯兜，往家偷东西。我这当权派也得"上楼""洗澡"，就到辽宁省工商联合会接受教育，叫我谈认识。什么叫"四清"，什么叫"四不清"？就是对社会主义认识不清、对无产阶级道路认识不清、公私路线不清、对共产党的领导没有信念，等等吧。我是刚上来的当权派，什么也不懂呀，既没贪也没捞，这就叫"小鱼穿大串儿"，给穿上了。学习了半年，又回来了，回来后又领着大家学习。我这人做事急，说话不考虑，他们就说我可专权了。"四清"的时候还有解放军参加呢，有个叫张谷金的解放军，他说："你们不能不让她下楼？她没有错误。她就是说话性子急了点，她还有什么毛病呀？她一不贪，二不占，领导你们进行企业工作，有什么毛病？"那时候有职工代表，叫我下楼，但得写检讨。那时候的一页稿纸是250个字，我写了50页。字字都得上纲上线，因为你认识不好下不了楼呀。有一件事：我们有个农场，自己养了猪，过节的时候给杀了，那时候买肉都用肉票，这回杀了猪，农场就自己分了吃，一个职工能摊一斤多肉吧。有人就给我提意见说："这违反国家政策，杀猪给我们吃，也是用资产阶级思想腐蚀我们。"人家解放军说："这算啥事儿呀，你们那农场养猪就是为大家，并不是卖给国家收购。"我说：大家说的这件事提得对，"确实是资产阶级思想当了道，腐蚀了无产阶级思想。给职工做这事儿不应

生活照（摄于 1964 年）

该，应该把这头猪交给收购站，增加点国库多好呀，我错了。"当领导就得这样，能伸能屈。职工代表是五个人，有两个不同意我下楼，叫我还得检讨。完了解放军说："得了，别检讨了，赶紧抓工作吧！都没有人干活了。"这工人代表和解放军同志才通知我下楼了。领导说："今后工作注意点方法，别这边干那边嘟囔。"早上一上班我就向大家表态，说："以后大家监督我啊，我不那么嘟嘟了。毛主席说了，'要注意工作方法'，我以后要按毛主席的指示办事。我愿意做你们的好朋友。"

"四清"完了，接着就是"文化大革命"。这"文化大革命"一来，那真是轰轰烈烈。这街上什么样的都有，有挂着破鞋的，有挂着破笤帚的。企业生产停止了，人们的思想开始乱了，当权派靠边站，派性就起来了。沈阳一共分三派："辽革站"是拥军派、"八三一"是造反派、"辽联"是保皇派。当权派也得站派，咱们拥军，就站到"辽革站"的拥军派里。刚开始一两年，社会上有打砸抢的。那时，我天天早上领着职工跳忠字舞，"敬爱的毛主席，我们心中的红太阳。"然后喊口号：要斗私批修；抓革命、促生产；毛主席万岁、无产阶级万岁、共产党万岁！喊完了以后再开门营业。因为我是当权派，有人说要给我游街，糊的大高帽，恨不得三层楼高。军代表说："不用啊，你们打不倒她。一来她不是资产阶级的人物；二来她没有那么大的权力，管一个理发照相进修班，是在公司领导下的，她的权力不大，不够走资派。走资派都是不往社会主义方向走，奔着资本主义社会去的，她没有那两下子。"那些人就说："她可能是假劳模！"军代表说："我给你开个介绍信，你到大连去调查去。"大连工会、档案馆出了一份证明，说张玉仁是 1952 年 3 月份当的省级劳模，这才平息了事态。之后，组织就找我谈，说："你不要在这个单位当领导了，给你调到粮食局去。"我说："我不去了，我要回家，回铁西区吧，我的老婆婆、孩子都在那儿。"到铁西区饮食服务公司人事科一报到，人家一看，哎呀妈呀！这是个没打倒的当权派，不能用，不敢用。就把我安排到先锋照相馆，叫我去当主任，管了不到20人吧。

接着，又开始走"五七"。我看这矛头指定朝我来的，我就说："我报名下乡。我这一辈子都是在毛主席挥手下前进的，所以我还要按这样前进到底，下乡我接受贫下中农再教育。"他们说："行，批准你。"在腊月二十九，给我准备大概有十来个草袋子，草绳有二三盘。他们来找我，说："张主任，组织同意你下乡。"我说："我知道，领导已经找我谈了，我这就走。"我不示弱，不觉得这是困难。我是农村孩子出身，怕什么！种地、播种我都会，我说这算个啥呀。我把衣服、鞋子装了两麻袋，用绳子绑好，准备过了春节就出发下乡。我很坚强，为共产党事业挨整我也不掉泪。我婆婆七十多岁了，老家是瓦房店长兴岛白沙湾的，我下乡她不能跟着我呀，我就说："妈，你要愿意回老家，就回岛里吧。"自从我结婚，老婆婆就来了，和我相处17年，最后也是我给送的终。这都安排好了，我就找军代表说："哪天走？我要带三个孩子。"军代表说："你先别走。"我说："为啥呀？"他说："还得到你爱人他们单位联系呢。"我爱人是高中压阀门厂的副厂长兼工会主席、党办主任、宣传部部长。我有点不愿意了，我说："为啥不早联系呢？我都打包好了，老太太都送到乡下去了。"他说："你先等等，过了春节你先来上班，看人家工厂放不放你家宁主任。"结果，职工代表去了，人家工厂说："你那张玉仁是什么干部，能带动我们这儿的厂级干部吗？我们下车间接受工人阶级再教育不就够了，用不着到农村去接受贫下中农再教育。我们不下，我们到工厂车间去。"把他们给顶回来了。完了他们回来告诉军代表说："张主任走不

生活照（摄于1968年）

了了，他爱人的厂子不放。"我白收拾打包了。

渐渐地"文化大革命"处于尾声了，成立了革命委员会，一点一点地我的工作又步入正轨了，调到了饮食服务公司办事组工作，一直在那儿待了十年。这期间不少知识青年下乡都是从我办事组走的，我就是他们的外交官，到各个大队给他们联系，看他们的衣食住行怎么样，房子漏雨不漏雨，火炕热不热，他们都叫我外号"阿庆嫂"。"文化大革命"结束了，"四人帮"突然倒了，对我们这些干部要落实政策，领导找我谈话说："'四人帮'的时候对你不公平，给你重新安排工作，叫你到铁西区理发中心店当经理。"我说："没有啥，'四人帮'长不了，早晚得倒。"

（六）办先进理发店

当时，铁西区一共有三家国营理发店，这是最大的一个，叫"美工理发店"。我当经理可不白当，我走到哪儿都要干成先进，不是先进我都觉得对不起自己。我看要办好理发店必须培养技术人员，不提高技术，怎么为人民服务？我说："你们这理发店怎么管理成这个样子？像旧社会的旅店似的，哪像理发店？理发店就应该窗明几净，特别亮堂。虽然老百姓进来是蓬头垢面的，可咱们是美容师呀，出去就要让他焕发精神，利利整整的。"我就和沈阳市服务局的张局长说："张局长，你得给我批点儿钱，这个理发店必须打造成省一级，特级理发店，你给投点资，搞点建设。"他说："好、好！你怎么建设？"我说："扒了重盖。要是扒不了，重新装修，我来设计。"后来给拨了钱，把理发店三层楼都重新装修的，新贴的瓷砖，装了一盏一盏特别漂亮的灯，地板也都重新整理的，大概花了几万块钱。理发店搞得可红火了，辽报的记者都去采访。后来，日本札幌市代表团来沈阳访问，咱和札幌是友好市。外事部门就给介绍到我们理发店了。那天我们职工都换了新的白大褂，两边一站，欢迎。日本人说："这个理发店很大呀，沈阳市像这样大的理发店还有几个？"结果翻译还不明白。我说："他问你沈阳像这样大的理发店还有几个？"我说："还有五个。一个区一个，五个区五个。"他们转了一圈，拿着相机"哗哗"照，省里的市里的也都在这儿照。他们走了，给我累的一场病，脸肿得那么老大，眼睛都看不到人，上火了。没经历过这种事呀，害怕领导说不对，还怕外国瞧不起，能不上火吗？紧接着理发店评上了省一级，凡是评上省一级的理发店职工工资一人涨了半级，我们店成了省里先进店。1986年的时候，我又培养一个女职工，叫董秀云，是美发女组的组长，挺肯干的，评上了省级劳模。还评了一个省特一级技师，叫何香梅。我们理发店办得红红火火的。

本来我应该是55周岁退休，但八七年要理顺工资，公司党委让我帮忙把这件事做完。因为我做过人事工作，还会算盘，涨多少不得给人家算吗，很复杂的。最后弄得挺好。工人对我特别爱戴。我儿子结婚，他们帮着我盖了12平方米一个小房，大伙说："这个忙咱们必须帮。"人就是这样，你付出多少，就有多少回报。1987年3月份我退休了，工龄一共是40年。这40年来，是党培养我一点一点地成长。有一次我在党员交流会上讲："我始终沿着共产党这条红线，一直走到了87年的3月份。我的历程是一路红到底，

1985年，与老伴在沈阳南湖公园

没有一点瑕疵。我在红线牵引下长大，从青丝到白发，一直到老。"

（七）夕阳无限好

1987年4月，我领了退休证。我们公司有个王经理找我说："老张呀，你上午退休，下午就到咱们公司卖粮油的实体去当经理。"我说："行。"话是这么说了，但我儿媳妇在1986年3月23号生了我的孙子，孩子正好一周岁。我儿媳妇说："妈，你看你也退休了，你别去上班了，你给我带孩子吧。"我说："好。"孩子挺可爱的，帮着带一带，这是体现奶奶对孩子的感

情。我就带了四个月孙子。四个月后，王经理又来找我，他说我儿子："你妈妈当了一辈子领导，在家带什么孩子，你那孩子找别人带，让你妈出钱。"我们就找了邻居王大嫂，那老太太挺朴实，把我孙子就抱过去了，一个月我给她40块钱。到实体公司以后，我一看公司管理上不行。我就说："王经理，这个买卖不行，不能卖钱，咱赶紧撤了得了，把本钱拿出来咱们再搞别的实体，粮油公司不行。"做商业工作必须周转快，卖这样的东西才行。

1988年，北京机械工业出版社在沈阳设立了一个书店，专门卖机械方面各个工种的书籍，后来也卖其他的书，还有挂历什么的。机电局有个人认识我老伴，就找到我，聘我上那儿去找补差。书店在北二路电厂前面租了一个房子，有两个营业员卖书，一个出纳员收款，我就是他们的总管，啥事儿都管。1989年，正赶上学潮，我走到半道上，学生拦着我，说不让我上班，要我参加。我就编了个瞎话说："同学啊，我不上班，我要去伺候我儿媳妇月子。"我骑个二八大自行车，他们就放我过去了。我在那儿一共干了两年，干得也挺红火，待遇特别好，什么节发什么东西，还给奖励。那时候出版社真是有钱，一个月给我150块，那时候150块不简单了。这钱是外来的钱，每个月我都存上。

老话说，人的财富不是你想有多少你就能拿多少的。在出版社干得好好的，我家老头子一下子得了脑溢血（脑卒中），我不得不回家照顾他，再想挣钱挣不到了。没有办法，把钥匙、金库的密码、现金账，都一一做了交接，最后含泪告别。临走的时候，出版社的领导给我送了那么多东西。

人这一辈子路很广，总有出路，走哪一条都能通。正好，我的组织关系从单位转到了铁西区新华街道办事处第七居民委员会。居委会一看，来了一个共产党员，手法挺高的，又能写又能算。他们就来找我："张姐，请你给我们办点事。"我说："办啥事儿？"他们叫我给写个总结。我说："你把材料拿来吧。"结果，把计划生育的材料、治安的材料、监管的大墙内外的材料、拥军的材料、卫生的材料等等，都拿来了，我就按照这些材料把总结写好了。总结写得特别好，新华街道办事处知道了，办事处党委组织部的郭金伟、刘宝霞科长上我家来了，拿的香蕉水果什么的。他们说："张姨呀，今天来走访你，你给居委写了一篇报告，咱们街道特别欣赏，请你上我们居民委上班行不行呀？"我说："行！就是我家宁书记有病，怕时间上不行。"他说："时间不怕的。早八点半上班，十一点半下班，回家给宁书记做饭不耽误。下午一点半上班，四点半下班，行不行？"我说："那太好了，行。"他说："就是尽义务，一个月45块钱。"我说："没问题，不给钱我也干。"这样，我一头就扎进居委会工作里了。

2011年，在家中接受访谈

　　我先后在新华街道第五居委会、第七居委会工作了11年。在这11年当中，可以说我对所管辖居民区的情况了如指掌，千家万户谁家的事我都知道，所以年年是先进，奖状得老了。沈阳铁西区是老工业区，这期间逐渐有了下岗工人，再就业就落在居民委身上了，所以我不能袖手旁观，就帮着他们安排，有卖菜的、有开小店的、有打春饼的、有炸香肠的、有做鸡蛋饼的……你得帮着他们解决生活困难，把我原来在饮食服务公司、理发店工作的能耐都用上了。

　　我当居委会主任的时候，对人员结构做了改革，我主张有文化的上，没有文化的退，我不怕得罪人，大伙都挺佩服我的。居委会工作一个人挣45块钱，我不甘心。我跟大伙说："咱们不是要评先进吗，大家辛苦点好不好？咱们一人拿500块钱，六个人一共3000块，投资开个小卖店，也不耽误工作。"总共凑了 2500 块的本钱，开了个小铺，油、盐、酱、醋，什么生活用品都有。哎哟妈呀！这下我们发了，这院里头老百姓都来了。因为我们的货都保真，过节的时候我们卖啤酒只收本钱，这样才能吸引群众拥护你。小卖店开成了，我们工资一个月开到 800 块，从 45 到 800，这是什么数字！大家高兴，尝到甜头了。我们居委会还帮着居民订牛奶，奶站把牛奶送到居民委，居民早上六点半就开始来取奶，我们得去看着，这样一个人也能分个百八十的。是，跟我一块干活就是累，起早贪黑，早上起来送牛奶，晚上看小卖店八点才准许走，轮流值班。但这么样挣到钱了，大伙给我起一个外号叫"搂钱耙"。我在居委会工作的这 11 年，等于又上了一次大学，社会大学，内容太丰富了。

现在我回忆自己，我很高兴。人生这个道路是漫长的，坎坎坷坷，不是一帆风顺的，困难也罢、光荣也罢、富足也罢、贫穷也罢，苦辣酸甜你都应该正确对待。我这一生面对困难我都战胜了，我没有困难。我是一名共产党员，困难到我面前就溶化掉了。什么事情你都要有"舍""得"两字。你舍自己，但你得到的是群众的关心，更重要的是党对你的培养，这就是你得到的。我从 21 岁参加共产党到现在已经六十多年了，我对党的认识是深刻的，对党的信心是坚定的。因为有共产党，才有我的今天。什么叫为人民服务，为社会服务？这个事业我还没有干完。我没有大事业，没有辉煌的事迹，非常平凡，但我觉得很知足，无怨无悔。你要让我搞航天，像杨利伟那样，我是办不到的。我生在这个社会上，一直长在共产党的领导下，到现在来说就是中国特色社会主义。我觉得在这样一个社会当中，把我最后这些年，有一分热，还能发一分光，继续为我们这个劳模社区服务。

我有两顶帽子，第一顶是共产党员的帽子，第二顶是劳模的帽子。这两顶帽子都不能扔。我这一生可以说是两袖清风，我没有贪污国家一针一线，没有徇私舞弊，我觉着自己清白、无愧，这一生就这样坦荡地走过来，挺好的。我睡觉开着门都不怕，心里面没有有愧的东西。我不要求什么高待遇。党给我这个房子，我能不感谢党吗？当初给我的时候我都流泪了，激动呀！我哪有什么贡献呀？我虽然很清贫、工资少，但是我很富有。我富有就两条，一个是党的领导，一个是党给我精神和力量。所以千言万语、万语千言，不能忘了党的领导，还得拥护共产党，这是最主要的。现在我们劳模社区活动可丰富了，春节走访困难户，三八妇女节召开妇女大会，五一劳动节举行劳模座谈会，六一儿童节搞"大手牵小手"，七一党的生日开党员座谈会，八一建军节组织解放军座谈会，九九重阳节组织老年人过节，十一国庆节搞歌颂祖国。我在这儿担任党支部书记，要继续做下去，一直做到最后。

九、刘亮卿："保卫工厂，工厂就是家"

访谈者：姚力
受访者：刘亮卿、刘亮卿老伴
访谈时间：2012 年 8 月 23 日上午、晚上
访谈地点：沈阳市铁西区工人新村劳模楼

[访谈题记] 刘亮卿，中国人民解放军三三〇一厂退休工人。1957 年，他在从军期间，获得中国人民解放军总军械部授予的先进工作者荣誉称号。从部队转业后，1959 年至 1992 年，他一直在中国人民解放军三三〇一厂从事枪械的维修、校正工作。他性格内敛，不善言辞，但当拿出至今仍保存完好的获奖笔记本时，眼里流露出熠熠光辉，仿佛变成了当年英武、帅气的人民解放军！

刘亮卿（以下简称"刘"）：我是 1935 年 9 月生人，老家在河北省衡水地区安平河曹村。1951 年因为家里生活困难，到了辽宁北镇投靠亲戚。1952 年我到北镇造纸厂工作，1956 年 2 月应征入伍，走进了解放军这所大学校，这也是自己的理想。我参军的地方在吉林省四平市坦克三师修理营，因为是技术兵，所以先在教导班学习技术。在我心里有一个想法，就是军人的神圣职责是保卫祖国，自己一定要学好本领、学好技术。我们有个班长叫谢世本，是四川人，他讲课的时候要求特别严，大家必须集中注意力，如果没听明白再问他，他就"嗯？"不再告诉你了。所以，我每次听讲都特别认真，争取一遍就听会，这是对我们很好的训练。由于我勤学苦练，半年完成了一年的学习任务，掌握了武器的维修、检查、校正等各项技能，包括比较难的珐琅技术。经过考试，以优异的成绩被定为三级修配工。当时考试既

考理论也考实践，要求做一个骑枪的抓弹弓，六毫米的铁棍，三榔头下去就得做好。那榔头得抡起来，要不打不出来，刚学习的时候打不准，手都打肿了。那时候训练严格，干各种活都有标准姿势。以后我到工厂，大伙都说："你看人家姿势多标准！"

在领导和战友的帮助下，我技术进步很快，还搞一些小革新，一心就想着怎么为部队服好务，想方设法把工作做好。一有任务来了，抓紧一切时间，白天、黑夜地干。那时候连队的装备要按时送到我们修理营来维修，为了节约战士的时间，我主动下到连队去，确保装备完好，保证战士熟练手中枪，打得准。这一年我被评为师里的先进工作者，在军旗、团旗下照相，相片挂在师俱乐部里，受到了师首长的表扬。11 月，又获得了沈阳军区装甲兵先进生产者称号，从四平到沈阳开的表彰大会，奖励了一个笔记本，还有一个厚秋衣。获得这个表彰，觉

生活照（1956 年春摄于四平）

得很光荣，这也是领导的信任，觉得更得好好干。1957 年 5 月，沈阳军区军械部通知我参加沈阳军区代表团到北京开会，大会的名称叫"全军军械先进生产者会议"。我们代表团大概有三十多人吧，一起从沈阳出发，到北京住在总参第三招待所，当时心情是非常高兴。彭德怀元帅、王树声大将参加了大会，彭德怀元帅个儿不高，很敦实，嘴大，讲起话来哇哇哇，底气足。王树声大将个儿高，是总军械部部长。在座谈会上我谈了自己的工作情况，向首长汇报。5 月 7 日下午，通知我们说中央首长要接见，要求不许带任何金属器具，用大客车把我们送进中南海。我们都到接见的地方站好，看见毛主席、周总理、刘少奇、朱德、陈云、邓小平、谭政、粟裕等中央首长从怀仁堂边上走过来。当时，不知道毛主席接见，只知道中央首长接见代表。毛主席穿得很朴素，先和工作人员唠了唠，意思是询问这是什么代表。我们心情特别激动，主席的接见是对我们最大的鼓舞和鞭策。在北京待了一个多星

期，还安排我们参观了十三陵、颐和园。开会回来，我思想上发生了一些变化，觉得责任大，工作上更加努力地干了。

1959 年 1 月我转业，到沈阳军区兵役局报到，分配到三三〇一厂二车间，也就是修枪车间，专业正对口。刚开始从部队到地方有点不适应，人有点散了，衣服最上面的领口不系上也没人管了，当兵的时候多规矩呀。我在当兵的时候一个月津贴是六块钱，退役的时候是四级工，转到地方一个月工资是五十四块九毛六，当时在当兵转业的里面是最多的，别人才三十多块钱。但是后来一直没涨过，一个是因为"文化大革命"不给涨，另一个原因是我工资比较高，让了好多

次。在厂子工作每个月按车间领一次任务，然后分到各个班组，除油、分解、珐琅、组装、校正，每个班组干一道工序。我属于综合工种，各个环节都了解，后来主要干校正。厂子有专门的靶场，子弹一箱一箱搬出来，一天不知打多少。试射的靶场这边有人，那边也有人，两边通电话，是偏左、偏右，还是偏上、偏下，然后再调整、再打，什么时候打准了才行。我在三三〇一厂一直干到 1992 年退休，年年是先进。那时候身体好，能干，不甘于落后，就想争先进。

刘亮卿老伴：我们是一个县的，他当兵的时候我们的事就订下来了。他当了三年兵，我就工作了，等他复员才结婚。说是结婚，其实就是领个证，连个新被子都没买。在他退伍之前我去了趟四平，到他当兵的地方看了看，我们在四平照了一张合影。

他不会疼人，我去他们部队探亲，在四平下了火车还要往山沟里走老远，他都不去接。我雇了个三轮车，蹬三轮的是个老大爷，我不好意思坐，下来帮人家推车走到他们部队。部队条件挺艰苦，吃高粱米饭，住的房子冬天可冷了，洗的碗扣到桌子上第二天都拿不下来，冻上了。我在纺织厂工

生活照（摄于 1960 年）

作，三班倒，也挺辛苦。所以，我们能走到一起，也是因为同命相连。我赶不上人家（指老伴），不会说不会笑。他一辈子就知道干，别的心眼啥也没有，现在他耳朵背就是试验枪震的。他就是以厂为家，家里事儿啥也不管，认为家里事儿就是女的该管的。"文化大革命"刚开始的时候搞武斗，打枪、放炮，谁不害怕，人家都往家跑，他往厂子跑。我们两个孩子，住着厂子平房宿舍，"啪、啪"放枪，挺危险的，他都不管，抬腿就走，头都不回，那心可狠了。孩子睡着了，我把他们靠到窗户台底下，怕冷枪打着孩子，一宿都不敢睡觉。我拿他没办法，他的话就是："保卫工厂，工厂就是家。"要不现在想起来我还气得直哆嗦。武斗的时候社会特别乱，粮店都不卖粮了，后来三三〇一的职工拿着枪出来维持秩序，在粮店站岗，这才行。哎呀，咱们那个年代各家都那样。他可珍惜他的光荣历史了，这个奖励的笔记本一直把着不让孩子用，来之不易呀。当兵时他的军大衣也留了好多年。原来我们家别的没有，三三〇一厂的奖状得老了，满墙都是。

刘：在"文化大革命"刚开始的时候社会上很乱，工厂的造反派都拿着焊的扎枪头子，就是把刺刀焊在铁管子上，

夫妻合影（1959年1月11日摄于四平）

1979年，荣获"厂先进生产者"称号

很快没过两天就拿上枪了，外面的造反派还要来厂子抢枪，我们得保卫工厂。我是厂子的基干民兵，还是业余消防队员。当时，俺们厂子基干民兵有六七十人，都是棒小伙子，训练还挺严格呢。我是我们车间喊口令的，打靶打得比较准，都是优秀。所以，枪一响就得往工厂跑，必须保护工厂。厂子的炮、机枪都架上了，他们后来没敢来，害怕了，所以也没有伤人。我们那时候上街游行，三三〇一的大旗一打，哪个也不敢靠边，真威武。当时，各派都打着保卫毛主席革命路线、无产阶级革命路线的旗号，各派之间互相都说对方不革命。工厂停产了一段时间，后来就稳定了。

"文化大革命"之后，80 年代厂子盖了家属楼，按工龄排号，我们就从小平房搬上楼房了，那时候心情真高兴，生活比原来方便多了。现在给这个劳模楼是自己申请的，然后领导来家里审定，这是国家还没忘了咱们。现在生活比过去提高了很多，但是咱家跟别人家比还不行。家里没有一件像样的家具，这凳子、桌子都是我自己钉的。但是我还是挺满足的，房子多敞亮，咱不和别人比。

我这一辈子工作四十多年，都是和铁块子打交道，所以只会干，不会说。

2012 年，老两口在家中接受访谈

十、杨玉环：从童养媳到劳动模范

访谈者：姚力、孙庆忠
受访者：杨玉环、肖春华（杨玉环老伴）
访谈时间：2007 年春节、2012 年 8 月 20 日晚
访谈地点：沈阳市铁西区工人新村劳模楼

[访谈题记] 杨玉环，女，沈阳市于洪区农电局退休工人。旧社会，她因家庭贫困，被卖做童养媳。中华人民共和国成立后，她的命运彻底改变。她把对党的感激转化成坚定地跟党走、积极响应国家号召的力量。在党的培养下，她从合作社里的"铁姑娘"成长为妇女队长，20 岁时担任了沈阳市皇姑区北陵乡上岗子大队书记，并被评为辽宁省农业战线劳动模范。令人惋惜的是，她在"文化大革命"中受到冲击，此后身体一直不好，没有再延续昔日的辉煌。

她是本书口述采访的第一人，也是采访者与其他受访者之间的联络人。她为人热情、豁达，虽然没有太高文化，但情商极高，对问题的理解能力、记忆力，以及语言表现力都远远超出一般人。她所讲述的童养媳生活以及中华人民共和国成立后的成长经历，都十分生动、鲜活、感人。透过她个人命运的起落，我们可以真切地感受土改、农业合作化及"大跃进""落改""文化大革命"等乡村社会变迁的图景。

（一）

我是 1939 年出生的。我们家从我记事开始，一直住在沈阳市北陵乡上岗子村。听我母亲说，我们家是满族，祖上是守皇陵的，正黄旗。我妈是汉族，我爸是满族，爷爷奶奶肯定是老满族了。

沈阳市皇姑区北陵乡上岗子大队，是沈阳北部的近郊区，紧邻抗美援朝烈士陵园、沈阳体育学院，原来一直以蔬菜种植为主业，是沈阳城区主要蔬菜供应地。近年来，随着沈阳城区的扩张，已经由农村转变为市区。

那时候生活不富裕，咱家就更穷了，房无一间，地无一垅，家里啥都没有。我爸是气管炎，咳嗽，那时候叫痨病，累伤的。他是木匠出身，是手艺人。他一有病不能做工，这个家整个就没有办法了。别说治病了，生活也是吃了这顿没那顿，身子都不能热乎。我们姊妹还多，大哥大姐就都出去做工了。大哥是北陵飞机厂的学徒，他学的是飞机仪表技术，后来生活太困难了，就到山东庙（地名）当警察，为的是一个月挣 90 斤高粱米，养家糊口。我大姐出嫁后，家里就剩七口人了，二哥、二姐、我、小妹和小弟，这五个孩子，过得非常艰难呀。生活怎么办呢？就是挖野菜，吃糠咽菜，这就甭说了。夏天挖野菜，做小工。人家种地了吧，拔草薅苗，咱就去，我爹也去，我妈也去。今天挖这个苣荬菜，回来用水生上，明天我哥挎着上市里头卖，卖点是点。再一个呢，上北陵，砍点松树明子，市里头生炉子还不得用这个？卖那玩意儿。我妈针线活好，给人做穿活，要看这个人，中等身材，要做个棉袍，用拃一量，做好穿上正合身。还做布袜子，做这些个手工。我

1959 年，在上岗子生产大队部前

们就这么围拢着，那也就这顿接不上那顿，晚上饿得睡不着觉，我妈就给讲故事。这一点我很佩服我妈，我也应该向我妈学。孩子晚上饿得睡不着，那妈妈心里啥滋味？确实难哪！但是我妈她还告诉我，人活着，不兴赖事，一定要做好事、善事。

1948 年，实在没有办法，我爸我妈就把孩子处理了。处理谁呢？小子（男孩）谁要啊？就处理丫头吧。我们姐仨，研究来研究去，二姐、小妹和我，让姐仨逃命去吧，谁能走出去，能

混口饭吃就能活过来。这就把我二姐给了老徐家做童养媳，他们家能吃上饭，有一亩多地，三四间房，还有一辆马车。玉兰小妹，两岁半，虚岁三岁，她生得小，给了"土蝉刘"。他是菜园子的把头，给人家大地主看菜园子，现在叫技术员了吧，那时叫"把头"，外号叫"老土蝉"。他两房女人都没生育，玉兰给了人家做养女了，粮食也没给。送她的时候，她拼命地号啊，脑袋也磕破了，现在还有个疤。像我和我二姐呢，换了粮食吃了。老徐家给的高粱，给多少不知道，我是给的100斤黄豆，就这么卖出去了。

我给的是西街老何家，给他家老三做媳妇。老何家可是个大户，但这家差多了，后来就是个佃富农成分，但是城里有买卖。老二两口子在城里开煤局，卖煤球。老大是北陵飞机厂厂兵，走的官线。老大、老二都独立了，却没分家。家里头老太太和二大姑姐何秀兰掌管家业，老太爷早死了。雇了几个做活的，有大车，那都是二套马车，双套胶皮轱辘车，那还了得了。怎么把我给人家的，怎么讲的，这个不当我面说，我也不知道。人家明天就来娶人了，这才和我说。四八年，过完年，我才九岁。妈说："不是妈心狠哪，孩子，这是没有办法，是让你们逃命去。人家家里都过得挺好，好赖给你碗饭吃。你到那儿要有个眼力见，多干活、少说话。有点眼力见儿，人家不是就喜欢你，多给你碗饭吃，让你吃饱点。"这妈呢，就是嘱咐这点事。那时候本来就封建，八九岁的小女孩，一说起做媳妇，多砢碜呀，又要离开家，谁情愿去呢？心里头就像怀揣小兔子似的，扑通扑通总那么跳，也不知是怕什么呢还是害臊什么，说不好那滋味，心总是那么怕。第二天来接人的是老何家太太，就是婆婆，她那时候五十多岁，四个儿子，三个闺女，我嫁的是老三——何国山，他底下还有个妹妹，跟我一般大，一个弟弟叫国胜。妈说："跟你婆婆去吧。"那就去呗，就开门跟人家走了。这个时候，记忆最深的就是我二哥。这个二哥吧，我跟他感情非常深，二哥的话这几十年我还记得呢。走到大门口了，我妈和我二哥送的我，我爹身体不好送不出去。我妈不得跟人家老何太太告别嘛，我二哥拽我的手说："三妹，你去吧，咱家穷不能总穷，总有出头露日的那天，等咱家过好了，哥一定把你接回来。"我说："哥，你可别忘了，等咱家好了，你可一定接我去。"他说："肯定接，你

1958 年，与友人合影（左）

放心吧，三妹，咱家好了哥一定接你去。"我二哥属狗的，才比我大六岁，这话说得多有远见呢！后来他也是个好党员啊，死的时候全厂给他开追悼会。

到人家里，别的就不用说了，咱就得按妈讲话，要有眼力见儿，多干活少说话，哪句话说不周了，惹到人家，就麻烦了，要学着懂事。按着我的年龄，能干啥就干啥，扫个地、打桶水、烧个水、泡个茶，就干这些零碎活。整个活，像做饭，都是大嫂的。大嫂要做饭的时候我就掏小灰，掏好了，把柴火抱进来。大嫂开始做饭了，她干锅上的，咱就干底下的。但是快到秋天的时候，又加活了，看地、轰鸟，回来还得割捆草喂牲口。那跑来跑去的，小孩能不饿呀？饿，有一天我就回来了，老太太在忙啥呢？玩纸牌。几个老太太，还有何七奶奶，她们一看我回来了，瞅瞅我，啥意思？怎么这时候就回来了？我就赶紧洗洗手，到屋里倒个茶、装袋烟，我想拿扫帚再扫扫地，她们嗑了一地毛嗑皮。底下老太太就发话了："小环，你回来干什么呢？"我说："没啥事，就是回来看看有啥活没有。没啥事我就回去。"她说："锅里有大饼子，你掰半个拿去吃吧。"我就是为这个大饼子回来的，一听挺乐呵，抱着大饼子跑出去。那时懂事，真懂事，但是眼泪掉多少就是自个的事了。怕挨打、饿得心里头发慌、想家。哭，自个哭呗，谁也不知道，这眼泪自个往肚里咽。我回家不说，为什么呢？哥哥答应了，出头露日那一天，咱家好了就一定接我，那就盼着呗，妈说了为了活命，就寻思这个。

沈阳解放前几天，国民党逃跑，这堡子的人就上飞机厂去抢东西。我们老太太多眼热呀，出高招了，告诉我："小环子，你也去捡值钱的东西。"我不敢吱声，心里害怕呀。那国民党多厉害，我们以前挖野菜，拿着枪把子恶对着我们。什么玩意儿值钱，也不知道，那就去吧。去的都是胆大的，一般都是男的，小伙子，飞机轱辘往回骨碌，后来做马车轱辘了，还有扛布的。我就在后面跟着走，走着到了厂子门，那时也没有人管了。往里头走，我就害怕了，赶紧就进小楼了。没有啥玩意值钱的，我就看见绣花鞋了，国民党太太穿的那绣花鞋太漂亮了，高跟鞋、凉鞋、绣花鞋。我就划拉这双，划拉那双，划拉一堆鞋。人家书架那格上，花瓶好看，可漂亮了，那时我哪见过呀。还有人家刚喝完茶，碗里还有水。我一看这杯子可漂亮了，好看，就整点这玩意儿。这一堆也拿不了，咋整？拣吧拣吧，拎个白铁盆，装了一盆，还舍不得

1963 年，三八节留念（后排左）

扔。那花瓶，玻璃的，多沉哪，也拿着，搁到底下，装这么一盆大花鞋，别的不能拿了。我就趔趄趔趄，把肚子往前挺着，抄小道就回来了。老何太太寻思我给她拿什么值钱东西，她在那个房后头，挺远的用手挡着看我端一大盆。越来越近了，我看她脸色不对劲了，不乐呵。一看这一盆鞋，没什么东西，她就来劲了。老太太想发这财就没发上，我没给她拿回来，一下午都不高兴，不吱声。我总记着在老何家这段。

　　讲到解放，这里边有个事。有天晚上，有三个人突然上我妈家里去，很晚了。那时胡子多，怕抢呢。我妈寻思是胡子，开了门，说："你们有什么事？""没什么事，走得饿了，有什么吃的吗，给点儿。"我妈说："家里啥吃的都没有，老头有病，起不来，晚上我们也没有饭吃。我给你们烧点水喝，行不？"有一个人就出去了，水烧开后我妈给倒上，这人就回来了，拿来半袋米。我妈一看拿回袋粮食，就说："我这就做，很快。"这人说："老太太你不用做了，我们还要赶路，喝点水就走，这点儿粮食留下来给你们吃。老太太，以后就好了，用不多久就好了。"这仨人就走了，我妈不敢出来，等他们把门关上走了一会儿了，我妈出来看看，这仨人往北走了。后来，我妈跟我爸说，这是密探，八路军的密探。又蹭了那么几天，有一天晚上，我收拾

外屋，刷碗呢，我爸去了，穿着补丁摞补丁的长棉袍，这我现在还记得。挺冷的冬天，下大雪。我说："爸，你咋来了？""我找你们老太太，跟你们老太太说说，你妈要上北关你姥姥家去躲两天，要光复了，要我来接你，你想去不？"我说："爸我可想去呢，愿意去，你好好说说。"老太太听到外屋说话，就从里头出来了。我爸说："亲家奶奶，挺好啊？""来了。""亲奶奶，我来有点事儿，她妈想上市里头，上她姥姥家躲两天，想把小环带上，我想跟你说一声，就让小环跟着去，您看行不？"这老太太打个招呼就不吱声了。我在底下拽我爸的衣襟，我不敢起来，还得在灶坑那烧洗碗水呢。我心里想："你好好说，多说两句。"完了我爸又说："亲家奶奶，是这么回事，想把小环带回去，她妈上北关住两天，回来我再给你送回来，早晚也是你们人，我说哪办哪，是吧。另外呢，她妈也挺想她的。"这老太太还不吱声，不少工夫了，才说了句话，"走就走吧，那你说话算数啊！"就这么两句话。我爸说："是，亲家奶奶，我说哪办哪，过两天太平了，我就给你送回来。"我那心里高兴透了，我一下子就站起来，说："爸，走啊。"碗也不洗了，站起来就要跟爸走。老太太扭过脸就进屋了。

那天回来，我妈就带上我上我姥姥家了。我姥爷没有了，姥姥跟大舅过，大舅对我们不好，二舅对我们好。可二舅穷，跟我们一样。但过年的时候，二舅买一个猪头，他留一半，砍一半，到上岗子给我们家送去。大舅那时候叫资本家，开个冰果店，人家有股份。那时候我告诉你，有钱人看没钱人，就是另眼看待，不管亲情不亲情的，他划得可清楚了。我妈带我们一进院，他就说："小环，你怎么带个小环？你让她跟他们老何家得了呗！"这几十年了我一直还记着这个话。后来二舅家收留了我们。我二姐没去。老徐家那家人，当初说的时候都挺好，也算说得挺和气的吧，不是说买卖、交易，这也算作一门亲戚，人家也承认是亲家了，可是你看，逃难呢，不让我二姐走。他们一家都跑了，老太爷让我二姐在家看家，说："小玲，你在家看家，俺们上城里你大姑家那儿。你呀，别咋走，你就靠着这柜子坐着。"她就看家，没让出来。这都事后了，我妈唠我才知道。没想那天晚上，八路军进来了，沈阳就解放了。第二天早上，他们就问："小鬼，你们家人呢？""都上城里啦。""你咋没有走呢?""他们不让我去，让我看家。""咋让你看家?"二姐就说了，怎么让她靠着柜子坐，怎么看家。人家八路军就没惊动，就问:"那你吃饭了吗?""没有"。就给她盛了碗疙瘩汤。就这样解放了! 那天晚上，那雪下得大呀，白菜都冻到地里头了。我们在城里猫了几天就回来了，回到堡子里。那以后就不去老何家了。

（二）

一过了年，家家户户男的去开会，开会就写牌子、木头桩子，写着姓甚名谁，下头就放粮，完了钉桩子，分地。俺们家分了一坰（十亩）地，还分了三亩不好的，在壕沟外的坟圈那里，只能种荞麦，这日子就好了。四九年就开始种地了，种地了就不上人家受那个气去了，也不看人家脸色了。心里头高兴劲就别说了，高兴啊。谷地自己种了，求人换工差具，就是你家有犁我家有马，合着干。我们自个薅草，薅得细呀，这大谷穗长得，猫尾巴似的，那庄稼长得太好了。妇女也开会，动员下地生产、劳动，你看过《小女婿》吧，刘巧儿都得下地劳动、生产，平等权利啦。我还记得大家分粮。张玉芳他家有钱有粮，但粮食、好东西都拉到城里去了，人都走了，家里剩下老太太和我二姐。这个二姐是我大姑的女儿，原来也是童养媳，后来上了头，但他当家的娶了二房，让她住磨房，挺受气的。来了个八路军小丫头，那时候穿个灰衣服，拿个小夹子，还有笔。到了老张家，告诉我们说:"粮食往外拿，往外搬，有啥拿啥"，谁也不吱声。我记得我二姐说:"就这些了。"我听了挺生气的，心想:"你怎么还向着他们说话呢?"小八路说:"这是什么粮食? 好粮食呢? 往外拿。"就从柴房里往外扛，外头铺着席子，粮食都拿出来了。

1952 年成立初级社，1955 年冬天，就合作化，入社了，走合作化道路了。开始入社，我二哥入了，我妈也入进去了，那都是自愿的。那时候，有钱的不愿意入，愿意自个儿干。我愿意入，工作队登记，写单子，人家告诉我:"你不行，才 15 岁，不够 16 周岁，不到入社年龄，不能入。"我就说:"我今年不够，那这冬天能干活吗? 你不得到明年才干活吗? 到了明年春天我不就 16 岁了？不就够了？再说，菜园子这活我都能干，拔草薅苗的，都能干。"我的个儿挺高，就这么地给我写上了。不两天，就正式批准下来了。批下的单子上写着有谁谁入社，我就入社了。五五年冬天，我就入社了，就参加革命了，这就又进了一步。我就想，可得好好干，在队里服从领导，队长让干啥就干啥。就干呗！先是小组长，领着妇女干活，派干什么的，这不算啥事儿。五七年又选我当妇女队长，管妇女工作。妇女有啥事就去找找、问问。队里有四个队长吧，得轮流值班，一个晚上一个，打更。那一年夏天，赶上我的班，有个偷牲口的。我拿手电晃着晃着，偷牲口的在牲口圈后头的那个空地，他听到有脚步声，有亮光，就从牲口圈往那儿跑。那个人个儿也挺高的，我听见跳障子跑的声，这是小偷啊。我跳不过去，就顺着跑，前面是一片茄子地，我顺着跑，喊："站住，你给我站住！"我跑到茄子地里就可以出去了。过了那沟，没撵上人家。五七年就有高级社了，当时我们社叫"前进集体农庄"，不叫"前进人民公社"。那时开会特别多，有时候是总支会，有时候是共青团的会。晚上开会回来，得走八里地路，还穿坟地。那时候不知道害怕！我啥思想你们知道吗？就是报恩思想，别的不明白，当家作主了，党说啥咱就干啥，好好干，没有共产党就没有我今天，我今天自由自在了，我就满足了，就这思想，不懂害怕，不怕一个人走黑道，就是走。

五八年我就上大队当队长去了。"大跃进"起早贪黑地干，都得干到半夜。政策一下来，工作队一来一宣传，咱就带头呀，一干就干到半夜。翻地，那是冬天，把那生土都翻上来了，那是缺点，是错误。那时心里头充满了乐，兴奋，怎么干力气也干不完，我总有力气。干什么都高兴，在地里歇气的时候，看见有块粪，赶紧按到苗根底下埋上，那心里头，也不嫌脏，像这时候，走到大粪坑边还得捂嘴。你说开会开到多晚，没有说是我累了、困了，不知道那时哪来的精神、哪来的劲头。党就给你这个精神、劲头，就是这么干的，没有累的感觉。

1959 年"落改"，改造落后地区，阶级斗争激烈呀，晚上拿砖头砸你。有两次，他不敢出来跟你当面干。有一回，我从小队开会回来挺晚了，走到快到家的时候，道前头拐角处有个露天厕所，就从里面扔出了半块砖头，我就一个人呢，你说我这小丫头胆大不？我说："有能耐你就出来，暗中伤人算啥能耐？你这个砖头不一定打死我，你出来！"一点动静没有，我也没有再敢过去，我站了一会，喊了一会，没有动静，就回家了。还有一回，"社教"运动开会，散了会我就先出来了，走到上岗子印刷厂，前边是一片小松树林，那天晚上没月亮，又有大半块红

1959年，与两名下放干部合影

砖头扔出来，我靠着北边走，北边有一个墙头似的土埃子，这个砖头扔出来的劲不大，在我脚下骨碌骨碌滚过来，我一瞅，红砖头，就站住了。我说："是谁？报个姓名！出来，要干明着干！"我觉得村子里头吧，没啥坏人。但是你要知道，不是呀，五九年"落改"是又一次农村阶级斗争。

1960年，合影留念（后排左四）

五九年"落改"时何国山来找我，他哥被抓起来了。那时我是大队长，他在辽大化学系上学。我问他："你吃饭没？"他说："没有。"我就说："一块儿吃吧。"也没啥招待他，只有苞米面粥，他说："挺好的。"他挺和气，就吃呗。吃完了我得上大队开会去，我们俩就出来了。他说："你送送我呗。"我说："送送呀？"他就说："唠扯唠扯呗。"我说："也行，开会也赶趟。"我们顺着道往南走。他话里话外想问的是堡子里运动的事，因为何忠义是他家

族的大爷，他是富农，我们这里没有地主，成分已经很高了，被圈进"虎穴"了。何国彦是他大哥，有历史问题，是国民党的厂兵。另外，他还牵涉一个问题：大嫂死了。她娘家姓项，传出话来，说老项家老头子在女儿坟前没有哭，说她死得冤，要是哭怕是以后没有翻案的那天。所以我们把何国彦作为一个怀疑对象，后来又联系到他姐何秀兰，怀疑她出主意，药死大嫂。这些事他都想打听打听。他问我："运动搞得怎么样？"我说："挺好的，挺深入的。""事情都真相大白了吗？"我说："正在调查。"他又问："我二大爷和我大哥怎么回事？"我说："现在怎么回事不好说，还没有调查清楚，还没有结论下来，还在调查呢。"他没吱声，就问："咱俩的事怎么办？"我说："咱俩啥事？"他说："你说没结婚就离婚，这好吗？"我说："谁跟你离婚？你还是读书人呢，《婚姻法》你学没学呀？我还跟你离婚？谁跟你结婚，谁跟你离婚？你要想算这账，我给你家扛活怎么算？你剥削我的，你算哪条上的？"他说："我就是说说问问，你还跟我急？""不是我跟你急，你还是读书人，你太不懂政策了，回去好好学习《婚姻法》，看童养媳那几条是怎么规定的，完了你再回来找我！"他说："我以为没有结婚就离婚……"我说："谁跟你离婚，我跟你结婚了？"我说："今天咱就谈到这儿吧，挺晚的，我要开会去了。"这他就捂着肚子说："我有点肚子疼。"我说："你咋肚子疼呢？""谁知道呀，我也没吃什么，就去你家吃饭了。"我一听，他这是吓唬我、威胁我呀。我说："我告诉你何国山，你是辽大化学系学习的，你要想回学校用什么化学东西，我们全家都有证实，你在我们家和我们吃了同一锅饭，苞米面粥，我们都吃了，你别来这招。"他说："我就说说，我咋肚子疼呢？"我说："我咋知道，你肚子疼就回去上医院呗，我要回去开会了！"我急了，声也大了，后面民兵连长张志远的脚步声也近了，他说"那就算了吧"，就走了。

我跟他再一次见面是六一年。我去辽大毛泽东思想研究班脱产学习，一年半。他在化学系，我在哲学系。一天我从楼上下去干什么，他上外语系来，我下楼梯时一瞅，他看到我了，我也看到他了。他说："呵，你怎么上这儿来了？"我说："这大学别人不兴来吗？就兴你来？"他问："啥时来的？"我说："来老长时间了"，又问我在哪个系，我说："哲学系，毛泽东思想研究

1961 年，辽宁大学哲学系毛泽东思想学习班留念（后排左二）

班"，我说："从此以后，咱们就什么都没有了，整个结束了，你活你的，我学我的。"他没吱声就上楼了，我就下楼了。这是最后一面，以后我们谁也没再见谁。

我是五九年辽宁省农业劳动模范，可登记表是六〇年的，因为当年 1 月 5 日开的会。市里农业局主任来电话问我，报当时成绩主要是什么，我说也不知道呀，没啥成绩，就是上孟家店防汛，想起这么个事儿。那时候孟家店要开口子啦，公社给通知，咱就派人去，我是突击队队长，妇女队长，青年积极分子。上岗子突击队，我扛着红旗去呀，咱就去堵河口子。正赶上来例假，跳河里过肚脐的水呀。人家不知道你是男孩子、女孩子，那时连塑料布也没有，换了七回衣裳。再就是我们家北三小队打电井，挺冷的天，我们一共 16 个人，分两班，我是大队干部，七天七宿没回家，就在工棚里打井，拽、砸，打上水来了，就买水泵，装机器。

那时候就想当家作主了，你做人了，要一步一个脚窝，好好干，做个人样。要做人就得站得直、走得正，这是做人的本分。那时候能干，赶毛驴车捡粪，人家叫我"假小子"，挺泼辣、挺能干。可为啥干呢？自个儿心里清楚，就是报恩，报谁的恩呢？共产党呗、毛主席呗。毛泽东思想教育的，别说脏、累，就说对人的态度呀，该叫大嫂的叫大嫂，该叫大姐的叫大姐，该叫大哥的叫大哥，对人要尊敬。人家一看这小丫头对人也挺尊敬，干啥挺积极的，就培养你。当时黄树仁、陈淑兰这些下放干部，一点不摆干部资格，人家政治思想水平都很高，像我们这样的青年，总是培养。那言语，人家一说，说得你更是高兴，更得好好干。这些干部特别关心我，我上公社去开会，晚了，没有车，就得从北陵里头走，那下放干部说："玉环呀，你回来时给大队来个电话，我们接你"，北陵那头公共汽车站离我们村挺远的，接我。还有一回，在实验中学那儿，碰见一个醉鬼，就奔我来了，人家郑永

1966年元旦，出席沈阳市六届一次
人代会留念

年，也是个下放干部，一把手就给我拉到脊梁后了，老郑这个人个子高，团市委的，人家对咱们确实培养。

我是1956年4月份入团的，1959年2月24日入党。要入党了，睡不着觉，高兴得都掉泪，感动的。批准我入党，那时的心情太激动了。那种滋味吧，我说比上老何家去的心情还复杂呢，你不知道是乐还是难受呀。总觉得一天书没念过，苦出身，做童养媳出身，一点文化没有，一下就要成为一个中国共产党党员了，我也整不好那滋味，那激动劲儿。宣誓那天，来我们公社开的宣誓会，一看到那党旗挂出来，眼泪就止不住似的，瞅瞅主席像，瞅瞅党旗，就是一个高兴、激动，没有话说。就寻思我吧，给人家当童养媳的，今天站着讲话跟个人似的了，扬眉吐气了，我心里总是暗想要严格要求自己。我自个儿翻身当家作主了，还是共产党员了，党员就得像个党员样子，做个表率出来。

（三）

我是1964年结婚的，找了一个军官，这在"文化大革命"时也是一条罪状。一个知青提意见："你教育我们要扎根农村干革命，你找一个军官跑了。"我说："我跑哪去了？我不还在大队干吗？你干啥我就干啥，我跑哪去了？我找的是共产党军官，我没有找国民党军官，怎么就叫跑了？"我就不

服嘛。我说："他是旧社会的流浪儿，我是童养媳，他没有读书，我没上过学，我们同病相怜。就是我们生活中有摩擦的时候，想想他苦出身，满街讨米，南方一个流浪儿，我东北做童养媳出身的一个女孩子，我们在一起，我觉得一定会幸福的。他是党员，我是党员，就是夫妻吵嘴了，我们还有革命感情。再说，

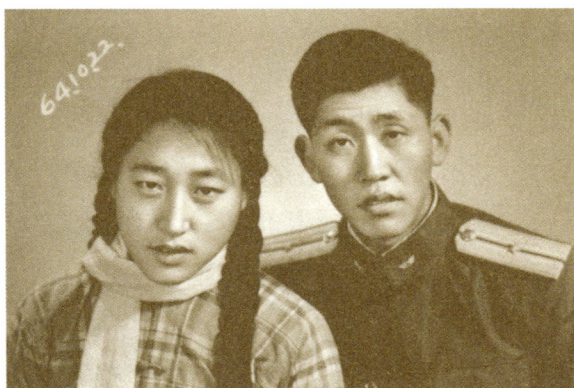

结婚照（摄于 1964 年）

农村有没有 27 岁大姑娘？哪个小伙三十多岁没找对象的？""文化大革命"来了，这一斗不就是找条件吗？说我是大队书记，正宗"当权派"，走资本主义道路的当权派。

"文化大革命"一开始我就挨批斗了。罪状还挺多呢，破坏民兵连，教育青年扎根农村干革命，我却找个军官跑了。再一个，就是这开会、那开会，在家劳动少。其实呢，那时规定，大队干部每年必须劳动 120 天，我每年都超，可谁给你证实呀？那时候随便批判，但有一回我确实翻瓢子了。那个批判会，四类分子跟我都在屋子里坐着，叫我检查。我瞅瞅，说："不检查。""为什么？你有什么资格说你不检查？"那是个姓李的知识青年，是"文化大革命"上来的领导。他说："你说你有什么资格说你不检查？你说说。"我说："我是贫下中农，我是共产党员，我是这个大队的支部书记，我为什么不在这个场合检查？这个场合不是我检查的地方，不是我检查的时候。"他说："就你嘴能讲。"我说："不是我嘴能讲，贫下中农都在这里呢，玉环哪儿做错了，你们恨铁不成钢，批评我一回，教育我一回，是吧。我长这么大，是贫下中农培养起来的，你们气的时候打我、骂我，我都没有怨言。"我说："地主、富农、五类分子都在这儿，有他们我绝对不检查，不能向他们检查，向他们低头。"后来把他们轰出去了，完了我才检查。

"文化大革命"时，王登云是书记，我是副书记，开除他党籍，让我签

字，我没签。我说："不行，开除他就得开除我。"我是副书记，王登云是书记，徐光明是委员。一切事都得经党支部，大队行政跟党不分家，党说了算，决定什么问题都得我们三个人。我说："你为啥开除王登云的党籍呀？他破坏生产了还是不执行中央政策了？你把哪条哪条都拉出来，有理有据，对不对？"当时说了他好几条罪状。我就说了："你说这些是他的罪恶，也是我的罪恶，我们党支部三个人，跑不了他，蹦不了我，跑不了徐光明，要开除也把我开除了。"他们说："你是副书记，他是书记。""我们三个人一个会议，我们都举手表决了，我也同意的，我举手了我同意了，我不能签字，我签字了，说上岗子的党支部副书记杨玉环签字，开除书记王登云党籍，那不行。"人家说："你现在不签字没关系，我们照样开除他。"我说："那随你们便吧，你们说怎么开就怎么开吧，签字我是不能签的。"我就不签，他们就走了。他们找不出事儿，能查出错吗？分房场，王登云书记那房场，院里头有坟，还有棵小榆树。我那房场，偏脸子，斜坡儿，完了咱自个儿垫，好房场都给社员了。王登云家里五个孩子，生活可困难了，但公家的便宜一点不占。秋天生产队分白菜，地头马踩、碾子轧、扒拉棵的不好的白菜分给大队干部，然后分小队干部，最后那好的才分社员。社员为啥佩服你，就在这。

（四）

当时，我对"文化大革命"就有不好的想法了，心里想为什么对我们这样？我们陪 11 岁参加革命的老英雄吃饭，我们请当地驻我们村里的干部，这有什么错？我陪客，年终总结退赔了五毛钱，还写了检讨。分柴火，先给社员，后分我们这些大队干部，剩啥就给我们点啥。秋天分大白菜，地头地脑不好的都是我们大队干部的。去查我账的时候，一分钱也没有贪污过，咱们这几个大队干部没有任何过格的地方，你说又是开除党籍又是批斗，那心里能好受吗？那会儿，我总觉得"屈"！所以，后来军宣队进来了，要搞大联合，让我起来继续工作，我也不愿意，没干几天。

1969 年，老伴退伍到于洪区农电局工作。1972 年我到农电当了临时工，那时思想就变化了，感到自己的思想不对，我又开始拼命地干了。当时跟车当装卸工，那水泥100斤一袋的就地窝，不管干什么咱就认真地干。

2003年，听说《沈阳日报》登了一则消息，说给劳模补助，我这心里挺盼望又挺不好意思。这事不管真也好，假也好，党还想着咱们，还给钱，我觉得这是挺讨愧的事。也就是在那个时候，我在电视里看到张成哲了，他是铸造厂的全国劳动模范。人家退休后那么大的年纪还组织劳动模范到公园去捡垃圾。尉凤英比我大几岁，人家也还在做公益的事，看到他们我就更觉得讨愧了。

2004年，农电局来通知，让我到市工会去领2000块钱补助。我身体不好，老伴和妹夫替我去领的。结果到那一查，我是50年代的劳模，给了5000块钱。你瞅这5000块钱拿回来，我就哭上了。我就寻思啊，党还想着

1969年，丈夫肖春华转业留念

1983年，在于洪区农电局

我呢，还一个劲地给钱。我现在的钱就够花了，因为我工资低，都给补助两回了，退休时一百一十块零三毛，那年补了二百多，后来又补助了一百多。一个劲地给钱，我的心里可真不好受。这些年也不为党工作了，一点余热也不发挥了，你看张成哲和尉凤英这些老劳模，人家还在工作，还在做对社会有益的事情。你说我现在啥工作也不做了，党给的钱还拿，真不好意思啊！

我妹夫说："这说明党没忘了这些老劳模，你们当时也是有一定付出的，所以现在省市领导还想着你们。"我心想，可别提这事，提这事可忒不好意思了。其实我为党工作才几年呀，还给了我这么高的评价，给这么高的待遇！我都退下来十五六年了，党还想着我，还怕我困难，一个劲地惦记着，一个劲地给钱，拿这个钱讨愧嘛！

十一、王淑清：不让须眉的"铁姑娘"

访谈者：姚力、孙庆忠

受访者：王淑清

访谈时间：2012 年 8 月 30 日上午

访谈地点：沈阳市铁西区工人新村劳模楼

[访谈题记] 王淑清，女，沈阳水泵厂退休干部。她虽为女同志，但产业工人的热情、耿直和豪爽，在她身上表现得淋漓尽致。她干起活来不让须眉，手疾眼快、吃苦耐劳，在生产竞赛中，大搞技术革新，超额、高质量完成任务，1959 年被评为辽宁省劳动模范，1960 年被评为全国"三八红旗手"。工友们称她为"铁姑娘"。1961 年《人民日报》报道了她的先进事迹。1968 年之后，她先后在水泵厂厂部、子弟小学、技工学校担任干部，把全部心血奉献给了深爱的工厂。因此，当谈及工厂解体时，她止不住潸然泪下。

（一）

王淑清（以下简称"王"）：我是 1939 年 9 月 14 日出生的，原籍是辽宁省兴城县。中华人民共和国成立前我们家是八口人，有祖父母、父亲母亲、我们姊妹四个，当时就靠父亲和爷爷做木匠活维持生活。我还记得 1948 年兵荒马乱，苏联的大马、士兵都住到我们院里了，家里生活维持就比较困难。当时，咱们家没有房子，住的是北关一个庙的下屋。后来可能因为生活困难，就到南关找个亲戚租的房子、租的地，就搬到那儿去了。在南关住了一年就解放了，五〇年的春天开学我上了学，那年我 11 岁，要是不解放我还上不了学。

1954 年我小学毕业，次年成立合作社，我就入社了，不但是个社员，沈阳水泵厂，原址位于沈阳市铁西区重工街熊家岗，曾为国家水泵行业大型骨干企业。其前身为1932—1941 年日本人在沈阳开设的 13 家小工厂，主要修理铁路机械和制造飞机、汽车零件，生产军用水壶、饭盒、水泵和送风机等。抗战胜利后，国民党接管了这些工厂，改为军械修配所等，一些小厂机器设备被拆除出卖。1948 年 11 月，中国人民解放军沈阳特别市军事管制委员会经济处派军代表张凤阳等接管这些工厂，归属东北人民政府工业部机械管理局领导。1949 年 5 月更名为沈阳第六机器厂，转为修配和制造水泵。1950 年被国家确定为生产水泵专业厂。1953 年，企业划归中央第一机械部管理局，改名为沈阳水泵厂。在"一五"计划期间，工厂发展了 143 种新产品，生产各种泵 3.11 万台，工业总产值 3467 万元。从 1958 年开始，工厂对老产品老设备进行更新改造，在三年时间里，试制成功了大型复杂的高压锅炉给水泵、深井潜油泵等 146 种新产品，创造了具有中国独特风格的水泵体系。中共十一届三中全会以后，通过技术改造，发展引进，到 20 世纪 80 年代中期，该厂研制成功新产品 53 种，其中有 24 种达到或接近世界先进水平，有 16 种是高效节能产品。平均每年为国防军工和国民经济各部门提供约万台泵类产品。产品行销全国 30 个省、市、自治区，远销亚、非、欧 40 多个国家和地区。该厂还设有全国泵行业技术开发中心——沈阳水泵研究所和质量检测中心。[1] 2004 年，该厂被沈阳鼓风机集团公司重组。

[1] 参见沈阳市人民政府地方志办公室编：《沈阳市志·3·工业综述　机械工业》，沈阳出版社 2000 年版，第 192 页。

而且还当了一个小队的组长。我家是蔬菜社，我带着大伙种菜、修河堤。1956 年的春天，4 月份，沈阳水泵厂、自行车厂、中捷友谊厂到兴城招工。他们用大喇叭广播，要求什么样的、多大岁数的可以去报名。我就去报了名，参加了简单的考试和体检，就这么到沈阳水泵厂来了。

那时候就知道上工厂、当工人，也不知道沈阳是什么情况，到水泵厂干什么也不知道。到厂里以后，分配我当车工。原来车床啥样都没见过，就先学徒吧，按规定学徒应该学三年。当时的车工是很艰苦的，和现在可不一样。都是皮带床子，上面是大吊挂，带动大皮带轮，底下是个床，带动主轴，然后和上面连上，呱嗒呱嗒的。皮带掉了还得上大吊挂自己去接，因为皮带是用卡子连接上的，它不是圆的，都得人工上去接。那时候干活不像现在的车工，电钮一按机器就转了，那全是靠自己一刀一刀地扯，松卡全都是自己做。

我到工厂没等到三年满徒，半年后就开始自己干活了。当时主要是干些初加工的活。那个时候思想特别单纯，就是认真地学、刻苦地学，就想着一下子把技术都学到手，早一点自己独立干活。那时候学徒才挣多少钱啊？第一年是16块钱，第二年是19块钱，第三年是21块钱，三年满徒之后是33块钱。这些事儿现在人们都不可想象。你说咱家不在沈阳，这16块钱还得吃饭，还得穿衣，全都在这里出。那时候人干活，他为什么？为钱，他没有钱，为名，也不知道挣什么名，不懂得什么名利。当时来到工厂，就觉得共产党、毛主席解放咱了，一定要好好干。再有一个更主要的原因是，那时候真听话，只要是毛主席说的话、党中央发的文件，没有不照办的，没有三心二意的，都是认真地干、认真地去执行。那时候在工作中，也就是本着这个心情积极地干。后来干深井泵，挑1.5米长的大床杠，30厘米粗，那大筢，一天都得干150个，来回装卡600次。你其他的不用干，就这装卡时间吧，得多少？所以那个时候就是那么干。

革新也是一样的。那时候技术革新叫作提合理化建议。像咱那样的企业，你把建议提上去以后，有个技术组，技术组专门给你审查，审查完了觉得你这玩意可行，他们再帮你出图，完了还有工具组帮助你。那时候我老头是厂工具组的，他们就专门给咱做那事。比如我提出的那个自动胎具，它就是活头的，不用你自己找正，它自己一拧就正了，能保证质量啊。这个技术革新都不是我自己一个人干的，是技术组、工具组配合着做的。

那个时候提倡学习华罗庚的优选法，口号就是"大干加巧干"，一进厂子大门都贴着"大干加巧干"的口号。干活的时候，总想着还有什么办法能让它更快、更能保证质量。① 你比如就说这个挑扣，人家挑四刀，你要挑五刀、挑六刀。你越挑得慢，可能越上刀小，越保证不了质量。自己要是掌握了那个技术，三刀就过去了，质量还好。这就像炼钢工人似的，人家那老炼钢工人，"噗、噗"一吹，看那颜色，就知道这钢可不可以出炉、温度达到了多少度。所以干活就靠这个经验、这个技术。

---

① 《彩楼牌坊矗立街头　宅旁庭院打扫一新 京津沈"五一"前夕一片新景象》，《人民日报》1961年4月29日。

姚力（以下简称"姚"）：您再回忆回忆50年代刚入厂的时候，沈阳水泵厂是什么样的情况？

王：五六年我刚进厂的时候，全厂就50人。水泵厂的厂史很长，原来是三六年小日本建的兵工厂。中华人民共和国成立后咱们厂接手，叫作机械六厂。抗美援朝的时候机械六厂还负担生产武器，就是枪、炮的筒。到我入厂的时候，那个叫"八二八"的军工项目还有，主要是做枪、炮那些东西。后来随着水泵厂的扩大，"八二八"的工程就变成生产核武器的泵。军工使用的核泵任务到现在一直有，而且核泵越干越大，和德国合资呢。我入厂的时候都是些小泵，什么深井泵啊，现在都不干了，都转给小厂子去了。

当时沈阳水泵厂是全国最大的，也是亚洲最大的水泵厂。从我入厂时候的几十人，后来发展到一百多人，最后到我退休的时候有五万多人，两个分厂，还有大集体、小集体。但是最后俺们水泵厂干没了，俺们心真痛啊！亚洲它都是最大的呀。

我六〇年当了模范，接着就是困难时期，工厂就不怎么干活了，一直到

1960年4月20日，辽宁省"双革"群英会代表留念（二排左二）

六二年才开始好转。接着是"四清"运动，它对生产倒没多大影响，工人该干活的还干活，就是批判当权派。1966 年开始"文化大革命"，上街、游行，各工厂工人都出来了，那多少人呀！重型机械厂十多万人，一上街可胡同灌，走得可老齐了。沈阳市有三大派，什么"八三一""辽革站""辽联"。企业里头也跟社会上一样，分三派。我在工厂车间当工人一直干了 12 年，六八年的时候我就转行了。

姚："文化大革命"时候水泵厂情况怎么样，有没有什么特别的记忆？

王：当时我们厂搞得不算激烈，特别"左"的现象不严重。伤人啊、害人啊，这样的没有，也就是批判那些当权派，你批一顿、他批一顿的，但是有的个别人也打。人家也贴大字报批我是保皇派，但咱是工人，没斗咱。

姚：是因为您是劳动模范才受到冲击吗？

王：当劳模的领导对你好啊，所以你就是保皇派嘛，也贴你大字报啊，就是这种观点呗。"文化大革命"我没有直接受害，但间接受害。六六年年底贴大字报，我正好怀孕，足月要生了，我就休息了。休息了还担心，怕人家说啥的。那时候人思想特单纯，一听说有贴大字报的，就又上班去了，就觉得自己也没干什么坏事，没啥害怕的。上班了正赶上批判那个党委书记，拉他上电缆厂俱乐部挨批斗，我就跟着走，这一走第二天孩子就死肚子里了。当时也不知道啊，就觉得肠子都疼啊，觉得肚子不动了。到医院去检查，小医院那大夫也不懂，检查完了他还说没事、正常，正常就回家呗。那时候也乱，没人好好看病。待了两天还不动啊，因为我生过孩子，我知道。我就上妇婴医院了，到医院一检查，做了个超声波，完了说："孩子死了，回家等着去吧。"反正那会大夫也不管，回家等着也不生，孩子死了能生吗！待了两天我又去找大夫，跟大夫说："不行，你得想办法安排我住院，你应该理解我，我这孩子要是活着吧，不到生的时候我不来。你说现在我一个活人带个死孩子，啥心情啊！"大夫一听就留我住院了。还挺好的，用药自己就下来了。孩子没了！如果没有"文化大革命"不就没有这事了。

一直到 1967 年都是乱哄哄的。大鸣、大放、大字报，谁也不好好干活。到六八年以后才好点。那时候成立了革委会，中央也表态了。要不说咱中国人真听话，中央表态说三大派都是革命的，要"抓革命、促生产"，就开始又恢复生产了。六八年厂子成立革委会，我到了生产组，负责销售，干了三年。到了七〇年成立厂部，又恢复厂务办公室、党委办公室。过去都这么叫，就是"文化大革命"那一段叫革委会。那时候我就上厂部了，在那儿工作到八三年。

1978 年，在水泵厂厂部办公室前

（二）

八三年我调到水泵厂子弟小学，做党支部书记。八六年水泵厂又成立了技工学校，技工学校成立了实习厂。因为我是车工出身，就把我调到技工学校当支部书记兼实习厂主任，主要抓支部工作和学生的实习教学。这中间我还担任了教育处的工会主席，但水厂教学工作始终没扔，在那儿我一直待到退休。这个时候各企业的技校都不办了，沈阳市统一办技校，水泵厂的技校也就黄了。

在实习厂期间，培养了不少学生，参加省市大赛都得过一等奖，包括实习教师都得过大赛的一等奖。那个实习教师现在还在鼓风机厂劳资处呢。我个人也被评为过"优秀教育工作者"，教育方面的论文也评过奖，之后就退休了。

1989 年，在实习厂办公室

姚：咱们先顺势讲一个大致的线索。您刚才讲一句，说厂子解体了、没有了，心里特别难过。您讲讲当时具体的情况。

王：哎呀，企业里的事不好说。为啥不好说呢？实际上，企业的黄给我们的感觉是人为的，所以就不好讲。过去咱们企业里是党委领导下的厂长负责制。后来，

1983 年左右改成了厂长一长制，就是厂长一个人说了算，党委就是聋子的耳朵"配的"了。因为咱是企业里经过的，感受最深。那党委书记过去是一把手，企业里的大事都要上党委会来定。包括人员的调动、提谁不提谁，那得党委会全体通过才能作决定。后来就不是了。后来改选厂长，党委书记和厂长就开始对立了。当时竞争上来的厂长，要从管理上、能力上来说，他行，他懂。他是浙大水机专业毕业的，是内行。厂子那时候就建了核泵，引进了德国的设备、技术，到现在那些设备还是他那时候搞的。但是，就在竞选这个过程中埋下了一些隐患。那时候跟着他、帮着他呐喊竞选的这帮人中，有些人是有私心的，不是真心实意帮助他把工作干好，在底下乱整。他也不好太深说，就助长了这帮人。这帮人在厂里造成的影响不好，对他就有影响，最后内部乱整，就把他整下去了。

1992 年、1993 年的样子，机电局又从局里派了一个厂长来。厂子越干越不行，企业越来越亏损，就走下坡路了。那时候水泵厂接了一项挺关键的任务，就是做给香港供水的大泵。香港人喝水不是得从咱们大陆给输出水嘛。这个任务很关键，大泵要是干不出来的话在世界上都会有影响，因为香港才接手时间不长。结果，十多台大泵眼看干不出来了。这时候，就把原来水泵厂的工会主席，后来调到电机厂的一位老同志调回来当厂长。他在沈阳水泵厂当工会主席的时候，人缘、上下关系都挺好。他回来以后抓得挺紧，把这个任务完成了，国家、市里都还奖励了他。但是企业还是不行，还是继续走下坡路，继续亏损。我的感觉就是，做行政领导的人必须得敢做敢当，你要做不到这一点，好的不敢说，坏的也不敢批评，那就是好的不香、坏的不臭了。他是工会主席出身，有这方面的毛病。所以，慢慢地，企业也是一年不如一年，亏损越来越厉害。

水泵厂后来解体，说一千道一万还是由于管理不善，亏损。再加上老是换厂长、换领导，一个不如一个，把厂子也换黄了。①

水泵厂解体好像是在 2005 年。大部分归了鼓风集团，工人基本都跟鼓

---

① 姜敏：《沈阳 7 家国有大中型企业厂长被免职》，《人民日报》1995 年 12 月 18 日。

风走了。鼓风集团现在也生产泵，还有一个核泵分厂。所以，水泵厂原来生产泵的那一块工人都跟着鼓风集团过去了。厂子原来那个地方现在卖给地产商盖房子了。我有三个孩子在鼓风上班。大姑娘是学计算机的，是鼓风的高级工程师，大姑爷也在鼓风，还有儿子在鼓风。

姚：后来职工就开始下岗了吧？

王：水泵厂在下岗这个问题上处理得比较好。我们厂那个劳资处长人挺好，所以水泵厂没有出现企业一黄全都噼里啪啦回家的现象。大集体的那部分就解体了，都走了，回社会了。剩下全民的有一万多人，有的当时自己就不干了，停薪留职，自己出去干点什么。剩下的一部分就都挂起来了，80%开支，现在还有，退休一个算一个。这些人由铁西区国资委托管。咱们那个劳资处长虽然退休了，但还一直管这些人。其余工人基本没走，因为企业里头需要工人。一线工人基本没下岗，下岗的就是一些辅助部门的。你像过去我们企业大呀，托儿所、房屋修理、木匠，就像这类的。企业不搞托儿所了，食堂也都承包出去，不归企业管了。所以这样的人，年龄小的都回家了，剩下好像有三四千人吧，都归鼓风了，逐渐也都退休了。

姚：您听说厂子解体这个消息的时候，是什么心情？

王：当时的心情啊，就觉得自己干了一辈子，最后连家都没了。俺们现在真没人管了，鼓风不管我们。咱们算是从水泵厂退休的，真是没人管，你像这采暖费报销，鼓风只给他们退休职工报销，俺们这一块就归托管的那部分人管。今天说给报，明天说不给报，到现在也没解决，啥事都没固定。因为什么呢？国资委不是企业，人家事业单位的职工都由单位直接给缴费了，不报销。

水泵厂没解体的时候，凡是厂子的房子厂子给你交采暖费。后来企业效益不好了，让你个人先交，有钱的时候再给你报。工资是在保险公司领，那个不差，到时候就发。就是一些待遇就没人管了，你得找。

我是周岁 16 岁到沈阳来的。16 岁就入厂，一辈子在那儿，最后看着这厂子没有了。这心情确实不好受，没法形容。

（三）

姚：现在咱们再回过头来详细讲讲您入厂、学徒、评劳模的故事。

王：五八年"大跃进"有好的方面，生产大发展、大革命。"大跃进"把人的积极性都调动起来了，都干，没有不干的，人们热情特别高，都不回家。家里边有小孩的、没有小孩的，扔下家都不管，中午上食堂吃点饭回去接着还干。晚上也不回家，困了打个盹接着还干。毛主席说人多力量大，那时候真体现了。咱们有时候七八天不回家，领导让回去也不回去，就在那儿干工作。生产床上的活干完了就到下边帮着工人洗衣服，什么都干。那时候人们觉悟是比较高。当然也有坏的方面，就是搞浮夸风。

姚：当时心中咋想的呢？

王：想法就是，党号召让干啊！咱没有二心，跟共产党真的没有一点二心。那时候党委书记、支部书记说一句话，要求大伙干工作，把上边精神一讲，那就干，不用谁去做思想工作，找你谈。那时候人没有私心，工资都那么多，也不想争名、争利、争工资、争奖金。那时候主要是领导的作用大，他们和工人一样干，而且不比工人多拿1分钱。一直到八几年，俺老头一个

1981年，工厂组织劳模到沈阳北陵公园春游（左为杨玉兰）

月挣 125 块，党委书记最高线是 85 块钱，他能没有说服力吗？住房子和俺们一样，一直住 12 平方米的一个房子，所以那时候俺们没房子咱都不觉得委屈，没有人比咱特殊的，都一样。要不后来有人说，那时候我一个劳模住那么小的房子不觉得亏得慌啊？我说没有那种感觉，因为我不能跟我后来的人比，我得跟我当时的人比，后来咱没赶上啊，哈哈哈！

所以说，领导的表率作用、领导带头作用，特关键。当时奖金普遍就五块钱，一线的七块钱。领导干活得走在前头，钱得少拿。所以，一个是那时候的人听话，另一个是领导的表率作用强。困难时期五九年到六一年这三年，粮食定量，干部是 28 斤，工人比他们高，车工 42 斤，钳工 40 斤。在厂里车工的劳动量最大。钳工有歇着的时候，他的活不是总有。车工只要你睁开眼睛上班，往那一站，八个小时没有间断的时候。待遇上啥都是干活的第一，你说那时候的人能没有干劲吗？领导不特殊，而且他还得走在前头。你就跟着他也得干，哪有不干的！

姚："大跃进"的时候您一定做得很多突出吧，要不然怎么评上劳模呢？

王：那个时候我就是任务完成得比人家多。人家一天能完成一天的任务，我起码能完成三天到十天的任务，就是干得快。

姚：你咋能干那么快呢？

王：干活有巧劲。咱们那个车间就两台进口床子，后来我就上了那最好的床 1262，是捷克产的。车工就我一个女的跟男的倒班，真累！三班倒。一班是早上七点到下午四点，二班是四点到半夜十一点半，三班是十一点半到早上七点，就这三班倒，黑天白天地干。而且那时候不光上班，下班还得学习一个小时。学习当时的中央文件、政治、社论、毛主席语录、毛主席讲话，都得学。

姚：学习的时候态度怎么样？

王：认真啊，是真认真学。那开党小组会的时候可不像现在，现在开党委会也不能像当时开党小组会那样。让你斗私批修，咱就讲自己的毛病。真就讲我哪做得不好，而且同志之间，比方说我这方面表现得不好，真就提，没有不说的。那时候的人特单纯，真批评。现在谁批评谁呀？都是表扬，互相表扬。那时候上二班的都得提前去，下午三点的时候去学习，学到四点上班。三班的下班后也得跟着去学习，完了再回去休息，到了晚上十一点半再上班。那时候真紧张。

姚：您刚才讲跟男同志一起倒班，干得又快又好。这里边就有两个问题了，一个是您怎么学的技术，怎么就学得这么好，别人也一起干为什么不行呢？第二是您怎么干的？

王：学技术，说到底第一就是认真干，必须得肯干，肯吃苦，这个吃苦精神肯定得有。我刚入厂的时候，干的都是铸铁活。那时候企业还是小泵厂、小企业。这铸铁活干的时候，一上刀铁末子烧得通红，飞起来烫得这胳膊上全是红的。穿个白衬衫，下班回去后边都是锈。有的人干活不那么干，有个男的跟我一年入厂的，干活的时候手里攥一团棉纱，就怕那床子埋汰碰到身上，那他能学好吗？凡是这样的都不在床子上干，都改行了，找点轻松工作，人家都嫌累。所以，首先就是得有吃苦精神。

再一个就是钻研，虚心向老师傅学习。那个时候，老师傅不像中华人民共和国成立前不教你，"教会徒弟饿死师傅"。师傅不保守，他教你，他愿意你早点会干活，好替他干活呀。不过像我这样的就没替他干活，我就自己干去了。师傅教我，我自己就认真练。提前上床子就是个练的过程，越干越熟嘛，熟能生巧。练到什么程度呢？比方说，像咱加工零件的精度，公差最小的是两道。咱干活那时候都叫几道几道的，一根头发丝是七道八道。那时俺们干活不像现在的数控设备，那时候你一上刀就是用眼睛看。你这一刀过去了，大了就废了。掏那个二级孔就两道到三道之间的公差，才算合格。实际上就凭眼睛和手的配合，熟练。

也有学不会的。咱厂有一个姓曹的，跟俺们一年入厂，他就是不会干活。还有一个姓陈的，给他床子根本就学不会，完了他还想干活。他就央求工段长："你给我一台床，你舍不出孩子套不住狼。"他就要练，后来给他床子练也是不行。那样的多了，不在少数。

我就是手疾眼快。就像你念书做题一样，做算术题你一会就做一大片了，有的人可能两道都做不出来。一个道理，大同小异。有的人真是咋努力他也干不了，真就干不了，有好几个这样的。咱厂子还有一个"四角成才"的老王师傅，年龄比我大点。"四角成才"是外号，他就在一个大对角的床子上，就拉大花，干大粗活。精密床子不会干，干不了精密活。一辈子拉大耙、钻大眼。他的名字叫"成才"，所以大伙给起个外号叫"四角成才"。呵呵，讽刺他。最后实在干不了了，上大门那儿，看火车去了。那时候厂子有火车专用线，火车都直接进厂。厂子大，啥都有，运货都用火车。

1965 年，沈阳五好职工
光荣榜上的照片

姚：您概括了学技术得肯干、肯吃苦、爱琢磨。那怎么干的？干的过程中是怎么投入的？

王：说句实在的，我一直就是坚持这么干。六五年我有孩子了还天天三班倒，上床子干活，所以那一年我还评为沈阳市的五好职工。咋干呢？中午你像人家吃完饭休息会儿，咱们没有休息时间，吃完饭回来不管到点不到点，床子一开就干活，就是任劳任怨。一到下班时间必须走了，因为三班倒，但是在我这八个小时之内，上厕所去都不洗手，不舍得歇那一会儿，就是干。

姚：当时工作有计件要求吗？

王：没有要求，就是自愿地干。三班倒，工时是每天出勤八个小时，一周 480 小时。后来，凡是出满勤，完成任务的，工人每人得七块钱奖金。

姚：天天就是干，那不成"铁姑娘"了？

王：哎，对了，1960 年沈阳的报纸上登的真就是"铁姑娘"。

我是 1960 年 10 月份参加的劳模会，报上登的那些事儿都是 1958、1959 的。那时候我才十八九岁，真是拼命干，不知道累。反正也有在农村干活的底子，身体也好。我到现在也比他们谁都有劲，因为用力用惯了。老头他没劲，俺家重活都我干，他拿不动。所以干活也有好处，把身体锻炼出来了。

姚：当时有没有搞什么劳动竞赛，有没有特别难忘的事？

王：那时候竞赛是月月有，年年有。过去我在四车间，我们干多级泵，二车间的干深井泵。五九年的时候就把二车间干的活给我们调过来了，我们就开始干深井泵的任务。因为过去没干过，冷不丁接触深井泵的任务，开始的时候不太熟练。它那时候有细长的传动轴，挑扣，还有干那个冲桶。二车间那边咋干的咱不知道，到咱们那边以后我就用我的方法去干。就是冲桶两头不用卡盘卡，往上一拿、一顶，先扒花，就是先把两头外缘按照尺寸车好。然后把那卡盘卡好，再加工那个里孔。这个卡盘是专门做了一个铁爪的，一般卡盘都是钢爪的。做成铁爪的，垫上个铝皮，已经车好的那个接触面就不坏了。这样节省时间，提高效率。那个时候我一天都能完成他们原来十几天、二十几天，甚至三十几天的任务，就那么干。

姚：干的时候，除了想提高效率，多出产品之外，还有什么想法吗？现在年轻人就很难这么做了。

王：哎呀，现在的人没法理解。那时候咱心里头除了干活以外没有任何私心杂念。什么奖金多少、待遇高低，心里没有，真没有，就是为国家的建设出力，就干，没有私心杂念。你要说那个时候对不合理的地方有点想法，有的同志可能也会出点难题，但是那时候的人们都能想开。比如说倒班，有时候干不过你，可能就会给你找点麻烦，等你接班的时候床子、工具没有一个好使的。那你怎么办？你只能自己磨去，耽误点时间呗，那你也不能跟同志们闹啊！那时候的人真是单纯，没有什么更复杂的东西。

姚：那时候的人单纯，劳模是不是比其他人更单纯？

王：真傻，我就知道我这一辈子就是个傻子，真是傻子！现在的人都不可思议。我在厂部待了那么多年，七〇年到八三年，就管档案和开介绍信。有个同志想买点木柴，他在木柴厂可能有认识人。那个时候东西控制得多严呢，不像现在谁一句话国家的东西随便拿，那时候可没有。他找我开个条，我就不给开，实际那算个啥呀。现在一寻思，那不傻吗，得罪了多少人哪！那时候真傻，就一个心眼。上边告诉你这样，这事就是真的，《人民日报》发表社论就是真的，哪有不是真的，没人怀疑那玩意，那时候的人真就那样，党说啥信啥，还有啥自己想的。

（四）

姚：您再讲讲劳模大会的情况。

王：开劳模大会的时候，戴个大红花，厂子开车送到开劳模会的会场。大会是在中华剧场开的，有几个先进代表发言。那时候像蔚凤英那些有名的，在大会上发言、讲话。完了就分组讨论。开会的时候心里觉得挺高兴、挺激动，但是也觉得担子很重，因为回来还得继续干。按照当时来讲，开会待遇挺高的，俺们吃饭都上沈阳市的"鹿鸣春""和平饭店"，这些比较有名的大饭店。在鹿鸣春还吃了现在挺有名的厨师刘敬贤做的鱼，那是拿手菜。反正吃的都是好菜，都是在家看不着的东西，当时让咱喝酒，咱也不会。应该说对劳模还是很照顾的。但是没有物质奖励，没有奖金，就一张奖状，给了一个小塑料的背包。不像后来就向钱看齐，一点意思都没有了。六〇年是困难时期嘛，那纸质量可差了，我那张奖状破得都拿不起来，都散花了。那一年我还得了市劳模，给了一个奖章。还评为全国"三八"红旗手，也是给一个奖状。北京开会我们没去，奖状是邮寄回来的。

六〇年获得的荣誉很多，紧接着就困难时期了。困难时期企业里头真困难，没有原材料，也没人干活。冬天没有暖气，一人整个小炭炉。一直到六二年才开始好转。困难时期人的身体都不好、浮肿，没有营养，一个月每人三两油、半斤肉。困难时期我们的定量照样给，干活的工人没咋饿着，挨饿的就是干部，还有孩子多的那些人。俺们是 1960 年年末结婚，1962 年 4 月份生的老大。那时候没有孩子，没挨饿。我有时候把自己省下的粮票都给那些困难的、孩子多的同志，没少给他们。

姚：您是评了劳模后入党的吗？

王：我是五九年评的省劳模，劳模大会是六〇年开的，入党也是在六〇年。我好像是五九年写的入党申请。那时候咱从农村来，对这些事不太懂。我是团员，入团以后咱们支部的工段长找我谈话，说："你别光顾着干活，政治上也要进步，在思想上要跟党走。"当时就知道共产党是劳苦大众的党，是为人民谋福利的。后来，通过对党章的学习，逐步对党的认识加深了，就这么写了申请书。

1960年的6月20号，召开了支部大会，批准我入党。我的入党介绍人是范克长和李初儒两个人，支部书记是刘化轩。支部大会讨论，肯定我的成绩，工作上表现积极，听党的话，思想要求进步，历届运动中表现得好。那时候提出的缺点就是性格急躁，再一个说我是男人性格，要求我加强跟女同志的团结。女同志钩心斗角的事我不愿意参与，我听着闹心。另外，女同志有时候爱传瞎话，离她远点事就少点。

入党这一天我记得特别深刻，当时非常高兴。因为自己也成为中国共产党的一员了，特别高兴！但是也觉得担子很重，以后自己就得严格按照共产党人的要求，说话、办事、一切行动听党的，有一个共产党员的形象。不管是在生活上，还是在工作上、学习上，从各个方面严格要求自己。光荣是光荣，担子也重。预备期一年，转正是在1961年7月21日，都是困难时期。

这以后，在工作上我没有放松对自己的要求，因为自己不仅是劳模，而且是共产党员。困难时期，没有人倒班，就我跟另外两个男的倒班，我上二班。那时候都有小孩了，工作照样干。生完孩子休了56天产假，上班就上床子干活。我没给孩子送过奶，回忆起来都觉得对不起孩子。等我有第二个孩子的时候，我都怀孕六个月了还在床子上干活呢。厂子工会的女工委员去找俺们车间主任，说："王淑清都怀孕六个月了，怎么还让在床子上干活呢？"他说："她不说，那也不知道呀！"那会儿我也胖，怀孕了干活也没有两样，该咋干还咋干。这个孩子是六三年有的，他活到三岁没了。哎，老太太帮我带孩子，哪个孩子我也没给送过奶，就那么干，没放松过，所以六五年又评上沈阳市的五好职工。那时候厂子就宣传：两个孩子的妈妈坚持在车床上工作，年年、月月超额完成任务，而且都是排在最前面。当时有了孩子还在车床上干活的几乎没有，我这也是比较突出吧。那是重体力劳动，干那个传动轴的活，那大轴都是30厘米粗，你要不用力，两个膀子不晃起来使劲，你卡不住啊，一上刀就跑了，那活还能干吗？

那时候三班倒不说，还不光是干活。你在工段，你是党员，又是党小组长、支部委员，谁家有困难你还得去走访。我那个孩子六五年死的，那是怎么回事呢？那时候正好有上三线的，咱有个姓魏的职工安排上三线，他想不

训练照（摄于 1964 年）

通。他在大东区万泉公园那儿住，多老远呀。我就上他家去做工作，给他讲三线的重要性什么的。那时候我那孩子就有病了，中毒性痢疾，结果就没及时上医院，到医院去就晚了。

那时候有事就得出去，不断家访。一过年、一到节日，哪有在家休息的，家家去看，去走访，那时候的人没有休息的时候。现在的人都不串门，那时候串百家门，家家走，谁家的事都知道，有什么困难都知道，了如指掌。互相关心、互相帮助，有啥事、有困难就帮助，有思想问题就做思想工作，那时候就是这样。

"四清"运动的时候，厂子有武装部，适龄的就参加民兵组织。民兵有机干民兵，还有普通民兵，那时候好像要解放台湾。我当时是机干民兵，咱的武装部长是厂长。带着咱们出去打靶、训练，一个人发多少发子弹。那天到沈阳的歪头山打靶，那地方冬天最冷，至少有零下三十多度。咱这些人坐大卡车去的，那都冻坏了。中午吃大米饭，白菜炖粉条，赶着吃赶着冻，你说多冷！那是真训练，要求真严格。

"四清"整的都是干部，工人不涉及。那时候厂子有个农场，领导干部可能就是多吃点大米，多吃点黄豆，那就得"下楼""洗澡"啊。你不检查都下不来，都通不过。"下楼"就算解放了，"洗澡"就是思想不干净，得洗一洗。当时，有的干部是被检举的。一般不等检举，他自己就说了。你要是等人家农场的人检举你，那多被动啊。自己说完了，教育教育。向大伙承认错误，老百姓没意见了，就完了。那时候我们有一个党委书记，叫郭余久。他不但没挨斗，而且工人给他贴"十好党委书记"的大字报，表扬他。后来，他调到重型当党委书记，调到机电局当党委书记。工人给他评"十好"，主要是对老百姓特别好，没有架子，给老百姓办事；再一个他经常下去深入车

间，能跟工人打成一片；不搞特殊，他老婆都是看库房的。他不但不挨斗，还给他摆好，有这样的领导。

"四清"时候搞得不太激烈，"文化大革命"咱水泵厂也不算太激烈，因为没有太过分的人。水泵厂那时候归一机部管，部属企业。我刚入厂时间不长，薄一波还到水泵厂来过呢。郭余久是部里的先进典型、先进领导。水泵厂在全国、在部里头都是有名的先进，管理得好，一直是模范企业。

（五）

六八年成立革委会，我才离开这床子。一扔开这床子，这才不干活了。当时，到了一个管生产的部门，所以也不觉得换新的工作，比较上手。因为床子的零部件这些东西我都比较熟悉。我在生产部门管销售、管合同，就是从干的变成卖的了。

这个工作和在床子上还是不太一样。干活呢，八个小时想着干活的事，就凭力气，两只眼睛一个脑袋就瞅这个玩意，就干，扔下它回家就不用想了。但是换了那个工作以后，回家还得想。刚开始发货，全国的地方不熟，也没去过，所以回家以后还得想，发得对还是不对？

在那个时期作为企业里的一名职工感到特别荣耀，真的！我出差去上海电机厂，催合同。上兄弟单位，都觉得你是老大哥企业来的，那对我们可好了，热情接待啊，那时感到特骄傲。现在咱一提，企业没了，心里不就灰溜溜的，那心情能一样吗？

那时候是计划经济，不用买卖，都是国家统一调配，俺们生产的泵都是这样。70年代北京东方红炼油厂、曙光化肥厂刚上马的时候，那合同都是国家统一的，带国务院的大国旗的大章。那样的合同一来，旁的生产都得往后排，先干这个。那时候水泵不出去卖，坐家里你来买都买不着。计划经济都这样，要个配件还得上车间给他找废品。计划非常严格，计划做的是谁的就是谁的，别人拿不到。那时候没有市场，也不需要。国家统一就安排了，统一拨。

俺们任务多得干不过来，黑天白天地干。要是能干过来，计划外的任务不就有了吗？干不过来才没有计划外的，都是计划内的。水泵质量那是全国最好的，亚洲也是最好的，从规模，从产量、产品来说，是亚洲第一，那些小厂子遇到困难都到老大哥这儿来求援。谁知道现在咋干到这份上了？不可思议，没法讲，说不明白。

厂长、党委书记退休以后，他们回去到厂大门口一看，咱们厂太惨了，都淌眼泪了。咱们也难过，干了一辈子，给厂子干黄了。哎呀，干了一辈子，真是奉献了一辈子。咱那个年代也没多

2012 年，与老伴合影

挣过钱呀！我九四年退休，我老伴比我大五岁，我 55 岁，他 60 岁，正好一起从水泵厂退休的。那时俺俩都挣六七百块钱，涨到现在我才一千八，老头两千多点。

你说不是奉献一辈子？但是，开头我就跟你讲了，虽然是奉献一辈子，但我还是很满足。为啥呢？因为我们现在到了养老的时候，要是没有共产党我们的养老也是问题呀，是不是？不还是共产党，把我们都揽过去了。你有多少儿子，能到时就给送钱来吗？还是共产党一分钱不少地给你发钱。我当劳模也没白干，还给了个大房子，共产党没忘俺们（流泪）。

姚：您这个房子够住吗？

王：挺好！这是 85 平方米，有三个屋。儿子自己买了房子，交了个首付，剩下的他俩用公积金贷款。那个房子就是在水泵厂上面盖的。那院没搬彻底，试验那大泵的厂房还留着呢。它搬不走啊，当年修那个试泵厂房用了两年啊，那个工程量老大了。那试泵厂水池容量都要求上百米深，储水池都过百吨，没有储水量那能试验吗？工程老大了，多大的浪费呀！

姚：您作为一个企业的职工，老工业区铁西的工人，您自己回首这几十

年，除了觉得工厂没有了很可惜之外，还能描述点其他的吗？

王：除了工厂没了以外，咱们的生活还是在改善的。企业虽然有的黄了，但是还是在发展。你到咱们那工业园去看看，那是相当带劲了。

盖鼓风厂的时候，我没事就去看。一条中央大街，鼓风、机床，还有金杯、三星重工，那么多大厂子，那老漂亮了！咱那个时候的企业没法比。那时候的企业都是小厂房，设备也都是旧的，工人都干笨重的体力劳动。现在人家全是自动化，那工人多自在呀，往那一坐，程序一设计，数控机床只要按电钮，产品出来一拿就完了。

这么说吧，国家整体还是发展了。过去这铁西区那大黑烟囱，十步八步就一个。那企业密集地隔不远就一个大企业，各个厂子都立着大烟囱。一到冬天往那一看，铁西区北边全都是大烟囱，工厂区嘛。现在烟囱没有了，空气也好多了。冶炼厂在这儿的时候，人家那个管环卫的搞调查，统计癌症的发病率，铁西最多，而且铁西是光明街最多，光明街正对着冶炼厂。冬天出去呛嗓子，嗓子老是辣辣的感觉。现在没有了，厂子的锅炉也不烧了，都是大锅炉统一供暖。

姚：您这辈子当工人、当劳模，奉献那么多，后悔过没有？假如人能重活一次的话，你还会选择这样干吗？

王：我还会。特别是现在的工人、劳模，我更想当。哈哈哈！我那可不是私心。原来我们焊接车间的一个工人，合并到鼓风集团去了，他评上了全国劳动模范，那更光荣！上北京去开会，完了出去讲去。我姑爷是他们的支部书记，到处给他去宣传。而且现在多干可不是白干啊，现在的好工人可是不少挣，比管理干部挣得多得多了。那不干的永远是不行，不想出力还想拿钱，哪有那样的地方！共产党再好，也不能天上掉馅饼，我总是这个观点。你得干啊，你不干这馅饼能从天上掉下来吗？不可能啊。这辈子我没后悔。现在工厂工作条件多好啊，工人也不挨那样的累了。

姚：如果现在有人问您劳模是什么呀？您怎么跟人解释？

王：劳模就是干活的劳动模范。劳动最光荣，你要是不劳动，你就永远当不了劳模。我那个年代可没有党委书记当劳模的，全是一线工人，工程师也有，他属于脑力劳动，但是领导干部很少。现在，咱就没法说了。

姚：今天这个时代发生太多变化了。作为一个老劳模，您面对今天中国社会发生的这些变化，看到人们信任缺失了，不再像原来那么单纯了，看到偷奸耍懒的人也可以"功成名就"，好像和过去那个"傻"完全相反了，您怎么评价这个时代？您觉得当年苦干、实干、"铁姑娘"的精神在这个时代还需要吗？

王：现在车间工人也有实干的，这种精神我觉得更需要。现在念点书的都不想干活，包括学那数控机床的都不想干活。你说咋整啊？现在真正的技术工人，企业里真缺呀。你说待遇也不算低。所以，不教育能行吗？我姑爷是车间的领导，他回来讲，真正肯干的还是农村来的孩子。所以说，这种精神永远不能离，什么时代都需要，人哪能钻钱眼里去呢？我二姑娘在中科院工作，那可是真累啊。按理工资真应该高点，但跟高的比都不算高。那不高就不干了？

姚：现在我们采访这些老劳模，就是为了让这种精神能够传递下去。

王：能传下去吗？要想传就得中央的政策上有改变，不然，传不下去。那党委书记啥都不管，思想教育工作谁去做呀？咱看着这事干着急，走到这一步再重新抓，可是难啊。咱那个年代做领导的工作好做，因为思想单纯、不复杂。另外，人们生活的这一切都是共产党给的，所以对党的感情特别深，一心一意地跟着共产党干。

十二、肖淑菊：温暖城市街区的环卫工

访谈者：姚力、孙庆忠
受访者：肖淑菊、肖淑菊的女儿、二儿媳
访谈时间：2012 年 8 月 30 日下午、9 月 3 日上午
访谈地点：沈阳市铁西区工人新村劳模楼

[访谈题记] 肖淑菊，女，沈阳市铁西区兴顺街环卫所退休工人。她三十多年如一日，顶着星星走、披着月光归，一把扫帚、满身尘土，为城市换来清洁面貌。她以助人为乐，宁可自己吃亏，也为身边同事、清扫段的邻里送去温暖和关怀。为此，她多年被评为区、市劳动模范、优秀党员。1980 年获辽宁省先进工作者称号，1986 年获辽宁省服务标兵称号和五一劳动奖章，1987 年获辽宁省劳动模范。在清扫工的平凡岗位上，她书写了精彩人生。

（一）

姚力（以下简称"姚"）：你们这些老劳模为国家作出了很多贡献，有很多感人的事迹，但遗憾的是，今天到档案馆去查，有的只留下了一个名字，这就起不到精神延续、教育后人的作用。我们来就是想把你们这些老劳模的事迹记录下来，让现在的年轻人了解当年你们做了什么，为什么这么做，你们的思想感情基础在哪里。今天就从您自己小时候讲起，重点讲讲是怎么成为劳模的。

肖淑菊（以下简称"肖"）：我是 1932 年 2 月 8 日生的，老家在沈阳市辽中县潘家堡子公社南长岗子村。俺们家成分是中农，因为家庭困难，我父亲又重男轻女，说女孩子念书没有用，所以我只念了四年书。我可爱念书

了，但不让念。十多岁不念书了，就在家下地干活，拔草、施肥、割地、打场、打坯子，什么都干，当半个男孩子使。那时候种地全靠人力，地蹚完了以后，下地踩格子，然后就是撒种，撒种后边还有一个人盖土。种地的时候，俺们都得半夜两点钟起来下地干活，我在农村干了好几年。当时就看到别人家的媳妇受气，受男人打骂，受公婆的气，受小姑的气，有的妇女上吊，还有投河自杀的，那时候拿妇女不当回事。旧社会太黑暗，把妇女压迫得比井还深。

1949 年年初，我 17 岁就结婚了，也是从小父母给包办的。结婚后没几个月，就搬到沈阳来了，因为我爱人在冶炼厂上班。我没有工作，就带孩子、搞家务。1952、1953 年的时候，我参加了夜校，提高文化水平，后来还得了毕业证书。五三年沈阳市招一批助产士，一共有 230 人报名，取 55 名，我考试还真合格了。我一看榜上有我的名，哎呀，高兴极了，给我乐得没法！完了我就向我爱人要了点钱，买了牙膏、袜子、鞋和一些小东西，我都预备好了，等着上苏家屯学习。结果，我们老婆婆就不让了，说："你要是去的话，你把孩子带走，我可不管。"那阵儿我二儿子才一岁多，还有病。这可怎么办哪？叫天天不应，叫地地不灵。没办法，我哭了两个晚上，这个学就没上成。这以后我就搁家待着吧，待着干啥呢？就上居民委员会做义务工作者，现在叫志愿者，就是为人民服务。我当过妇女代表、居民组长、妇女主任、治保主任。那时我

早在 20 世纪初，沈阳的环境卫生工作就正式纳入了政府管理。1907 年，清政府成立奉天省城清道队，有 209 名清道夫，负责主要街路和官宦人家门前的垃圾清扫及清运，这是沈阳市第一个环境卫生专业队伍。1915 年，沈阳第一个环境卫生法规——《奉天省通行管理卫生章程》颁布实施。同年，一般街道开始由警察署集资招募地方清洁夫清扫。日伪统治时期，随着城区的扩大和工业区的兴建，清道队由原来的两个分队逐步扩大为五个清扫队。1936 年，清道夫增加到六百余人。1940 年以后，又将街路按污秽程度划分五个等级，其中一、二级路实行夜间清扫作业，此为街道夜扫作业的开端。抗战胜利后，国民党政权成立沈阳市卫生总队，下辖八个清扫队，有清道夫 482 人。但由于当局忙于内战，环境卫生事业投入的人力、设备都少于日伪时期。至 1948 年沈阳解放时，全市清道夫仅有 130 余人，城区环境卫生状况极差，积存垃圾近二十万吨，粪便五万吨，到处污物堆积，脏乱不堪。

们家住在铁西区齐贤街六段十里三号，现在没有这个地儿了，都盖成大楼了。那时候我在齐贤街第七居委会工作，白天晚上地干，都是义务，什么报酬也没有。不过，奖状可得了不少，区妇联年年给。总去市文化宫、市艺术文化宫这两个地方开会，一开开大半天。那文化宫多老远哪，往家走还得换车。孩子交给老婆婆带，我还给孩子喂奶呢，奶涨得不行。那时候生活困难，哪有奶粉啊，给我二儿子饿得嗷嗷哭，眼泪都哭到耳朵里了，这就闹耳朵，

中华人民共和国成立后，沈阳的环境卫生工作才真正迎来了新的历史时期。中共沈阳市委、市政府对城市环境卫生事业予以高度重视，成立环境卫生管理和作业专业机构，并发布了多项有关环境卫生管理的布告、通告。1949 年 3 月，成立沈阳市清洁大队，清洁工人发展到 970 人。同时，发动全市人民开展大清扫运动。到 1950 年年末，中华人民共和国成立前遗存的垃圾、粪便被全部清运出城。此后，随着爱国卫生运动的深入开展，以及国家经济建设的进步，环卫工作被提到了更加重要的位置，不断填充新设备、扩编人员队伍、完善环卫制度、提升验收标准，公共环境卫生得到了不断改善。[1] 2006 年，沈阳市通过了省卫生城市考核，被命名为辽宁省卫生城市，并积极为创建国家卫生城市而努力。

[1] 参见沈阳市人民政府地方志办公室编：《沈阳市志·二·城市建设》，沈阳出版社 1998 年版，第 265—267 页。

后来就聋了。今天我都没敢和他们说，我有罪啊！

1958 年，保工人民公社成立，我就参加了人民公社，那叫"文教卫生股干事"。哎呀妈呀，还"干事"呢，其实俺们就是做卫生工作，清扫街道、马路，开大会，检查卫生，做宣传，后来还拉运垃圾。六二年成立了清扫大队，我就上环卫了，直接归区卫生环境管理所管。每天到区里签到领手推车和清扫工具，一人负责一段，几百户，固定倾倒多少垃圾。就这样，我在环卫一直干到退休。我的事迹就是一心一意为人民服务呗。

女儿：我们家四个孩子，我有两个哥哥、一个弟弟。我小哥儿是五二年生的，现在聋得可厉害了，就咱们这样说话他都听不清。我记得我奶奶说，我妈光顾工作，不管孩子，我大哥瘦得滴了当啷的！完了给我大哥送农村我奶奶家去了，我太太喂我大哥，这我哥又活过来了，白胖白胖的。我妈不管孩子，就管别人。她那时思想境界咋那么高呢！

肖：我在保工公社的时候，就看见姓关的一个同志，整天埋头苦干、任

1987 年，荣获"辽宁省劳动模范"
称号

劳任怨。我就问别人："这个人为什么总是吃苦在先，享受在后呢？他怎么这么高的品质呢？"人家说："他是党员。"所以我就对党员印象深，写了入党申请书，搁公社我就开始写申请，写了十了多份啊！

女儿：为啥我妈迟迟不能入党？因为家庭成分不好，社会关系复杂。俺家那时候，就因为我妈，都没入上党，我小哥儿搁农村回来分配到黎明机械厂，那是多好的军工厂啊！结果一查社会关系有问题，也没去成。

肖：就是我有个表叔，叫肖玉飞，是一个伪满的大官儿。那时候不都查历史嘛。虽然没批准我入党，但我就想跟着共产党走。因为共产党来了才解放了我们妇女同志，从黑暗见到了光明，见到了太阳。我们男女平等，经济独立，和男人一样。只有共产党、毛主席，我们才能得到今天幸福的生活。所以说呢，我就热爱共产党和毛主席。

后来，我到兴顺街工作，同志们给我计算过，我献工 892 天，15 年干了 17 年的活。那时候，干活得一扫帚一扫帚地扫，晴天一身土、雨天一身泥，夏天一身汗、冬天一身霜，大伙都累啊！

女儿：我妈回来你看那口罩啊，都是黑的！那时候不像现在这么干净，人也落后，那马路也埋汰。兴顺一条街是商业街，脏、乱、差，最埋汰了！

肖：兴顺街叫"五多"，就是人多、车多、商贩网点多、垃圾堆多、污水多。为了保持卫生，扫完马路我就去宣传、走访。有个老太太姓史，老往马路上乱倒垃圾、污水，我上她家去了六次。头一次去我就问："这是谁倒的垃圾？""不知道啊，谁知道谁倒的"，人家不承认。第二次我又去了，她说："你还管这事啊，我这倒老鼻子年了，谁也没管这事，不往这倒往哪倒？"第三次我给她放个筐、放个盆，人家都给我扔了，不往你那儿倒。第

1984 年，在工作中

四次我去人家又说："你们什么都管啊？你扫马路的还管俺们这个事儿啊？"没瞧起咱们。第五回去我又和她唠，我说："咱俩交个朋友吧，谁倒的垃圾你告诉告诉我，谁倒的我就找谁去。"等我这么一说，她说："是，我也倒过，以后我就不倒了，完了我给你看着点。"就这样耐心地做工作，去了六次才把问题解决，哪那么容易呀，说老鼻子话了！

孙庆忠（简称"孙"）：原来我不理解，你扫马路干嘛还上人家走访呢？这回才明白了。

肖：你不知道吧。有垃圾箱他不往里倒，污水往街上一泼，到冬天还得刨，你不挨家挨户走访去做工作哪行，要不怎么能变成先进街啊！

（二）

儿媳妇：我妈一辈子净帮助别人，做好事，荣誉得老了，原来俺家屋里整个墙上全是奖状，有的镶框，有的没有，那满屋像贴画似的，可惜现在一个没留下。

肖：大概是 1978 年吧，我们组来了一个小伙子，叫于勇清。有一天我看他那个段啊，垃圾扔得到处都是。我们搞环卫叫"日产日清"，随时清理，不能留到第二天，要不扣你奖金，按照你旷勤处理。我一问，人家说他没来上班，这我就上他们家去了。他正在家睡觉呢，我给他叫醒了，问他咋没上班？他说："肖姨啊，我昨天喝多了，没上班。"他爸妈都没有了，就他和他哥哥两个人一起生活。我说你赶快走，把那段垃圾拉了。就这么的，我跟他一起把那个段弄完了。这样的事前后有三次吧，我发现他挺困难，就经常帮助他，给他买点吃的用的，给点零花钱啦。后来这小子管我叫"干娘"。以后他喝酒就差了，不迟到，得奖金了。后来他搞了对象，结婚了，这我才撒手不管了。

女儿：我妈一直管他三年，一直管到他结婚。

肖：事物都在不断地发展变化，我们原来用的带车子后来就发展成小拖了。所里头给咱们配的，"突突突"地干活快点，算半机械化。小拖需要加油，弄个盆往里倒，一倒就倒到地上，洒得到处都是，我真是看在眼里痛在心上。我就上修理部了，让人家做了个喷壶，那个嘴子是歪的，这样再往里加油就不洒了，节省了不少啊。后来咱们所逐渐人多了，年轻人多孩子多，就成立了托儿所，我就给托儿所订报、买玩具。八一年，咱们又修了一个浴池，就是清扫工人工作太埋汰，整一个屋，给大伙洗洗澡。我就给大伙买了

1979 年，工作中节约用油

15 双拖鞋，还有大盆、洗衣板、暖壶，大伙洗洗衣服、喝喝水。

孙：这都是你自己出钱吗？

肖：啊，自己出钱。

孙：那当时咋想的呢？所里咋不出这个钱啊？

肖：所里没有那个钱，我为了大家方便，完了就自己拿的钱。1985 年，我评上了市劳模，奖励 100 块钱。完了我就给陈伯祥书记了，陈书记是咱们局里领导。我说："我拿 50 块钱交党费"。陈书记说："不要，你这么劳累，你好好享受享受吧。"我感动得掉眼泪了。

我讲讲张桂芳的事儿。她是离婚的，有三个丫头。她有病，经常住院。1984 年的大年三十，她又住院了，我就拿着肉馅和糖上她家去了。我一进屋看那三个孩子都搁那儿坐着，屋里头啥也没有，冷冰冰的。别人家鞭炮齐鸣，糖果什么都有，她妈住院，谁张罗呀。三个丫头吃的剩饭，都愁眉苦脸的。我一去都喊我"肖姨来了"，我心里不好受，说"咱大伙包饺子"。这么的，剁了菜、和了面，我和大丫头、二丫头一起包了饺子。包完饺子都十点多了，两个大丫头送我到无轨 11 路车站，还哭了。我拿出 20 块钱给她们，让孩子们愿意买啥买点啥。

我们单位有一个小蔡、一个小吕，这两个青年不安心工作，觉得干环卫低气，有时候迟到早退，有时候还旷工。小蔡呢，两口子打完架了，怄气，不上班，把清扫段儿都扔了。一看她没来，俺们大伙帮着扫的，扫了以后我就上她们家去了。一看她还搁家怄气呢，那屋里劈里啪啦摔得乱七八糟。我说："你这怎么的，干啥啊？不上班了？"我就劝哪，好话也说，赖话也说，苦口婆心地劝她。她要不上班，她的地段那叫 7000 米呀，就得大伙抻着干。我经常给她做工作，以后她一点一点地思想转变了，不迟到早退了，从落后变先进，入了团，成了青年积极分子，还当上了工会小组长。

女儿：那时候我妈可真是天不亮就上班干活，那真叫无私奉献。我那时还小，只知道我妈为大伙做事，但他们叫啥可不知道。我妈净忙着帮别人干事，从小到大我没吃过我妈蒸的馒头，没吃过我妈做的菜。我哥结婚之后，过年过节就是我跟我嫂子包饺子、做饭，我妈回家也行，不回家也行，咱都

1983 年 12 月 31 日，先进班组合影（一排居中）

不打这个牌了。

儿媳：现在这个年代没有我妈这个境界的了，真没有了！

肖：也有。不过家里人确实都支持我。

女儿：我记得六几年吧，我爸他们汽车队成立，单位庆贺，把我妈请去讲话。我妈那时候在公社就是先进，老红了，一提肖干部没有不认识的。他们车队又是扭秧歌又是唱戏的。到了中午，在台上的人都给分了一份包子，人家给我妈一份，我妈没要。我妈带着我去的，也没说把那包子给我吃。回家之后我说："妈你怎么不要那包子，我眼巴巴地看着，也没吃过包子啊！"你听我妈说啥，"不能占那便宜啊！"那时候是最挨饿的时候。这件事给我印象特别深，但后来我没跟我妈提过，她思想风格太高尚了。

我妈有东西都想着别人，好吃的不给咱们吃，都不让看着。我记得大概是 60 年代末吧，咱们院里有个邻居，老关太太，生活可困难可困难的了。那时候大米、白面、油都供应得少。俺家领点白面都给我爸吃，他是主要劳动力呀，我们孩子都吃不着。我妈每个月多少都给老关太太那两口子送去点儿。有一天我妈上班了，我小哥那时候上中学，刚学会做饭，中午放学回来我就要吃的，我小哥说给我烙饼，我说："净扯，你会吗？"他说："会，看我给你烙。"我妈把面都给藏起来了，放上面我们够不着的地方。我小哥登凳子上去把面拿下来，把面和好了。我小哥说我："你快点去看妈，要是有妈的影子你就喊我一声。"我说："行！"我妈回来肯定不让烙饼啊，那面多珍贵呀！我小哥可能刚烙了一张还是两张，我看我妈骑着车子回来了。我"噔噔噔"往家跑，我说："小哥，不好了！"小哥说："怎么了？"我说："妈回来了，快点！"我小哥说："这面往哪藏啊？"那时候小，怕我妈说啊，急得汗都出来了。他把那一盆面都扣炉坑里了，咱谁也不敢吱声。后来我妈走了，把面又拿出来了，粘的全是炉灰渣子！用手钳一钳，我小哥又把饼烙了、吃了。哎呀，又过了多少年之后，咱才当笑话讲，才敢告诉我妈！（先笑后落泪）

俺家生活等我大哥下乡回来才算行了。虽然条件不好，但我妈心眼儿好啊，那时候开家长会，同学都对我妈印象可好了，我大哥有个女同学就相中俺家我大哥了，就是现在我大嫂。我妈就拿她当俺家的姑娘，给我买一件衣服就得给她买一件。

肖：那时候挣得少，在保工街道工作的时候，别人挣23块钱，给我24，说我群众关系好，能干，多一块钱。这二十多块钱工资挣了二十多年。那时候家里头生活水平属于"六类"。什么叫六类呢？就是比最差的七类好一点，

2012年，与二儿媳（左一）、女儿（左三）一起接受采访

七类就是救济户了。那时吃的都是棒子面、粗粮。

女儿：我大哥是六八年下乡，当时是一锅端嘛，都得下乡。按政策，老大下乡，老二就不应该下乡，就应该留在城市里头，叫"四个面向"。但是我妈带头啊，结果我二哥也下乡了。

儿媳：我跟俺家那口子是一届的，70 年初中毕业，我就留城了。

肖：我上学校跟老师说，让他下乡。

儿媳：俺家张光武搁学校表现可好了，学习也好。俺家那人你没看到，那个憨厚劲儿啊，那人可真好！人家老师来家走访，都说让他留城，我妈硬逼他下乡啊，结果搁农村累得，现在腰还疼，一身病。俺家那人搁农村干得特别好，有名的"张铁牛"。他搁农村几次申请入党，填多少次表，一查出身，看有个亲戚有历史问题，一直党就没入上。回城也是让了一回又一回，让了好几届他才回来。

肖：当时我就寻思让他下农村锻炼锻炼去。他知道了这个苦，后来他才能知道甜啊！

儿媳：人家都上学校找去，连打带骂都不让孩子走，她给孩子送一线去了！

女儿：哎呀，我妈这精神境界！我妈工作那些年从来不休息，没有礼拜天。

（三）

儿媳：我是 1979 年 1 月 14 号结的婚。那时候俺家那人长得漂亮，我长得不好看，俺家那人不同意，嫌我丑。我妈（婆婆——编者注）相中了，说一瞅这人就能干，能持家。俺家那人老实，听他妈的话，这就将就成了这一家。但是过起来挺好，我在家当家，我能干啊！生炉子、洗衣服、做饭，只要孩子一睡，撂下孩子，我就干活去。

肖：我这二儿媳妇真能干！

儿媳：那时没有洗衣机，挺着大肚子，抱着个大铝盆，全家的衣裳只要我看到我全洗。我是 12 月 19 号生的孩子，一早上七点多钟破水，像那老太太你还上班啊？照样上班，没跟去医院，当时我都气完了。我妈没伺候一天月子，就是中午回来给煮俩鸡蛋。反正就这样的事，俺们也不挑她，都知道她这么奉献，也不是偷懒。

女儿：我大伯儿身体不好，咱们带孩子看病啥的，我妈都指不上。孩子跟爷爷好，奶奶起大早走，晚上回来晚，见面时候少，都不认她，叫奶奶都不叫。

儿媳：我就寻思她哪来这精神头？风雨不误啊！等到咱们全家在一起唠嗑的时候，唠得热火朝天的，她困了，睡着了。她真困、真累啊！我爸没少说她，这么大岁数了，图个啥呀？

肖：我大儿子七九年得肺癌动手术，俺们老头单位的同志就说："你家老肖为了啥呀？孩子动手术不来，她还上班，图个啥呀？要是孩子有个好歹见不着，你后悔不后悔？这叫谁都不能这么干。"那意思就说我没有儿女情，就像我没心没肺似的。

女儿：反正那时候对我妈风言风语的老多了。

儿媳：人家都说你六亲不认。

肖：我母亲去世，也是这个情况。听说她病得挺重，我就想马上飞到母亲身边，要最后看妈一眼。我也有情感，也有爱，自个儿的妈能不想啊，父母之恩哪！但正赶上市里检查卫生，俺们那段已经缺一个人了，我要是再缺了，那怎么整啊？那清扫地段太长了，还叫大伙活不了？就这样我自己忍着悲痛，自个儿哭了一场，完了照常上班。我得以党员的标准来要求自己，所以说只能这样。

姚：大哥这件事儿后，您怎么和家里人解释的？

肖：我说为了工作我不是一天两天了，这么多少年了，你们都谅解我吧。孩子也支持我。

儿媳：我大哥准备做手术，一会儿一抬头，瞅妈来没来。

肖：那时候我就想，我家的大事也是小事，国家的小事也是大事。我愿意加入共产党，就得按照党员的标准，有党才有我今天，所以说我就是坚持干，别人说啥也不灰心。

荣誉照（摄于 1982 年）

我是 1979 年 5 月 24 号入党。当时，我激动得都流泪了。我说这些年来啊，跟着党走。共产党的目标就是解放全人类，解放全中国，大伙都解放了，过上幸福的生活。我加入党组织了，就要用毛泽东思想严格要求自己，以身作则，把工作更进一步做好，不给党抹黑，做一个优秀的党员。劳模都是一步一个脚印干出来的。

姚：嫂子你来说一说，你从进门这个妈就这么干着，从 70 年代一直是劳模，那么多荣誉如潮而来。当你看这个妈这么不体谅儿女，净照顾别人，看到妈妈有这么多成绩的时候，你对妈妈是责备还是理解？

儿媳：原来是有责备，但后来都理解了。我生孩子的时候我妈没去，出院也没去，是我老公公开车，小姑子去接的。那时候就 56 天产假，要上班这孩子指望谁带？那我妈不能给带，就得自己夹着孩子送托儿所。咱家孩子小时候就不省事儿，为啥呀？就是咱这条件不好，孩子营养不好呗。当时也不知道咋回事，就认为是孩子不省事。后来我就雇了个老太太看孩子，一个月给 15 块钱，我才挣 30 多块钱。你说谁家都生一个孩子，多尊贵啊！俺们大哥生的是女孩，这又生了个大孙子，把老公公乐得直蹦高。真的，你要说没老婆婆吧，这还真有；有老婆婆吧，就是一点指不上。人家谁家生孩子都老太太给带，可咱老婆婆就像没那回事儿似的。

女儿：那时候家里真困难，我嫂子都把戒指卖了搭家里生活。

儿媳：是啊，那戒指是结婚时我妈给的，我都卖了，生活太困难。我上班夹个孩子，那时候小马路也不平整，一下雪也不知道哪疙瘩是平地，哪疙瘩底下是冰。脚底下一滑，摔个仰八叉，哎呀那孩子甩出多老远，我站起来找孩子，那哭得我呀！这老太太一点也指不上啊！我娘家妈搁北四路住，还挺老远，南头扯北头，谁也指不上。这个家呢，还得起早贪黑生炉子做饭。

俺老公公是开车的，没早没晚的，俺小叔子小，他也不干活，这个妹妹也上班，回来就知道收拾屋子，她别的不会干。

我听俺家那位讲，小时候他们吃饭，四个孩子一人分一个窝窝头。那个窝窝头中间儿整个眼，就抹点生大酱。那时候生大酱八分钱一斤，完了就着冻葱，就那么蘸酱吃。哎呀，咱家孩子有病住院我妈都没去过，那还是大孙子呢。

女儿：都是我去。俺家我大哥、二哥结婚后，我妈还上班，她们孩子那尿褯子全是我洗。

儿媳：这小姑子最优秀了，没说的，做得真周到。她是代替我妈工作的。小姑啥时候都跟咱一条心，有啥事她都搁当间说圆和话，从来没有挑谁的。

肖：闺女替我做了很多工作。

儿媳：你说全家这饭只有靠俺家这两口子，我还整个孩子，你可不知道那难劲儿。说起我妈这个人儿啊，当时是生气，后来一看我妈那些奖状、那些勋章啊，咱们也挺欣慰，也都理解。你说咱们没能力搁单位干得那么好，都有家带孩子，那我妈干得那么好，咱就支持她呗。其实咱们也没少说我妈，那我妈就那个心眼，就是干，晚上就是不得不回家睡这个觉，剩余的就是在外头干，家里事儿什么也指不上她。后来一年一年的也就习惯了，常年这样啊！她反正也不挑吃也不挑喝，自己不舍得穿也不舍得吃。但她这一辈子对老头儿、对儿女亏欠太多了。俺家老公公性格特别好，就好喝个酒。买一斤酒，倒半杯，没有别的菜，就点花生米，生的，不带炒的，我妈不给炒啊，没人给炒。

家里那时候生个小地炉子，用点火不方便，点着了一时半会火还上不来，一下雨更完了，劈柴还潮，吃口饭可费劲了。那时孩子还小，想吃哪能马上就吃到嘴呀！我当面也不敢吱声，背后跟俺家那位嘟囔。他还说我："你别挑，我妈一辈子就这样，你挑也不行，谁也整不了，我妈就那个性子。"

肖：那时候住小房，打煤坯、掏炉灰，相当困难了。

女儿：后来人家给个煤气罐，我妈没用，给人家拿去了。

肖：给院里的老关太太了，那老两口更困难。他们谁说啥我不管，我有一定之规。就是拆洗被褥、做棉袄棉裤，干到半夜两点钟，到时候该上班还得走。

儿媳：我妈那敬业劲儿，不管是多大的官，都没有这么敬业的。

姚：咋这么有劲呢？

1983 年，在北保工街早扫

肖：就是觉得使不完的劲儿，感谢共产党，毛主席的恩情比天高。

女儿：我妈一早扫街，三点半走，咱们正睡觉呢。咱们起来上班了，我妈 7 点才回来吃早饭，吃完了又走。等我们下班的时候我妈还没回来呢，饭菜都是咱们做好给她留着，等咱们都睡觉了我妈也不知道啥时候回来的。我跟别人说，我不挑我妈，我从小长大没得到过母爱，现在岁数大了有母爱了。

儿媳：现在我妈行了。那时候我妈当劳模，不也多少有点奖金啊，不管是钱是物，小来小去地，咱从来没看到过，不知道都给谁了。

肖：有点奖金，给这个 20，给那个 10 块，都给人了。

女儿：你说那 20 块钱给俺大伙儿改善改善，吃顿肉也行啊！那是 80 年代初吧，咱家白菜炖豆腐就是最好日子，就别提肉，哪有钱买肉啊，可苦了咱们。现在回过头来看我妈，咱们这些人都做不到。我挺敬佩我妈，一直就是这么一个劲儿，可不是十天八天，一年两年的，坚持这么老些年，这可不容易啊！像人家都有灰心的时候，都有累了、乏了的时候，有抱怨的时候，她从来没有过，没听她说过那样的话，咱们都挺佩服她！

有时候咱也打击她积极性，也给她泄气。但她一直坚持不懈，始终是这个劲儿。我佩服我妈，也挺受感动。有时候不理解，再怎么着，她终究是我妈，咱还得支持她呀。

（四）

孙：您连续那么多年被评为市、区劳动模范、优秀党员，八〇年获得省先进生产者，八六年获得省"五一"劳动奖章，八七年被评为省劳模，这对家里也是莫大的鼓舞吧？

儿媳：对对对，当时觉得挺提气的，咱们心里对我妈也是一个大改变吧。

女儿：对，凡是认识我妈的，都说我妈没白干，特别是在路关一街，给了一套五十多平方米的房子，人家都说这老太太没白干，这老太太真是干出来的，这一句话概括了很多。当然咱们也得感谢党。

肖：咱家是八七年搬的新楼吧，原来一直住的是小房，也就十多平方米，在那儿我娶了三个儿媳妇，就是搁挡板从中间儿一隔。

儿媳：大哥大嫂搬走后咱们在那儿结的婚。咱结婚的时候都没有门，就是拉个帘，搭个幔子。

肖：后来老三结婚，她们就上她娘家去了，得给老三腾房子啊。

那时候就这么干，也没想给我什么待遇。我干那天也没承想现在得报酬，更没想分房子了。我八九年退休，劳模退休一个月给100块钱，加到工资里。搁小房搬到楼房，那啥心情！

儿媳：是，那家伙。

肖：格外那家伙激动！

孙：听肖姨和两位姐姐讲这些事，确实很感动。您只是一个清洁工，却自己去走访，帮助过那么多有困难的人。

肖：哎呀，这也不算啥。退休这么多年，我就想着不能给党抹黑，严格要求自己。现在我不住在这儿，但再远也来参加组织生活，来学习，风雨不误。我退休后在永和社区当志愿者，照顾了不少人，其中有个盲人老太太叫王瑞芝，我照顾她八年。

我也是走访走到她家去的。我上她家去一看就她一个人，她有一个养子不在身边。她眼睛看不准，干什么都摸着整，挺可怜的！我就是心慈，一看她这么困难，以后我就经常去，给她掏炉灰、倒炉灰、做饭、做棉袄、做棉裤，给她做得最多。到大年三十的时候给她送饺子、十五给送元宵，到端午节送粽子，到中秋节送月饼、水果。反正到该吃啥的时候我都给送去。到了夏天我看天热，给她买一套衣服，她一穿，可乐了，感动得流泪。后来她送我一把菜刀。她家穷，没有别的，有两把菜刀，她就给我塞兜子里了。有时候我给她送饺子，她非塞一个搁我嘴里头，让我尝一个。赶上她有病，我给她买药，就这样一直照顾她。

女儿：我受我妈感染和熏陶挺多，原先在兴工街社区工作，大伙对我评价也挺高。咱们四楼邻居有病了，我就买两个罐头去看他。五楼有位女同志得了肺癌，我总上她家去看看，买点啥东西，帮着干点啥。社区知道了那会儿还表扬我，我说你们可别表扬我，都是邻居，有点困难啥的应该去看看，这就是受我妈熏染呗。

孙：嫂子您进门也这么多年了，觉着受婆婆影响大吗？

儿媳：有点上进心吧。哈哈哈……不能作大贡献，把这个家能维持好就行了，最起码孩子像孩子，爷们像爷们，没给社会填什么乱，没给家庭带来什么负担。

肖：勤劳节俭！也挺孝！

儿媳：这不也是受老太太点影响，要不然我也不是省油灯，哈哈哈……逢年过节买点东西看看老人。一家人在一起，不管多少人，我都是第一个干活。

女儿：反正在我妈的带动下我们家是很和气的！

儿媳：挺好的，这帮孩子也特别和谐。

孙：为什么你们对妈有意见当面不敢讲？这个老太太很厉害吗？

儿媳：我妈不厉害，我妈这辈子不会骂人，从来没骂过咱们。咱们不当面提意见，是不能给我妈泼冷水，不能给我妈增加负担。因为她有那个信念，为了党作贡献。说实在的，咱们做不到，咱要都去做，这个家还不散了？咱只能在家支持支持她就可以了。

1985年，在工作中

俺们28岁结婚，那时我妈也是将近五十岁的人了。她有那个精神头儿，一般人都没有。但是人的精力是有限的，她不累啊？她也累，她不说。她跟谁说？跟咱们说，谁也还得说她两句："那你愿意！放着清福不享。"对不？反过来讲，我妈她愿意那样做就让她做吧，她这一辈子没有别的信念，她就愿意那么干，那就干呗，不图名不图利的。

我就知道她照顾咱邻居老太太。给人家打煤坯、缝衣裳，俺家只要吃点东西，谁都没上桌，她马上给人家先端去了，得先给人家老太太吃，宁可她不吃。那时候咱家条件不好，生活困难，咱能做多少，做几回好吃的？

肖：她没儿没女，是五保户。

儿媳：我妈是个好母亲，不管对儿女，还是跟媳妇儿。咱家三个儿媳妇，说实在的以前对我妈都有怨言，现在都可好了，逢年过节啦，该买啥都买，家里做点啥都想着我妈。

肖：孩子们都孝，我是心满意足了，穿的、吃的，都给我买。另外，我对过去有点歉疚。

儿媳：妈，没有歉疚！你年年如一日，一天也没休过，风雨不误，一般人做不到。

（五）

姚：您是个清洁工人，整天跟这个城市打交道，几十年对沈阳城的变化应该是历历在目吧？比如说您负责的铁西区那条商业街吧，50 年代到 80 年代都是什么样的？

肖：一开始是脏乱差，那角落里垃圾都是随便乱倒，污水随便乱泼，人们觉悟也低。咱们年年这么扫，耐心说服，使人们思想发生了变化。我们清扫工人的地位也不断提高。在早人们瞧不起，"你不扫你干啥的？叫你们来扫马路的，要没有埋汰你们来干啥？"他就有这种思想。所以说我们努力去扫啊，去干啊，就是强逼着这么整。报纸也宣传、教育，后来人们觉悟一点一点逐渐地提高，对这个环境卫生的重要意义才明确。大伙都想咱们少倒点，干净清洁，慢慢就有了这种思想。思想解决了，环境卫生的面貌也就改变了，由脏乱差变成先进文明一条街，连续几年被评为文明一条街，这也不容易啊，受到市、区的好评。

女儿：那时候市里、区里老检查，我妈一听来检查的，那忙得呀！我那时候在财会工作，也去帮忙，跟着我妈的后边啊，捡纸片、小垃圾啥的，怕丢分嘛。

儿媳：最初兴顺街是最繁华的，尤其小六路有烤串的、电影院、舞厅，晚上是夜市。那也是最乱的地方，地痞都往那儿去，乱七八糟的，现在扩建成一级马路了。

肖：五六十年代的时候，兴顺街两边都是小房，那地也不平，路也不宽。中间是柏油马路，两边人行道基本是土路，干完活就是一身泥。都是木头电线杆子，路灯就是一个灯泡、一个罩。树也是有的地方有，有的地方没有。垃圾全放在家门口堆着，后来才有垃圾箱。我们扫马路，大伙推个带车子。原来有工人百货、生生照相馆、两个铁西区最大的饭店——桃源居和卫星酒家，还有美工理发店、糖果二店，那里全是卖吃的，饼干、糕点啥的，还有铁西卫生院、钟表修理厂。80年代中期铁西商业大厦开业，那时最火了。一茬一茬地变化，现在小房没有了，那马路老宽了，路灯也锃亮，绿的草坪、树，那一看心里头高兴，环境优美、整洁，都是高楼大厦，旧貌换新颜了。

十三、李希东：劳模师傅带出的"革新迷"

访谈者：姚力

受访者：李希东、张凤荣（李希东老伴）

访谈时间：2012 年 8 月 28 日上午、8 月 31 日晚上

访谈地点：沈阳市铁西区工人新村劳模楼

[访谈题记] 李希东，沈阳铸造厂退休工人。在师傅著名全国劳动模范张成哲的带领下，他扎根沈阳铸造厂 41 年，大搞技术革新和技术革命，为铸造工艺的进步，为铸造工人摆脱笨重的体力劳动，作出了突出贡献。1979 年被评为辽宁省劳动模范。

李希东（以下简称"李"）：我是 1938 年 9 月生人，老家在沈阳苏家屯，中华人民共和国成立后于 1949 年上小学，1957 年从当时的沈阳县二中，现

1957 年 7 月 1 日，沈阳县二中第一届毕业生三年一班师生合影（后排右八）

在叫沈阳市 16 中学毕业。

1958 年考入沈阳铸造厂学徒，1961 年出徒，成为技工。1963 年，厂子选了一批青工到一机部所属的机械制造学校（现在的沈阳工业大学）带工资学习，我被选上了，主要是学习机械。1966 年毕业回到厂子后参加了厂子的攻关组，组长就是我师傅，著名的全国劳动模范张成哲[①]。我们这个组主要是搞技术攻关，目的是减轻体力劳动，提高生产效率，提高产品质量，节约能源，服务铸造厂，同时搞技术协作，服务沈阳的各大工厂。我一直在攻关组干到 1979 年，技术革新也有百十种吧。后来，提升为车间的调度、车间主任。1983—1995 年到厂工会负责一些事，

沈阳铸造厂，原址位于沈阳市铁西区卫工北街 14 号。其前身为 1939 年日伪时期兴建的株式会社高砂制作所等七家私人小铁工厂。1948 年沈阳解放后，合并而成沈阳第二机器厂三分厂，后又改为沈阳第六机器厂西分厂。1950 年 9 月，与沈阳第三机器厂铸工部合并，成为独立的经济实体。1951 年年初，根据东北人民政府工业部的决定，企业易名为东北机械工业管理局第十二厂，开始了铸造产品专业化的生产，产品为低压锅炉和各种规格暖气片。1953 年，该厂上收中央第一机械工业部第一机器工业管理局直属领导，并更名为沈阳暖气器材厂。1956 年，沈阳暖气器材厂合并了沈阳水泵厂和沈阳鼓风机厂的铸造车间，由原来的单一铸造产品生产转变为铸造工艺专业化协作生产，正式定名为沈阳铸造厂。计划经济时期，该厂担负了国家大量重大工程设备的铸件生产任务，在全国同行业中占有重要地位。改革开放后，企业经过全面整顿，抓管理进步和技术进步，各方面的素质不断提高，成为国内最大的铸造专业化企业，国家机械电子工业部大中型骨干企业之一。[1]

[1] 参见沈阳市人民政府地方志办公室编：《沈阳市志·3·工业综述　机械工业》，沈阳出版社 2000 年版，第 224—225 页。

① 　张成哲，男，汉族，辽宁省盖县人，1933 年 8 月生，中共党员，初中文化，1950 年 6 月参加工作。工人工程师。历任沈阳铸造厂工人、技改办副主任，沈阳市科技局副局长，1976 年后任沈阳铸造厂副总机械师、厂攻关组组长。兼任市科委副主任，市技协副主任、共青团沈阳市委顾问，市总工会常委，省技协副主任，省青年联合会常委，省政协委员等职。1954 年以来，曾多次被授予厂标兵，沈阳市先进生产者，省、市劳动模范，省、市特等劳动模范，省、市优秀共产党员，辽宁省社会主义建设青年积极分子，省及全国"五一"劳动奖章获得者，全国革新能手，全国优秀技协积极分子，全国劳动模范等光荣称号。1989 年 9 月，再次被命名为全国劳动模范。曾被选为中共十二大、十三大代表。（参见刘跃发、谷志明、林森等主编：《当代群英：1989·辽宁省全国劳动模范、先进工作者列传》，辽宁人民出版社 1991 年版，第 8 页。）

2007 年 4 月 17 日，沈阳铸造厂浇注完最后一炉铁水，开始搬往新区。而沈阳铸造厂大型一车间（翻砂车间）被作为沈阳工业遗产的代表保留下来，并改建成一座反映沈阳铁西老工业基地工业文脉的博物馆，2012 年，在此基础上改扩建成中国工业博物馆。

1995—1998 年在铸造厂下面的分厂设备厂当厂长兼党支部书记，1998 年退休。

我在铸造厂工作了 41 年，始终没有离开铸造厂，没有离开我师傅张成哲，受他的影响特别大。我能成为劳模，与张师傅的培养分不开，所以我特别感谢我师傅！师傅是我的恩人，比谁都亲。他不仅教我技术，学习上、生活上、家庭上都关心，就连我当年搞对象师傅都帮着拿主意。我爱人是师范毕业分配到铸造厂子弟学校的老师。要不是师傅做主，自己干得不错，人家还不一定能看上我这个小技工呢，一个月就挣 33 块钱。当时，人家说我是"少年、英俊、资格老，还有点地位和前途"。师傅还是我的入党介绍人。我七九年入党，之所以比较晚，是因为我家庭出身不好，"文化大革命"的时候入不了。师傅真是处处为我操心，涨工资的时候师傅都让着我，在全厂大会上表示，宁可他不涨，也要给我涨。

1958 年 7 月 15 日，我进入铸造厂。当年，全厂招了一千多人，有的学习铸造，有的学习其他技术工种。这正是"大跃进"的时候，铸造厂准备大上。想当初，当工人社会地位高、福利好，比干部强。铸造业工人一个月供应 52 斤粮，大工匠能挣到 100 多，干部才 54 块钱。不仅自己看病报销，孩子、老人都报销一半。按时发劳保、福利、发工作服，工作服上面印着"沈铸 ** 号"，那一穿上可神气了，觉得光荣！

学徒的时候是有一些考验的，与其他徒工相比，我是团员，在学校是班干部，懂事比较早，不怕脏、不怕

全国劳动模范张成哲

累，眼勤、手勤。而且我文化程度比较高，念了几天高中，因为家庭生活困难才参加工作的。1959年，因为提前、超额完成任务，还给我颁发了奖状，叫作"提前进入1960年"。出徒的时候我被评为"五好徒工"。在这个过程中张师傅就看中我了，收我做徒弟。张师傅的师傅姓高，那人技术就好。张师傅比我大七八岁，但那时他就挺有名，五九年就是省、市先进生产者了。他是小学六年文化，但脑袋特别聪明，能写、能画图，干活漂亮。我跟着师傅就是搞技术革新，发明创造，他对我很培养，教我画图，教我计算。因为那时候不像现在，有些技术可以从外面买，那时候都靠自己发明、革新。记得有一回张师傅让我搞一个提升机的设计，就是把沙子提起来放到传送带上。今天看那不算什么了，但当时还是挺难的，既有理论也得了解实际。后来搞成了，设计、尺寸、工艺都很好，这不就是小技工也行吗？正如当时流行的一句话："谁说鸡毛不能上天"！这都是师傅指导的。另外，还有很多老师傅，也帮助咱们一起，在生产实践中总结经验。当然，咱自己也得勤学苦练，就说练锉刀端平吧，那就得反复练习，基本功才能过硬，要不没有真本事人家能服你呀，能选你当劳模吗？我在机械学校学习三年很关键，在理论上懂了不少。看你行，单位也重点培养，全国各地我都跑遍了，所以说还得感谢党，要不哪能取得这些成绩。

张师傅一辈子有780多项技术革新，几十项独立发明创造，18项填补了国家空白。他被誉为"劳模中的劳模"。铸造原来就是靠几把铁锹、几把冲子，逐步开始搞机械化。我们发明一些先进工具，铁水包、冲天炉、多项气动锤，现在都还放在工业博物馆里，就是为了节约能源、节省笨重体力劳动。那时候没想到什么专利，发明这些东西马上就推广给兄弟工厂了。搞一项革新发明可不容易，张师傅有时候先用肥皂刻出个样子，然后再做试样，反复地计算、修改，那时候没有计算机，就用那种墨盒拉绳的计算尺，全靠在实际工作中多少次试验、琢磨才能成功。试验关键的时候，我和张师傅黑天白天在厂子干，晚上困了在车间凳子上睡会儿。有的一项革新要搞很长时间，落砂机我们就用了一年多时间才搞成。研究气动锤是1973年成立的攻关组，张师傅是组长，我是副组长，一共有十多个人，1974年才搞出这台

张成哲带领搞革新（居中为张成哲，后排右一为李希东）

设备，也是填补了国家铸造行业空白的一项发明。它的优点是，一个工人在操作台上用操作杆就能前后左右都打到。改革开放刚开始的时候，广州一个炼铁厂从国外引进了先进的铸管技术，俺们想学，但进不去呀，同行业人家保密。我们是先到上海铸管厂参观学习，然后偷着随上海工会组织的团去广州学的。事前咱都做了细致分工，谁负责重点看什么、学什么。我和张师傅主要负责机械设备，咱们是内行，都懂，到那一看就把这个铸管技术学来了。回来以后改进设备，制作了打压机，这个打压机后来推广到全国去了，南昌铸管厂、兖州铸管厂、青岛铸管厂都用了这套设备。

张师傅 65 岁退休，一直在一线干活，干了一辈子。我跟他一起工作 41 年，可以说是形影不离，我特别佩服他。他一辈子一心一意为了党的事业，对个人利益考虑得很少，家庭基本管不上，生活特别简单、朴素，要求自己特别严，没为个人的事找过领导，就是为自己的儿女也没谋过一点私利，孩子都是大集体的工人。有一回他老母亲生病在沈阳八院住院，他曾经为八院作过不少贡献，什么烧伤病人的翻身床，都是他发明的，但他坚决不找人家，怕给人家添麻烦。他对技术特别钻研，搞技术革新从来不突出自己个人，对技术一点不保留，自己会的都教给别人，有多少说多少，从来不嫉妒别人，你干得越好他越高兴。他真是和别人不一样，像他这样的人太少了！他当劳模是因为他的思想道德高尚，对党的信念坚定，所以说他什么时代都立得住，真是"不倒的劳模"！他的这些精神品质对我影响最大，最让我钦佩。

我是一直跟着我师傅搞技术革新、技术革命。当时国家提倡，单位也特别支持，需要什么给提供什么。他把我带到市技协，参加市技协的巧干服务队，张师傅是大队长，车工、钳工、铣工、铆工、电工、焊工，什么工种都有，哪有困难就一起去哪攻关、会战。到哪去咱都是不吃、不拿、不挂，自己带饭盒，自己拿钱、拿粮票。那时候生活条件艰苦，就是窝窝头、白菜汤，但干劲真足，报恩思想特别强，报共产党的恩、毛主席的恩。技协原来叫作"三老委员会"，是沈阳的全国劳模王凤恩、金福堂这帮人组织的。"三老"就是老工人、老管理人员、老技术人员。

我二十多岁的时候就跟着张师傅参加他们的活动。沈阳缝纫机厂、冶炼厂、面粉厂、邮局都去攻过关。农业战线咱也支持。为了解决老百姓吃菜问题，沈阳市召开三级干部会议，决定在南塔大队搞个百菜园。南塔大队的李书记专门把我和张师傅请去了，请我们去给设计安装了喷灌设备，工厂无偿给他们支援水泵、管子、电线等设施，提高菜的产量，保证菜提前上市。1979 年，华国锋来辽宁视察，提出搞养猪场、养鸡场，解决老百姓吃肉、吃蛋问题。咱们马上设计了千头养猪场、养鸡场，场房、饲料加工和传输设备、饮水设备，全套都由咱们设计，前后设计安

1979 年，荣获"辽宁省劳动模范"称号

装搞了一年多。所以说，咱们就是哪里需要，哪里有关键问题就往哪里去，不管你跟铸造厂挨不挨边，只要咱们能干的咱就去。就这么干，1979 年我评上了省劳模。

张凤荣："文化大革命"的时候，面粉厂被造反派占了，不让生产，还在厂子里埋了地雷。老百姓吃不上面粉，恨不得都要吃苞米粒了。张师傅和他两人骑着自行车就去了，先排雷再修机器。哎呀，冒着生命危险呀。晚上老晚才回来，那枪炮声可吓人了，谁不害怕。他一心都在工作上，没有休息日，过节都不在家，三十晚上都得等挺晚才回来吃饭。人家一到过节两口子一起带孩子出去，他从来没有过，都是我自己带孩子去劳动公园。有时候也觉得挺难受的，自己偷着掉眼泪，啥也指不上。

当年俺们俩认识是因为都在厂子住独身宿舍，后来别人介绍。婚事行不行他得问张师傅，张师傅同意了这才定下来。我们 1962 年结婚，正是困难时期，就是各有一床被，在车间举行了简简单单的婚礼，他从家里拿点花生、毛嗑，没花钱，父母都没来，但挺乐呵。结婚后没有地方住，正赶上学校放假，俺们图书馆给腾出来个地方。虽然说结婚的时候啥也没有，但这一辈子过得也挺好，三个孩子都不错。

人家管他叫"革新迷"，就是一心听党的话，跟着张师傅，风里来雨里去，不怕吃苦。他对自己要求严，违反原则的事不干，到现在这么大岁数了也是谨小慎微。这辈子能遇到张师傅这样的人，不容易！大嫂（张师傅老伴）去世的时候，我们都去了。我和张师傅说："你是我们的恩人哪。"张师傅马上说："不是恩人，都是他自己干出来的。"张师傅多谦虚！

李：铸造厂在伪满的时候就有，大概叫

结婚照（摄于 1962 年）

"铸友"吧？我进厂时还有个"铸友"车间呢。原来它就是生产暖气片、锅炉这些活，工作条件最苦。一个暖气片60斤呀，烧得通红，两个人抬着。所以，人家说"提起60大，鬼神都害怕"。工人干的那不是人干的活，比矿工还艰苦。全是高温作业，从车间出来只有牙是白的，浑身漆黑呀！中华人民共和国成立后，苏联援建156项就有咱厂，国家投资搞技术改造，建大厂房，逐步改变这种状况。后来，把鼓风机厂、水泵厂、重型厂的铸造车间都合并进来了，厂子发展到四千多人。计划经济的时候厂子生产都是国家指令的，生产什么、生产多少，还有厂子的福利，都是听上面的，所以厂子状况还可以。改革开放以后，搞市场经济就不行了，原来和咱们挂钩的鼓风机厂、水泵厂什么的，人家不一定非要在咱厂子订货了，那厂子就承受不了了。加上设备老化，产品质量跟不上，逐步就走下坡路了。开不出支，职工下岗的下岗，跑的跑，颠的颠了。铸造是工业的基础，它是为其他企业服务的，自己没有什么单独的产品，所以自己要独立搞点什么效益，那是做不了。

1998年我退休的时候，厂子职工基本都下岗、买断了，连厂长、书记都买断了。那么大个厂子分成了很多个小厂，有的效益好的部分被个人买去了，学校归社会了，还有的空地做了啤酒厂的仓库。哎呀，原来吊几十吨的大吊车用来吊几十斤的啤酒箱子，你说那能行吗！咱们这些老工人一看心里能好受吗！咱跟铸造厂感情深哪，一辈子在那儿工作，现在我还经常往那儿走走看看。沈阳一共有248个破产倒闭的厂子，但咱厂子不算，算是精简合并了。现在搬到新区有一个铸煅公司，就是重型、矿山、铸造等几家工厂合并的。我的孩子在铸造厂工作，也都买断了，给点生活费。刚开始的时候生活挺紧张，一家子吃老伴一个人的工资，但很快他们都重新找了工作，现在生活都挺好的。下岗对我们家影响不大，孩子们都有技术、有点"瓜菜代"的文凭，但对有些上有老下有小、年龄比较大、负担比较重、没有一技之长的工人影响还是挺大的。从铸造厂的历史能看到咱们国家铸造业的发展，现在技术进步、科学管理发展多快呀！谁还买那老铸铁麻麻约约的暖气片？所以国家也不容易，不能看一时一阶段，要长远看问题。

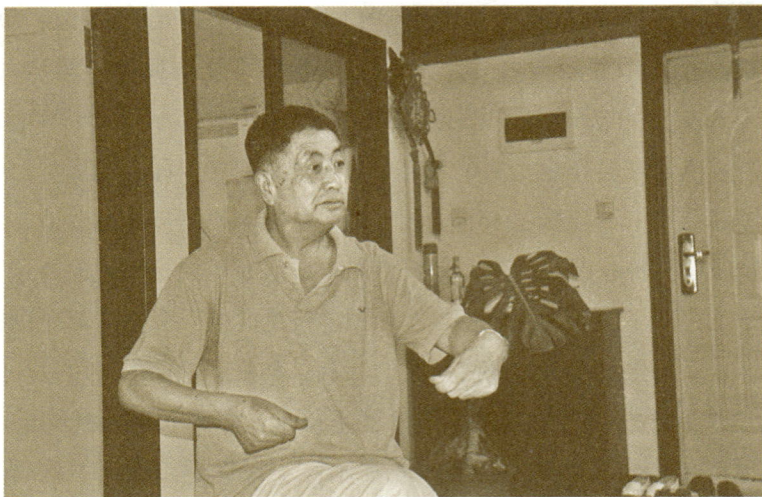

2012 年，在家里接受采访

铸造厂搬走以后铸造车间没有拆，改为铸造博物馆，后来又扩建成中国工业博物馆。这是非常难得的，是省市领导英明啊！铁西区那么多厂子都拆了，给子孙后代留了个铸造厂，原厂房、原设备，现在用多少钱也建不成那样啊。我作为志愿者，到那儿给大伙讲一讲这些历史，培养那些讲解员。现在那里挂着一张照片，是我和我师傅在老厂子见面的情景，当时俺们都哭了。为什么哭呀？就是看见那些大吊车、铁水包，就想起过去在一起工作的事儿。1976 年，俺们正在搞铁水包的实验，基本搞成了。有一天我们为了节约时间，不耽误铸造的活儿，中午休息的时候在吊车那儿实验。开吊车的小伙子不了解情况就把电给通上了，我们俩都在吊车上呢，二十多米高呀。张师傅反应快，马上喊了一声，人家赶紧把电断了，要不然 380 伏电压。那次差一点出事故，命差一点没了，吓得够呛！所以一看见搞的这些革新，想起这些事儿，能不激动吗？事隔 30 年后，我和张师傅一起吃了长寿面，庆祝还活着。那个铁水包那么老大，能装四五十吨铁水，两个熔炉的铁水。要不为啥铸造厂被称为亚洲最大的铸造厂？就是设备大、设备齐全，再加上很多革新的设备，所以别人干不了的活儿咱都能干。还有那个 18 米的三个跨，都是老设备。铸造的八个工位都保留了，什么落砂机、除砂机、大炉，都有。所以，到那儿一看，铸造业的生产、发展情况就都了解了。要是把这些东西拆了炼铁那就太可惜了。大伙一般都以为铸造的活儿很粗糙，实际可精细了，铸一个件要八道工序，尺寸、光洁度、耐用性都很讲究，可不是倒上铁水就行了，它是工业基础的基础。现在博物馆里挂着很多照片，从1949年到后来的铸造厂历届厂长都有，还有先进人物，还有录像，那个九十多岁的老工人讲抗美援朝时候厂子的生产情况，给军队打镐、铁锹，现在孩子们去看看，知道知道这些事儿，多好呀！

俺们老两口对现在的生活非常满足！2007年给的这个劳模楼，八十多平方米，那是没想到，花钱不多，也没贷款，搬进来心里可高兴了！所以还是感谢共产党！2011年7月3日晚上八点左右，温家宝总理来沈阳到劳模楼视察，到了我家里。温总理和我握手，问我："您吃了吗？"然后，坐在屋里问问我们家的生活，住房情况，又挨个房间看了看，大概二十多分钟吧。我小孙子还提要求，他和我们全家照了合影，真是难得呀！后来新闻都报了，好多老同学看到之后找到我，大伙可高兴了。2012年4月20日，《沈阳晚报》发了《老劳模的新生活》，那些话都写到了我的心坎里了。

十四、李培金：埋头压铸工岗位不动摇

访谈者：姚力
受访者：李培金
访谈时间：2012 年 8 月 31 日上午
访谈地点：沈阳市铁西区工人新村劳模楼

[访谈题记] 李培金，沈阳兴华电器厂退休工人，技师。他 1960 年参加工作，在最为艰苦，而且危险有毒的压铸工岗位上一干就是 35 年，直到退休，兑现了自己"永远不换工种"的承诺。他为人憨厚老实，干起活来却头脑灵巧、手法巧妙，而且能够吃大苦、耐大劳，是厂里多年的老先进，1991 年被评为中国航空工业部劳动模范。

我祖籍山东诸城，1941 年 2 月生于大连。父亲腿有残疾，干不了农活，和人家合伙包了个菜园子。我五岁的时候，正是抗日战争最后的时期，苏联围困大连，生活比较困难。后来实在过不下去了，母亲不得不带着我、我姐、我四哥去逃荒。我母亲是小脚，这一路带着我们很艰难。我们顺着铁路走，晚上黑灯瞎火的，有一回我差点掉桥下摔死。我们先到了沈阳，谁也不认识，没站住脚，就把我姐姐卖给人家当了童养媳。给的那家老头是赶粪车的，他有个儿子，给了我们几匹布，完了把布卖了换了点钱。一直逃荒到了新宾县，落脚在木奇区五龙村，住在一个老头家里。他带个孙子生活，我们住在北炕上，我母亲给人家做饭、洗衣服。又过了一年，我二哥从瓦房店来找到我们，我们就自己搭了个房子，在那儿开荒种地了。

我父亲种地费劲，1953 年他自己先到了沈阳，落户在大东区黄土坑街，推菜、卖菜。1954 年城市公私合营，农村叫"归屯"，就是山沟里的几家都集中在一个地方居住，我们就离开新宾都到了沈阳。我上学晚，18岁了小学才毕业，考上了29中学。但是，1959年我父亲得了黄疸病，第二年就去世了，所以初中我只念了一年。当时是困难时期，为了挣钱养家，我参加了沈阳黎明机械厂的招工考试，到厂子当了学徒工，工种是水暖工。黎明机械厂是兵工厂，编号是四一〇，我在分厂，编号是二二九厂。我师傅是个老头，带两个徒弟，我们烧了一年锅炉，我天天用个独轮车推煤、推炉渣。我脾气比较倔，但能干、勤快，师傅对我挺好。1961年厂子分出一部分人去二线，就是去一一七厂，也叫兴华电器厂，让我去了，分的工作是压铸工，全称叫"有色金属压力铸造工"。此后我一直在这个厂子工作到退休。

压铸工工种不好，夏天热、冬天冷，大厂房两层楼那么高，不保温、不隔热，又脏又累，三班倒，还经常接触有害气体，加压也有一些危险性，所以大

沈阳兴华电器厂，原址位于沈阳市铁西区兴华北街，前身为满洲光学株式会社。[1]中华人民共和国成立后，经过接管、改造，到1957年重新组建成中国航空工业第一个接插件专业生产厂，始终从事航空、航天、兵器、船舰和国防重点工程配套的各种插接件的研制与生产。1959年工厂测绘研制成功350多个品种，1960年又为投放原子弹而自行设计研制了自动脱落分离接插件，保证了多次投放使用成功，受到了中央军委通令嘉奖和国家计委、国家经委、国家科委的奖励。该厂研制的ZC-71特种专用接插件，在"飞向太平洋"导弹试验中使用成功。为此，1983年再次受到中央军委通令嘉奖。该厂曾经为武装人民空军、满足国防建设需要，作出了积极贡献。[2]

[1] 沈阳市铁西区政协文史委员会编：《铁西文史资料·第一辑》，2004年印刷，第274页。

[2] 参见高世瀛：《才识·气魄·胆略——中国的企业家》，经济科学出版社1988年版，第14页。

刚参加工作时的照片

结婚照

伙都不爱干。我们一起分来三个徒工，那两个都走了，我没走，因为我从小养成了吃苦耐劳的习惯，让干啥就坚持干。另外受老师傅影响也挺大，我们厂有个老师傅叫杨佩福，他是转业兵，外号叫"老黄牛"，比我还老实。他退休时厂子开座谈会，他讲了一些话，我挺感动，当时我就表态，不换工种，一直干到退休。所以我就一心想着如何把这个工作做好。后来也有好厂子、好工种调我去，我都没走。

我们厂压铸的零件主要是飞机上的接插件，看着简单，但不动脑筋、不卖力气那是干不好。因为这个工种辛苦，所以我们工资比其他同级的高两块。学徒的时候是十七块，一级工是三十五块五。这两块钱在当时来说，也很关键。我上班特别远，家住在大东区莲花街，那会儿不通车，每天得走40分钟，到大东门坐车，往铁西只有一趟摩电。要是上一班、二班还好点，上三班就困难了，晚上十一点半上班，我十点之前就得出来，要不没有车了，赶上下大雪更困难。"文化大革命"的时候，发车不正常，二班下了没车就得走回家，到家都快天亮了。每天上班我母亲都给我看着点，怕我睡过了。别看离着远，我总是早早从家里出来，从来不迟到。我这个人不会说，也不爱费脑筋，就爱干活，所以从小到退休当的最大干部是班长。但在工作上我一点不含糊，那会儿厂子组织学习，主要讲技术方面的理论问题，我学得特别认真，工作中很受益，要不脑子发空啊。"文化大革命"搞备战的时候，工作任务紧张，我都是早去晚走。后来厂子取消了三班，改成两班倒。我上一班时早去一个小时，中午吃饭就用十分钟，完了接着赶紧干。上二班的时候晚走，再延长干一个小时。我还带徒弟，不保守，手把手地教给他们。我带的徒弟里有的干得挺好，有的都晋升高级技师了。我自己参加中级技师考试的时候要求写论文，我也不会写，就把工作中实践的经验写了一下，重点讲了加工飞机上杯型管、弯管的工艺技术。加工这两个插件，要求标准高，涂料最关键，一般人做不好，但是我掌握了一些窍门，就把我的实践经验写出来了，人家觉得挺好，就考上了。

20世纪80年代，在兴华电器厂

因为自己在工作中表现比较突出，厂子领导、同志都挺肯定我，"文化大革命"中间搞大联合的时候就入了党。我工作这些年基本没休过事假、病假，即使孩子生病，我也是串班，白天带孩子看病、打针，晚上照常上班，不误工。咱得对得起共产党员的称号。1988年，我得了颈椎病，牵连得手也不太好使，但我还是坚持干，没有休息。手得了甲沟炎，也挺痛，但也没歇。1989年五六月份学生闹学潮，大早晨6点钟就封路，不让走。为了不耽误工作，我早晨五点半就走，有一阵全厂就我一个人上班，那我自己也坚持干。那个月全车间的任务是六万件，我一个人干了50%。一般情况下，我月月超额完成任务两到三倍。就记得休过一次病假，那是有一年干活的时候，锌合金崩进眼睛里了，那压力大，像枪打的一样，幸好没打眼仁上，没办法休息了将近一个月。但因为平时我加班加点，积累了不少工时，加上是工伤，所以大伙还是选了我先进，这也是领导、大伙关心我。

我是1996年提前退休的，因为有害工种，国家有政策。咱厂子这样从

1991 年, 荣获中国航天航空工业部
劳动模范称号

头干到底, 一直在一线干的, 就我一个。我手头不行, 不会写, 嘴头不行, 不会说, 就得靠实干。工作的时候, 先进没少得, 特别是改革开放之后, 也就是从 1980 年开始吧, 几乎年年是先进。1991 年, 被评为部的劳动模范。当年厂子报了两个, 一个厂长一个我, 但只批了我一个。得这些荣誉都是领导、同志们对我信任, 所以我工作起来也特别有劲, 不能辜负人家对我的鼓励。因为退休早, 所以我退休金比较少, 不过现在住在劳模楼, 政府对我们很关心, 还是挺满意的。

十五、刘贵良：从青年点长到"电焊大王"

访谈者：姚力

受访者：刘贵良、杨淑英（刘贵良妻子）

访谈时间：2012 年 8 月 31 日下午

访谈地点：沈阳市铁西区工人新村劳模楼

[访谈题记] 刘贵良，沈阳高中压阀门厂退休工人，高级技师。1968 年，他响应知识青年下乡插队的号召，回到家乡"接受贫下中农再教育"。由于在生产中表现突出，于 1971 年第一批抽调回城，进入沈阳高中压阀门厂工作。尽管他只是一名普通的电焊工，但爱钻研、敢争先、肯奉献的个性品质，成就了他高超的电焊技术，赢得了"电焊大王"的美名，连续多年被同志们推选为工厂、沈阳市劳动模范，1995 年被评选为辽宁省劳动模范。他是沈阳市劳模社区里最年轻的一位，这不仅因为他拥有骄人的成绩，更是因他当年为困难同事让房，自己 21 年蜗居简易楼。虽然在获得荣誉的时间上，他比 50 年代的劳模晚了 40 年，但劳模所具有的高尚品德和美好情操，却在他的一言一行中得到了充分诠释。

（一）知青岁月

我是 1951 年 7 月 14 号生的，籍贯是沈阳市新民县兴隆公社张高丽村。1953 年我随父母到沈阳市里，小学上的是铁西区光明二校。1965 年升到初中，是沈阳市第 87 中学。初一上半年就赶上"文化大革命"，一元一次方程学完就停课了。咱们就是被耽误的一代人，老三届嘛！

1968 年 9 月 17 号，我下乡到新民县兴隆堡公社大荒地大队。那时年龄小，都响应毛主席号召，扎根农村干革命，理想和抱负都比较远大。走的时候，当天全沈阳市有 20 万知青，坐着大汽车，敲锣打鼓把咱们送到各个公社。咱们那阵儿的思想比较简单，认为响应毛主席号召，到农村就是扎根一辈子。当时有很多知识青年的标杆，比如说邢燕子，咱都以他们为榜样。我们下去就赶上秋收，给咱们核算工分，整劳力是十分，我是八分，就算大半拉，小半拉是五分。

我这个人对自己要求比较严格，而且有一些上进心。在学生时代，咱们通过课本，学过刘英俊、邱少云、王进喜，在脑海当中这些印象扎得比较深，觉得我长大了也要做这样的英雄人物，踏着他们的足迹把自己的人生道路走好。我到农村以后，看到人家干活，感觉挺新奇也挺好奇。就是说，我一看人家前面打头的，那叫组长，割高粱的时候，这一趟割过去就是 12 条垄，咱冷丁就干不了那样。我在知青中就算挺能干的了，但只能割 8 条垄。我为啥能干呢？就是我上小学的时候，一到放假，就回爷爷奶奶家，帮着大人干一干，一般的农活也经着过。我干活不管给多少工分，人家干多少我干多少。贫下中农一看，这小伙子真行，活干得还不错。虽然说我自己挨着累了，但是大伙对我的成绩挺肯定，结果第二年就给我按十分算，其他同学都还是八分。

咱们作为一个知识青年，得虚心向贫下中农学习。大队有个老贫协，就是那些苦大仇深的老贫下中农，经常给咱们讲讲历史，旧社会怎么给人家扛活了，我们中华人民共和国成立怎么不容易了，这对我还是挺有影响的。在这个再教育的过程中，我就写了入团申请书，而且通过自己的努力，加入了共产主义青年团，成为一名共青团员。我们下乡是按原来学校班级走的，一个班级在一个大队。俺们班 54 名同学在一个青年点，我是"点长"，主要是管大伙的起居、伙食，把同学们的生活安排好。那时候农村每天就吃萝卜、白菜。上班大伙各上各的小队，下班回来一起吃饭。当时用饭票，不是随便想吃多少就吃多少，更不能浪费，每月发饭票，拿票到那儿去打饭。

后来，我既学会了种地，也学会了铲地、耕地。耕地、蹚地得会使用牲口、骡马，我就学会了赶车。有时候社员家盖房子，一个队出一台车，我就赶大车帮着干，这就和贫下中农打成一片了。经过一年半的锻炼，大队任命我为青年队长，我就觉得自己的担子重了，既得管好同学的事，还得管好生产队的事。每天都得考虑怎么安排生产队的工作，今天干啥、明天干啥，下一茬种啥、种啥能丰收，还得培育种子，远的近的都得想到。而且大队还有那么多家庭，社员和社员之间也有矛盾，得经常和他们谈谈心，沟通沟通，帮着评评理。农村有家族，假如说姓刘的一连串有二十多户，姓张的可能就五户，互相往往有一些歧视，就得经常唠一唠，给调解一下子。反正我是谁家有事、有活，都去帮个忙，就想着把生产队搞红火，大伙儿意见少点。到秋天，我们队交的公粮多，赶着好几辆大车，插着红旗，到公社交粮，得的钱也比别的队多一点儿，哎呀，那心情可高兴了！

到下乡两年的时候，新民县公安局到咱们公社借调青年，值外勤、值内勤、看劳改犯，就把我要去了。当时新民县县城里有个第二百货商店，"二百"有个经理，一家五口都上吊了。他可能有点儿什么问题，先逼着他的爱人上吊了，然后把自己的孩子吊上了，最小的才五岁，还穿着小背带裤呢，最后他自己上的吊。当时勘察现场，我们就在现场值外勤，就是站岗，

1970 年 5 月 27 日，警卫排战友留念（二排右一）

给俺们发的都是长枪。在那儿干了半年，我又回到了下乡的大队。到 70 年末赶上征兵，我也是踊跃报名，想参军，原先小时候就有这个愿望，当一名解放军，扛枪、站岗，那多光荣啊！我政审、身体检查都合格，就等着这个消息，但是等到晚上 10 点多，终于来电话了，说："不行，因为名额有限。"我们知识青年名额少，不像人家农村名额多。这就没去上，结果来年的 9 月 10 号我就第一批被抽调回城了。

（二）回城进厂

1971 年 9 月 10 号，咱大队一共有 17 名知青第一批抽回沈阳，分到沈阳高中压阀门厂。当时我和大队书记说我还不想回来。为啥说不想回来呢？因为当时在大队干得挺好，既是大队长还是青年点儿的领导，我想把名额让给别人。结果大队书记找我谈话说："咱们也是经过支委会讨论的，让你走你就走，不让你走想走也不行。"就这么的，我高高兴兴就回来了。回来以后，把咱们接到工厂，也觉得挺新奇的。因为一到工厂就领着咱们到各个车间参观，铸钢车间有炼钢的；到了机加车间，看到机器轰鸣，工人在各种床子上干活，都挺新奇。最后给我们领到铆焊车间，我一看这电焊直冒火。人家师傅说："你别瞅，瞅完了眼睛受不了。"当时咱还不知道，就瞪眼还瞅。心

沈阳高中压阀门厂，原址位于沈阳市铁西区云峰北街 3 号，前身是 1938 年日资合资经营的大陆工作所，主要生产皮带机床与暖气器材。日本帝国主义投降后，更名为大陆机械股份有限公司，但因经营亏损，基本处于停产状态。1949 年 4 月，沈阳市人民政府工业局没收了官僚资本大陆机械股份有限公司，并与日伪残留的德昌制作所合并为沈阳市机械厂。1954年，工厂划归一机部管理，更名为沈阳通用机械厂。1955 年，转为阀门生产。1958 年，工厂转入高中压阀门生产时期，部分产品开始出口援外。1962 年，工厂划归辽宁省机械厅领导，改名为沈阳高中压阀门厂。中共十一届三中全会后，该厂进一步调整了产品结构，在产品设计水平和成本能力方面，部分达到发达国家同类产品水平。1984 年 11 月，它与辽宁、吉林、黑龙江、广东等 11 个省市的同行业组建了中国北方阀门公司，成为国内阀门行业中的第一个大型企业集团。[1] 1997 年，该厂被深圳市莱英达集团股份有限公司收购兼并。

[1] 参见沈阳市人民政府地方志办公室编：《沈阳市志·3·工业综述 机械工业》，沈阳出版社 2000 年版，第 193 页。

里就想将来能给我分配什么活呢，能学到什么手艺呢？心里没底，也不知道自己干哪个工种好。没承想就给我分这个车间了。那时候有点不愿意，因为当时有个顺口溜：要翻砂就回家，水电焊凑合干，车钳铣没人比。这电焊工种不太好。分到电焊以后，我一看人家师傅焊出来的活，那波纹，鱼鳞状，外表特别光滑，再看咱们焊的那个，焊条弄不好就粘上了。人家割的东西，线溜直，地下还干净。自己就想，啥时候我能达到那个水平呢？

那时候我寻思，到这个工厂有可能就是自己最后这一步了，你再也不能干别的了，所以就想把这个技术学到手，不能比别人差。当时，在工厂蔚凤英是老劳模，被称为"毛主席的好工人"嘛，咱们都学，都羡慕！咱已经是团员了，更要好好干。那时候设备比较落后，割铁板的气焊都是电石和水一接触，产生乙炔，才能点燃呢。然后通过氧乙混合加高温度，局部熔化才能割开。我每天上班早早去，到厂子，把该灌水的都灌上水，把电石篓挂上，一到点儿，咱们就把它放下去，师傅拿过来就可以干活，不耽误生产。如果要不是这样，上班了还得现装，就得耽误十到二十分钟，甚至半个小时就进去了。到下班的时候，用个小扁担到水房挑两桶热水，再兑点儿凉的，给每个师傅的盆儿都倒上洗脸水，这师徒关系搞得比较融洽，你有啥不懂的问一问，师傅都耐心教给你。班长、工长也都说，从农村抽回来的这帮小青年真行，这工作能想到前头，能干到前头。自己也下决心得在工厂干出点儿样来。后来我连续几年被评为优秀徒工、优秀团员，给发个笔记本，盖个戳，算是奖励。

我自己学历低，所谓初中，还不算是毕业生。为了提高文化，后来在单位参加文化补习班，补了一个初中，接着自己又念了一

生活照（摄于 1972 年）

个高中。后来恢复成人高考，我很想再深造深造，所以买了教材，陈琳英语讲座，也跟着学。学了二十多天，跟不上了，因为啥呢？家里的父母也没有啥文化，没有学习氛围。后来一点儿一点儿放弃了，这个目标就没有实现。学习不行了，我就想把我的本职工作干好，干得出色点儿。当然最主要的还是靠组织培养、师傅帮助。当时车间领导看我挺努力，愿意往上钻研，所以派我到大连造船厂学习了半年，又到金州重型厂学习了一个季度。那阵儿我就带徒弟了，我带着三个徒弟去的。人家那个厂的规模和咱厂的那个规模不一样，人家是专门以铆焊为主，能生产合成吊塔，把那个钢板卷完以后，直径是 1.8 米，长度是 28 米，厚度是 125 厘米，每焊 50 个厚就得经过探伤。我到那儿首先跟人家师傅、工长搞好关系，目的是把他那个工艺学到手。我买了三本信纸，晚上回到招待所的时候，利用业余时间就在那儿记录学习的这个工艺。培训回来以后我就对照咱们单位的这个产品，采用人家的这种工艺方法，从质量到效率都有了很大提高。当时咱们正好和沈阳水泵厂合作，给上海金山工程干快速阀，焊接工作难度比较大，因为它很容易产生裂纹，在焊接的过程当中必须把它加热到 350 度以上，然后去焊接，焊接完事，还得经过炉子回火，才能不产生裂纹。我总共干了 15 台，一次合格，经过 X 射线探伤百分之百通过。就是照的底片洗出来一看，我焊的这条缝里面没有任何缺陷。因此，厂子就给我评了一个质量标兵，全厂唯一一名质量标兵。

（三）工作中的点滴成绩

我第一回提出入党申请是 1973 年。咱那个年代的思想和现在的年轻人不一样，那时候就是思想要求进步，加入中国共产党能够为党多作贡献，没有说为自个儿谋什么利益，单位号召什么咱都撸胳膊挽袖子往前冲。在工作中兢兢业业，一个螺丝钉、一个焊头都要节约。那时候我天天提一个小桶满车间找焊接头，因为你手工焊接必定得剩一个头，这个头去掉皮全是优质钢。后来越攒越多就成了个小山似的了，足可以炼一炉优质钢，要不然还得上别的单位去买压缩的铁屑。在我的带动下，厂子共青团开展活动，回收废钢铁。我一直要求入党，经常向组织做思想汇报，一直到 1984 年 7 月终于被批准为中共党员。

从 80 年代初开始，我连续十几届都被评为厂的劳动模范。1987 年，我在市里打比赛，沈阳市八大局 14 个工种大赛，每个工种取前八名，我是焊接工种第四名，获得"优秀焊接能手"称号。这个时候正赶上

生活照（摄于 1984 年）

沈阳市很长一段时间没有工人晋升技师了，原先的工人技师都是 60 年代评的。国家下达文件在工人当中评一批工人技师，我通过考试 1993 年晋升为电焊工技师。

1995 年 4 月接到工会的通知，我被评为辽宁省劳动模范。当时心情非常激动，给我这么高的荣誉，对照自己的工作感到自己做得还不太够，不太完美。就想这是对自己的一个鞭策，当了省劳动模范之后你的责任就更加重了，做事、做人都得有个代表性，时时刻刻别忘了是一名共产党员，是一名劳动模范，处处都应该起到一个带头作用。当时单位党委书记、厂长、工会主席亲自给我戴的奖章，特别隆重。工会主席还陪着我，坐着咱厂长上哪儿开会才坐的凯迪拉克，披红戴花给我送到辽宁大厦。在会上见到了辽宁省的很多劳动模范，比如鼓风机厂的史继文，中街百货的卖车大王孙作树。我们这些先进人物在会议期间都相互鼓励、互相慰问，都像朋友似的，留下通信地址，今后有个联系，取长补短。这心情是特别激动，参加完会还是久久不能平静，下决心一定把荣誉发扬到底，把自己的经验一点一滴毫无保留地传给徒弟和工友。

我教的徒弟当中，现在有一名技师，两名高级技师。我带领的团队在市里打比赛的时候，取得过全沈阳市团体第二名。其中有个徒弟叫穆庆华，他是全国青年状元，技术好啊，曾经远大集团、三一重工都想让他去，但他家里有孩子还有老母亲，离不开，后来就到沈阳中兴商业大厦，是搞维修的

1995 年，荣获辽宁省劳动模范称号

头。他们的成长我也比较欣慰，带出来几个好徒弟。我姑娘结婚的时候他们都来了，都说忘不了我这个师傅。后来我当工长的时候，厂子每次进新设备都是我先去操作，比较熟练后再教给他们，一点保留没有。这样一个是让他们掌握得快一点，再一个也放点心，别新进的设备百八十万的，一下给操作坏了呀！

通过组织的培养和师傅、工友的帮助，我一点儿一点儿越进步越快，后面从当班长，又当工段长，又到分厂当了一年半的车间主任。要说在工作中有啥特殊贡献呢？也就是我有点小发明，做了一些小改小革，提合理化建议。

九四年我们给大庆炼油厂干阀门。这个阀门的材质叫铬钨钼，属于耐高温材料，关键问题就是爱裂。那一次总共有八十多台的生产任务，咱厂有一个管技术的厂长叫余照江，是哈尔滨工学院毕业的，他主抓这项工作。这个产品是铸钢出来的，当时倒出来的这个模型的外壳就有裂纹，要是说把这批产品作废重新回炉，不是不行，但人家大庆要得急，时间上不允许。然后厂子就召集检查、设计这些有关部门一起研究这个事，把我也找去了。怎么能想办法挽救一下呢？能不能从焊接的角度把它弥补过来？后来咱们决定再把它加温，把这个缺陷找出来，然后再给它修补上，焊上。就像人身体里长个瘤子，你得把它抠出来，然后再缝上，才能长出好肉来。当时这个加工温度有六百多度，那烤得人受不了。为了干这个活，就在我的前面放了个石棉瓦，把它用水浸透了，隔热。即便这样，那也是热得不得了，我的工作服都烧坏了。当时厂长跟我开玩笑说："刘师傅，你把这活干完了，我给你5‰的提成。"我心里明白他这是玩笑话，真要给5‰的提成，那得有十五六万。后来厂长亲自给我领了一套工作服，又给我领棉袄。我说："不要，咱搁工厂干了这么多年了，谁都攒几套工作服。"厂长说："你不要也得给你，这都太过意不去了。"虽然说没再提5‰这事，但其实他心里还是想着。有一天下班，他让我上咱厂子商店来一趟，我寻思商店可能卖啥货，产品可能有啥问题。我下班就去了，没承想那阵不是刚出雪碧吗，他给我两箱那个。我说："不要，这多不好呀。"他说："你快拿着，这是你挣的。"

咱厂子一共五千多人，不管哪一层的领导，一提我的名字都知道，确实挺受重视，挺光荣的。评上市机械局劳模的时候给我涨了三级工资，奖励2000块钱。在那个年代工厂就有点儿往下坡走了，资金就不算那么太足。我开完这个劳模会就和咱单位工会张主席说："给我涨三级工资，这个我要，奖励的2000块钱我就不要了。"我说："厂里资金周转困难，把这2000块钱买成纱布，也够厂子用个十天八天的。"他把我这个想法给厂长和党委书记说了，可能也报到局里了，领导对我的这种做法比较赞赏，最后我也没要那2000块钱。

再一个比较突出的事迹，就是干核阀。咱们厂子属于半军工，2000年参与了咱们国家制造核潜艇的工作。干核阀要求相当严格，一次合格率要求达到100%。就是不允许返修，你要是返修，这一台的阀就全部报废了。那个钢材全是耐低温的不锈钢，价值相当贵，这一台阀就好几十万。潜艇一潜到水底下好几百米，要承受零下500多度以下的低温，不能产生任何变形，所以要求特别严，军代表每个工作日都下去看着、检查。在这个过程中我制作了一个工艺，既提高了效率又保证了质量。不锈钢的焊接主要是防止什么呢？就是防止晶间腐蚀，也就是防止在钢铁内部产生腐蚀的缺陷。晶间腐蚀就是说它在验池中检查时没有问题，但在工作一段时间后它又产生了腐蚀。因为腐蚀走的介质不一样，有的它走油，有的走氢。要是防止晶间腐蚀，首先就要控制温度。钢铁的原子、原子核加热的时候它就扩散了，一冷却它就往回积聚了，积聚越密它这个硬度越高。所以，在热处理的过程中要通过调节温度和冷却温度来掌握它的承接温度，不能超过 60 度。但是我们这个焊接电弧一打着就得上千度，那你怎么能保持它不超过这个度数呢？我就采用一个来回翻转的转台，而且做了一个循环水的冷却。我焊完这个，那边转过去用循环水冷却，然后焊这边，等这边焊完了，那边已经冷却了，再冷却这边，始终保持那个温度。我这么一改进工艺，工作效率就提上去了。这个工艺流程要求得一次完成，就是说干一半你想吃完饭再干，那不行，就是一气呵成。这样把这个时间都抢回来了，提前完成任务，提前供货，而且质量百分之百合格。我受到军代表、厂子的赞扬，军代表还特别给单位来了个嘉奖令。

我对这个技师职称不满足，我想一定得走到工人的最顶点，我得学高级

1992 年，操作数控切割

技师。考高级技师挺不容易，起码任技师要三年以上，还得有论文、答辩，再进行理论考试和实际操作技能考试。沈阳统一考核后再报到国家批准。我们考试的时候相当严格，劳动局来人亲自监考，一个屋四个。论文答辩的时候，15个专家评委，你的材料一个人一份，人家提问你得给人家答对，当时心里也挺紧张。2002年我晋升为高级技师，发了国家高级技师资格证书，上边都有编号，网上一查都能查到。高级技师是按照副高职称待遇，这回涨工资多给涨400呢。

（四）不怕吃苦、肯于奉献的劳模精神

要说评劳动模范呀，前面我没讲，那都是干出来的。我在厂子工作的时候，经常几日几宿不回家。为啥呢？厂子不是有钢炉吗，深更半夜一炼钢把钢炉烧穿了，漏了，那就得赶紧抢修。厂子的保卫处或者是运输处，来个车就给你接走了，接到那疙瘩，顶着那个高温就开始干。温度太高怎么办呢？弄个棉门帘子，泼上水披你身上，就赶紧把漏洞给堵上，堵完了不漏了，人家再接着炼钢，别耽误生产啊！咱厂子有两台五吨钢炉，你要是不抓紧弄好，这五吨钢水就废了。这是经常的事，那阵儿没电话，一登家门一敲门就得去，咱也没有怨言，觉得这是本职工作。

我比较爱钻研。我本来是搞焊接的，到分厂当车间主任，铆工的活挺多的，你不会怎么指挥人家？后边我就学，学制图、放样、展开。后来这些都弄会了，图纸到手我能给它干出活来，所以他们对我都挺佩服的，说："铆工学徒得学三年，你这家伙，半年就都会了，一般地难不住了！"

厂子对咱也挺照顾，我和爱人在一个单位，她在设备处，我要是晚上在单位忙活，她也赶上有班，厂长亲自打电话给设备处，让她回家照顾孩子，也挺感动的。我们结婚的时候没房子，跟父母在一起过，那个房子总共才24平方米，我住那个小屋可能是7平方米。后来弟弟也年龄大了，要结婚，我是老大，得给腾地方呀。这时候我已经在厂子里连续十来年劳模了，人家也都挺高看的。八六年咱厂子在皇姑区明联街盖了新楼，我就申请了一下，厂子就开会研究了，给我分了一套单间。这是厂子照顾咱，跟咱同样工龄的

都没该着。那个年代职工住房太紧张，有的住的是自行车棚改的小屋，有的上咱农场马三家那边住，天天跑通勤。

房子分下来了，房票都办下来了，正准备搬家呢，房产处处长找我来了，厂子的房子又出现点困难。咱厂子有个职校，有个叫童大川的教师，在那个时候，他评上全国优秀教师了，省政协采访他。人家就问："童老师你平常都怎么备课，怎么教课呀？"他就说："我备课都在马路灯底下备课，家里住房困难，住的平房下窨。"采访完人家还真去他家了，到那一看还真是这个情况，就给咱厂子领导发了函，说："你们能不能给他解决，你们要不解决，俺们解决，你拿钱！"厂子领导一听这不对劲儿呀，我要是能拿钱让你解决干啥？那时候厂子真是没有钱。这就找我，让我把房子让出来给他。当时我也没和媳妇商量，我说："既然厂子照顾我了，我也得有点同情心，厂子遇到困难，我不能不管，让他就让他吧。"当时房产处处长告诉我说："给你调个别的地方，可能条件差一点，但是我可以承诺以后再有好房子肯定给你调。"后来就给了一间咱厂子五八年盖的简易楼，16 家一个大平台，自己家没厕所，得到楼下上公共厕所。

1987 年，妻子在新家的平台上

事情办到这儿呢，我就出差了，和咱厂子负责设计、工艺的，还有咱车间老主任一起上美国了，引进人家的板焊法。原先阀门都是经过铸钢，这个铸钢它一是质量不行，再一个生产周期循环工序太长。先得做模样，然后翻砂造型、炼钢浇铸，再清理才能转到机加车间。人家美国的板焊法，钢板进来了，下完料就可以成型、焊接，就可以加工，速度比原来翻了好几倍。后来，人家鼓风机厂的那个杨建华评上全国劳模，他就是改进这个东西。咱们单位这个工艺比他早，但是咱厂子那会要破产，没人给你宣传。人家鼓风机厂是盈利企业，效益好，受重视。俺们都是劳模，都挺熟悉的。原先鼓风机厂生产的外壳都是半拉半拉的，经过铸造倒出来的，后来他就搞的钢板拼接、成型，这样质量又好，速度又快，给国家创造多大的价值。那会儿，全国科协就给评了全国科技进步二等奖，奖励了一台中华轿车。

阀门厂是 2005 年前后买断的。按理说，俺们厂倒闭后也该归到鼓风集团，俺们和水泵厂都是 5000 人以上的大中型企业，人家水泵、气压都归鼓风集团了，泵、机、阀，这不配套的吗，应该都归到一起。但是咱们厂这个时候就有了转制的意向了，要转给个人了。在这当中，机械局就要黄了，要撤退了。我那阵儿也和大伙议论过这事。为啥呢？有的事情咱们工人能理解，沈阳工厂的布局就是东拆西建，利用这个方法变现、搞活，这是大政策，这咱知道这个道理，能理解。但是不理解的是国有资产流失，你在这儿一拆了，很多能用的机器都不能用了，而且像俺们单位转制卖给私人了，成为民营的了，机器设备都拆了、卖了，给你职工一点补偿金呗。哎呀，那阵儿也有职工到市里找，到省里找，白搭！刚开始还有个什么秘书长、什么政协的接待接待你，后来给大伙讲一讲道理，大伙心态平衡一些，就完了。咱们作为一个先进人物，作为共产党员你得理解国家形势，对不对？人家冶炼厂上万人的厂子，黄了，咋地了？你得适应这个政策环境。2007 年厂子搬到张士开发区了，现在叫沈阳盛世集团高中压阀门厂，民营的。

（五）劳模的奖章里有妻子的一半

杨淑英（以下简称"杨"）：我们在那个简易楼里一直住了 21 年，算厨房、走廊一共 32 平方米。后来房子都成危楼了，楼梯都裂纹了，用一个大铁管子支着。那破房子住得可困难了，冬天一下雪，外面楼梯又是雪又是冰，直滚楼梯。我住三楼，楼下厕所，拉肚子都不赶趟。但厂子效益不好，一直就没盖房子，后来厂长偷摸买了几套房子也没给劳模呀。从 2003 年开始，沈阳市就统计省劳动模范的居住情况，说要给盖个宿舍，填了好几回表，等 2005 年真正要给房了，铁西工业局说咱们不够条件，因为没退休，要照顾退休的劳模。其实，他是特殊工种，已经退休了，但手续没下来，因为厂子欠劳动保险的钱嘛，人家不给办。后来，市总工会、区总工会下来调查一看，咱那房子是劳模中住得最差、最破的，说这样的要不给，那也太说不过去了。其实别人都替咱们喊冤，说："刘贵良这么干，厂子就让人家劳模住这么破的房子"，都气不过。但埋怨的话咱不能说，他自己说："又不是为了房子才干的。" 2007 年 7 月 28 号俺们搬到这个劳模楼，他是这群劳模中最年轻的。紧接着那个老楼也动迁了，孩子也有了房子，这算是赶上点子了。

2012 年，夫妻共同讲述荣誉背后的故事

大伙也说："这回刘贵良可解放了！"也在这个月，他的退休手续批下来了，整整拖了两年，两年没给工资，也没给补，人家说手续啥时候下来啥时候给开钱。这21年可没少受苦，但当时为了弟弟结婚，再差的房子也得搬出来，他在家既是好哥哥也是大孝子。

刘：她对我挺支持，像参加什么学习啥的，她都给拿钱。

杨：考高级技师的时候厂子没有钱，我说厂子没钱咱自己拿，1500块呢。后来厂子看老刘还真考上了，全厂总共才两个，就又给报了。反正这会儿国家也行，政策还挺好，今年高级技师多涨了400块钱工资。虽说吃了点苦，结果还是挺好的。

刘：工作的时候我很少管家，孩子一有病了，都是她抱着上医院。

杨：那阵儿他没工夫，他忙啊！哪有时间领孩子去医院哪。那阵儿就别提了，真挺苦的。他工作太累，工作服我都拿回来给他洗，就为了减轻点他的负担。早上饭、中午饭我都从家里给他带到厂子去。那时候厂子效益不好，俩月仨月不开支，咱挣得还少，哪能老上食堂买饭去？那就得省呗。你看人家鼓风机厂，只要当上劳模人家就给你买个套间房子，咱这不单位赶得不好吗！那时候他也可以调动到好单位，比如发电厂啥的，但单位不放，他也不舍得走，跟厂子、工友都有感情。

刘：退休以后多多少少有点失落感，不像在单位每天和师傅、同志们在一块，谈谈技术，说说笑笑挺愉快。有时候呢就想，哎呀，还能作点啥贡献呢？我比这楼里的劳模都年轻，有时候自己悄悄擦一擦电梯，打扫卫生，大伙儿一起住，干净点多好呀，下雪时候扫扫雪。这些劳模都这样，都干，他们都有很多值得我学习的地方。

劳模社区对这些劳模挺关心，每年五一劳动节、春节都来慰问慰问，还给每个劳模订了一份《沈阳日报》、一份《辽宁日报》，都是免费给的。每个月开一个会，也是过组织生活，大家在一起谈谈心。还经常带着大家去体检，这些劳模年轻时候干活累，老了身体都不好。我有糖尿病，就是工作的时候吃饭时间不固定，冷一口热一口的，有时候一天两顿饭都顾不上吃。

阀门厂最后黄了，咱们心情也不好。后来厂子在铁西广场那儿一直留了几个人，有时候交采暖费什么的，就找这几个留守的。到那儿一瞅吧，心情真不好受！厂子连影都没了，都盖成商品房了，俺们不就算老家没了吗，工作了三十多年哪！

杨：阀门厂最好的时候是 80 年代和 90 年代初，那个时候都有奖钱。95 年就开始走下坡路了，所以评上市机械局劳模奖励 2000 块钱他说不要了，就是考虑厂子效益不好嘛。俺两个人都在阀门厂，仨月俩月不开支，孩子还上学，要说也挺困难的，也需要这个钱。但人家说不要了，我也不能说跟人家打仗，不要就不要吧。他从来不提自己困难，那时候我上厂子要房子，他都不让我去。凡是厂子的东西啥都不让我拿，一个螺丝钉也不行，他是劳模还得管着我。那脑袋里就是一老本实地为厂子着想，那比家都邪乎！我有时埋怨他："你一宿两宿在厂子干，家一撇啥也不管，你对厂子比老婆、孩子都亲。"后来我也拗不过他，只能爱咋地咋地吧。徒弟都说："大嫂生气归生气，该带饭还给你带饭来。"他也让我积极争取进步、入党，但我要再那么干，孩子都没人管了，就支持他一个人吧。所以，在楼下有时候大伙说，劳模媳妇也有一半功劳。

家里做好吃的，我都给他留着。要是包饺子，第二天剩的给他带饭盒，我自己就煮点挂面、大酱蘸黄瓜。那会阀门厂效益不好，买点肉、炒点菜都不舍得吃，他和女儿吃完，我都吃剩的，从来没有怨言。厂子里大伙都知道，说杨树英净给刘贵良带好吃的。我得保证他吃好，那么干再不给他吃点好的，营养跟不上，那身体不就完了吗。他上班我给装好饭盒，提个兜子就走了，下班回来饭盒有时候都不刷，说没有时间刷，吃完了就去干去，哪儿有中午休息呀，他都没有点。要不有人说他是"傻子"呢？

阀门厂走向下坡路的主要原因是管理不善。主要领导总是来回换，而且后边换得越来越不像样了。阀门厂的领导都是外面调来的，没干好，捞一笔走了。鼓风机厂为什么那么好？人家的干部都搁人家工人、干部当中提拔。实际上阀门厂的活是最好的，军工、民用都需要，最好。结果最后劳保都发不下来，手套、工作服都没有，都自备，都穿自个儿衣服干活。开支都没有钱开呢，还啥劳保呀！现在涨完工资以后，他一个月才两千多块钱，人家鼓风机一般男职工都三千多，这不是厂子交的保险最低档嘛。俺俩加在一起四千来块钱，老百姓的日子也够花了，比上不足比下有余，知足者常乐，好好地活着。哎呀，他17岁下乡，20岁开始干电焊活，都是大铁块子，多累呀。一直干到55岁退休，完了又

结婚照（摄于1977年）

找了两年补差，后来这得了糖尿病不干了，这一辈子！

　　咱俩是怎么认识的呢？他的母亲和我的师娘是一个居委会的。这么互相一介绍，俺们俩就处成了。1976年"十一"认识的，1977年"十一"结的婚。找个劳动模范挨老累了！那时候粮站供应米面，如果月末你不把这个月的粮食买了，细粮就作废了。我在变电室工作，倒班，时间充裕一点，都是我买粮、买油、买菜，不管多少斤都是我背上三楼，他从来没上过粮站。有一回我买了80斤粮，实在扛不了了，我就放到楼下赵师傅家，赵师傅是俺厂的电气高级技师。下班我让他去扛，赵师傅当时就说他了："人家处长都下班了，几点了你才回来？"总是早出晚归的。他上班先把车间大门开开，晚上他最后回来把大门锁上。白天没时间，请点假那绝对不行。那我就得支持他，不支持他咋整，不支持他就不愿意，都住集体宿舍，也不能让人看笑话。给了这个楼我心情还挺好，不管咋说这辈子没白干，看到你的成绩了。当时，这块商品房一平方米4000块，卖给俺们1900，这么便宜，咱就心满意足了。

　　刘：我老伴儿也不容易，年轻时候对我各个方面都挺支持的。

　　杨：俺们家老刘，该咋地是咋地，跟他这些年，从来没打过我、没骂过我，就算没遭罪。我下岗四年，从来没有让我出去打过工。人家的女人出去

干，他不让我去，都是他一个人出去干。这点我就挺感谢的，夫妻就是这样，互相扶持。反正他挺有爷们样，挣钱全交家里，正直、憨厚，就是这样的人。介绍对象的时候我也想找个车工，后来一看这个人虽然是电焊工，但人挺不错的。现在我跟着他也是属于享福了，这我也挺知足的。

余音：与爱党的情怀同行

　　研究劳模表彰，缘于参加《中华人民共和国简史》的撰写。此事虽已过去十四五年，但仍清晰记得，研讨书稿时朱佳木院长赞扬中华人民共和国成立初期的社会风气和人民精神面貌，将那些劳动模范比作"喜马拉雅山上的珠穆朗玛峰！"他的点评再次激起我对劳模的崇敬之情，而他在日常工作中所展现的对党和国家的赤子之心，呕心沥血、锐意进取的工作精神，更令我深为折服。我的父亲是一位普通的林业科技工作者，1962 年荣获辽宁省劳动模范称号。每每听他谈起年轻时野外作业、爬冰卧雪、苦中作乐的故事，总会被他兴奋、激动的神情所打动。耳濡目染间，师长们将爱党敬业的基因传承于我。

　　2015 年年底，我因参加中组部第 16 批博士服务团，来到赣南师范大学挂职。工作的调整，脱离琐碎的家务，使我有了比较多的自由支配时间。于是重拾三年前采录的文字，朝夕相伴于案头。虽然几年的时光已匆匆滑过，但听闻故事的每一个瞬间都会不召自来。

　　采录劳模的人生故事是我自己主动找上门的，完全是主业之外的业余之作。因此，在排得满满的工作列表里，它总是被挤压再挤压，以至于书稿拖了又拖。几年里，每当看到那些等待修订的抄本，想起这些受访的老人家，心中常有负罪之感。然而，令人欣慰的是，我采访的 15 位劳模，尽管年龄最长者已经 87 岁，但他们都身体康健、精神矍铄。2015 年夏天我去回访，他们对书稿迟迟未能出版，也很理解。但对我来说，早已成了"心病"，唯恐因后期整理不够精细或出版时间拖得太久，辜负了老人家的付出和期待。今天，它终于即将付梓，内心的轻松和愉快是不言而喻的。

　　这是我独立进行的一次口述史实践，从中深切体会到了做口述史的不易。应该说，由于有热心的长辈做联络人，又是在自己的家乡做采访，整个工作既有地利又有人和，进展得十分顺利。但后期的整理、修改工作却遇到了不少困难，从录音转成文字，耗费了太多的时间和体力；从初次抄本到最终定稿，既要原汁原味地保持口述者的语义和讲话特点，又要尽可能使文字顺畅，逻辑清晰，便于阅读，不知花费了多少脑筋和精力。支持我坚持下来并最终完成它的，并不是我的毅力，而是这15位老人感人至深的生命故事，或者说是他们传递的至高无上的劳模精神。每次打开电脑修整抄本时，眼前都会浮现他们和蔼亲切的模样。那字里行间记录的人生经历和感悟，经常敲打着我的内心，不由自主，泪水滴落，为那一辈人生活的艰辛和淳朴炽烈的爱党、爱国情怀。这次有幸与他们亲密接触，老人家给我上了很好的人生课。这部书稿对于我来说，教育意义远远超出了研究意义。为此，我由衷地感激他们，并希望能有更多的人，通过我的劳动，也如我一样从中获益。为了尊重15位受访者对本书的贡献，在作者的署名上，我用了"等"字，并在正文的目录中突出了他们的名字。这一点细微的安排，是我敬重劳模的另一种表达。

我对口述史的了解，来自中国社会科学院民族研究所翁乃群教授的"性别人类学"课堂，但真正开启研究并付诸实践，则是因来当代中国研究所工作的机缘。从2002年第二届国史学术年会上写作第一篇口述史研究论文起，十多年来，我与口述史学科一同进步。近年来，口述史在理论研究和实务操作上都产生了很多新成果，我也于2013—2014年，在中国社会科学院当代中国研究所创新工程"改革开放口述史"项目中担任了首席研究员。国史需要口述史，口述史也离不开国史，两者的结合，符合21世纪史学和整个社会科学发展的潮流，也是彼此互相促进的重要支点。在此，呼吁国史研究者要重视口述史、利用口述史，它不仅会为研究工作提供丰富鲜活的史料，而且当我们开启口述史工作之时，便已向历史跨近了一步。听闻历史亲历者的讲述，再现、还原历史发生的现场，会大大激发我们的历史想象力和感受力，从而迸发出更多的研究灵感和生命激情。

此时，窗外春雷轰鸣，春雨磅礴，赣州的春天已如期而至，正如我此时的心情！

丙申春分于赣南师范大学

责任编辑：刘　伟

版式设计：王　婷

责任校对：吕　飞

图书在版编目（CIP）数据

生命叙事与时代印记：新中国 15 位劳动模范口述／姚力 等 著．—北京：

人民出版社，2017.9

ISBN 978 - 7 - 01 - 017770 - 0

I.①生… II.①姚… III.①劳动模范－先进事迹－中国－现代

IV.① K820.7

中国版本图书馆 CIP 数据核字（2017）第 127116 号

生命叙事与时代印记

SHENGMING XUSHI YU SHIDAI YINJI

——新中国 15 位劳动模范口述

姚　力　等　著

人民出版社 出版发行

（100706　北京市东城区隆福寺街 99 号）

北京盛通印刷股份有限公司印刷　新华书店经销

2017 年 9 月第 1 版　2017 年 9 月北京第 1 次印刷

开本：710 毫米 ×1000 毫米 1/16　印张：16.25

字数：236 千字

ISBN 978 - 7 - 01 - 017770 - 0　定价：49.00 元

邮购地址 100706　北京市东城区隆福寺街 99 号

人民东方图书销售中心　电话（010）65250042　65289539

版权所有·侵权必究

凡购买本社图书，如有印制质量问题，我社负责调换。

服务电话（010）65250042